Markus Merlin

Das verlorene Geheimnis der Sexualität

oder

Ganzheitlich Sein

Bibliografische Information der Deutschen Nationalbibliothek: Die Deutsche Nationalbibliothek verzeichnet diese Publikation in der Deutschen Nationalbibliografie; detaillierte bibliografische Daten sind im Internet über dnb.d-nb.de abrufbar.

TWENTYSIX – Der Self-Publishing-Verlag
Eine Kooperation zwischen der Verlagsgruppe Random House und BoD – Books on Demand

© 2017 Merlin, Markus W.

Herstellung und Verlag:
BoD – Books on Demand, Norderstedt

ISBN: 978-3-7407-3020-8

Text und Bild Copyright
Markus Merlin April 2017
Alle Rechte vorbehalten

www.markus-merlin.com

In Dankbarkeit
Isis-Noreia-(Maria)
gewidmet

INHALTSVERZEICHNIS

VORWORT 9
EINLEITUNG 11
DER GENDER-WAHN 15
MACHT, SEX UND RELIGION 20
VOM ICH ZUM SELBST 22

SEXUALITÄT UND SPIRITUALITÄT 27
KÖRPER, HERZ UND VERSTAND 28
MATERIE UND GEIST VEREINEN 31
HINDERNISSE 32
SEXUALITÄT, MAGIE UND SPIRITUELLE ENTWICKLUNG . 34

DAS GANZHEITLICH NON-DUALE SEIN 41
ALLES WAS IST 46
DAS HÖHERE SELBST 48
DIE URSACHE 54
DIE SCHÖPFUNGSKRAFT 58
DER AUSDRUCK 65
DIE MATERIALISIERUNG 68
DER TRAUM 72
ZUR GANZHEIT FINDEN 77
GUT UND BÖSE 79
WEGGEFÄHRTEN 92
DIE QUELLE 96
LEHRER UND MEISTER 106
BEWUSSTSEIN UND LIEBE 113
EINS SEIN 127
DIE ICH-BIN MEDITATION 133

GRUNDLAGEN MAGISCHEN DENKENS 139
DIE KOSMISCHE ENERGIE 143
DIE ENERGIEZENTREN 150
DIE GEDANKENFORM 153
DEIN LEBENSPLAN 157
RITUELLE MAGIE 158
MAGISCHE ANGRIFFE ABWEHREN 160

RUHEN IM LICHT 162
GEISTIGE HELFER 164
MAGISCHE HEILUNG 173
DAUERHAFTE GESUNDHEIT 176
GELD UND WOHLSTAND 184
MACHT, EINFLUSS UND ENERGIE 192
ANGRIFFE PARIEREN 197
GEDANKENÜBERTRAGUNG 202
WUNDER GESCHEHEN 204
DIE MACHT DER GRUPPE 206

TRANSPERSONAL SPIRITUELLE SEXUALMAGIE 211
DER ÄUSSERE PFAD 213
DER INNERE PFAD 219
MERLIN UND VIVIAN 221
MERLINS SEXUALMAGIE 227
DAS VERLORENE GEHEIMNIS 237
DIE HEILIGE HOCHZEIT 238
POLARITÄET, BEWUSSTHEIT UND ENERGIE 239
MAGIE, MYSTIK UND SEXUALITÄT 243
VON DER SEXUALMAGIE ZUR SEXUALMYSTIK 249

VORWORT

Aus dem SEIN an sich entstand zunächst das Männliche und das Weibliche als polare Energiequelle des SEINS in der Materie - die Menschen haben das in ihren Mythen immer schon als "Ur-männliches-Wesen" und "Ur-weibliches Wesen" gesehen, wie z.B. Isis und Osiris bei den Ägyptern oder Belenus und Noreia bei den keltischen Norikern. Diese archetypischen Gegensätze bestimmen alles Leben. Sie sind Polaritäten (zwei) und dennoch EINS. Das ist die ursprüngliche Trinität.

Jeder Wesensteil, also sowohl der männliche als auch der weibliche, enthält wiederum männliche und weibliche Wesensanteile. Beide Wesenspartner streben zurück zueinander, zurück zur Ganzheit. So ist das ganze System der Schöpfung fraktal aufgebaut. Alles was Ist - ist in der Polarität des Männlichen und des Weiblichen enthalten. Schöpfung entspringt aus der gegenseitigen Anregung - der Erotik. Die Spannung und die daraus entstehenden Kräfte zwischen Polaritäten ermöglichen überhaupt erst die Existenz von Materie.

Jede Seele ist eine Seelenganzheit, bestehend aus einem männlichen und einem weiblichen Seelenpartner. Jeder Seelenpartner strebt zur Einheit mit dem anderen Seelenpartner und beide streben wieder zur Einheit. Haben sich beide Seelenteile inkarniert, kann es geschehen, daß beide inkarnierten Anteile als Partnerseelen auf der Erde zueinander finden.

Religion als Machtinstrument hat sich nun sehr der Sexualität angenommen, um genau damit noch mehr Druck auf die Menschen auszuüben, als es mit Tod und Teufel möglich ist. Ganz besonders kann man das bei den "Buchreligionen" sehen, die ganz massiv patriarchalisch ausgerichtet sind und das weibliche Element nach belieben unterdrücken. Es handelt sich um das Judentum, das Christentum und den Islam, die alle drei um dieselben angeblich "heiligen" Bücher eines gewisse Moses kreisen.....

EINLEITUNG

Wir leben deshalb derzeit in einem eindeutig dualen monotheistisch-patriarchalen Weltbild mit einer streng hierarchisch organisierten Struktur. Das betrifft hauptsächlich das Christentum, den Islam und die jüdische Fraktion. Und natürlich auch die Anhänger des Mammon. Allen diesen gemeinsam ist eine Schieflage in der Betrachtung der tatsächlichen Zusammenhänge zum Zwecke des Machtgewinns an sich und der Unterdrückung des weiblichen Elements. Diese Sichtweise brachte uns gleichzeitig ein ebenso strukturiertes imperiales Herrschaftssystem. Darüber kann auch unsere derzeit vorgegaukelte "Demokratie" nicht hinwegtäuschen.

So um die Zeitenwende (!) hat sich die imperiale Idee mit ihrem eher als krankhaft einzustufenden Macht- und Egowahn durchgesetzt. Seither wird "Religion" im heutigen Sinne eindeutig machtstabilisierend eingesetzt, indem man "Dem Göttlichen" ein imperiales Gewand umgehängt hat. Die ganzheitlich integrierte, non-duale Weltsicht - die heute sogar von der Wissenschaft mehr und mehr bestätigt wird - hat sich so um 600 v.u.Z. global Ausdruck verschafft: Lao Tse, Gauthama Buddha, die vedischen Schriften und in Europa das ganzheitlich integrale Weltbild der Kelten, wie es sich allein schon durch die Einheit von dieser Welt und der Anderswelt ausdrückt. Der Höhepunkt dieser Phase war wohl so zwischen 400 und 200 v.u.Z.

Mit der Schlacht in Alesia (52 v.u.Z. / Südfrankreich) sind "die Kelten" dem römischen Imperium unterlegen - und Europa fiel für nahezu 2000 Jahre in eine finstere Zeit von Unterdrückung und Ausbeutung, was bis heute immer noch andauert. Hier muß ich hervorheben, daß das nicht nur eine theoretische Auseinandersetzung ist - nein, es ist eine gänzlich andere Denkweise, in die man sich als "Dual" trainierter Angehöriger (um nicht zu sagen "Sklave") des Imperiums nur schwer hineindenken kann. Das sollte man sich bewußt machen. Aus dieser ganzheitlichen Sicht nun gibt es einen nicht näher beschreibbaren, aber ganz selbstverständlich immer und überall vorhandenen Urgrund des Seins -

LaoTse nennt es "Das Wesen, das nicht genannt werden kann" - der "Alles was Ist" umfaßt. Einen "Gott" oder "Götter" gibt es in der non-dualen Weltsicht nicht.

Das ursprüngliche "Wesen" - zeitlos, raumlos, unendlich, unvorstellbar - hat sich geteilt, in einen eher als männlich "gepolten" und einen eher weiblich "gepolten" Teil. Das könnten die ersten "mythischen Urwesenheiten" gewesen sein. Und: Wenn man aber schon "Götter" braucht, so ist also kein "Vatergott" ohne "Mutter-göttin" möglich. Natürlich sind diese beiden dann die "Stammeltern" aller folgenden Generationen von Göttern, Geistwesen und - auch des Menschen. (siehe auch Isis-Noreia: Erstgeborenes Kind der Zeit)

Der Mensch ist somit auch Ausdruck des Göttlichen in seiner Entwicklung, in seinem Ausdruck in das/die materielle(n) Universum(-sen). Und "Der Mensch" als Mann und Frau spiegelt auch fraktal die Urpolarität wieder. Erst beide zusammen ergeben wieder "Eins". Dann geht der Prozeß ganz ähnlich weiter wie bei einer befruchteten Eizelle: "Es" teilt und befruchtet sich immer weiter, schlußendlich in Abermilliarden "Teile", ist aber insgesamt immer der oder dasselbe - EINS. Eine befruchtete Eizelle enthält ja auch schon die ganze Information zu dem zu verkörpernden "Wesen", diese Information enthält schlußendlich jede Zelle eines lebendigen Organismus, und der dann entstandene "Mensch" besteht auch aus Milliarden von Zellen, die allesamt "Er-selber" sind und es auch "wissen". Es entstehen Strukturen und Organe und und und.....

So entsteht auch das "Universum" mit Strukturen, Galaxien, Sonnensystemen und und und....

Und es ist immer noch EINS - Mit Allem, was es IST. "Alles" enthält immer einen fraktalen Teil von "Ur-Bewußtsein". Das bedeutet, es gäbe ohne diese Ur-Polarität nicht einmal ein Stück

Materie. Und deshalb sehe ich in der Polarität die eigentliche "Antriebskraft" im Universum. Daraus ergibt sich auch logisch die ursprüngliche Trinität: Zwei Pole können ohne einander nicht existieren; sie bilden zwingend ein "Ganzes". Folgt man diesem Gedanken - das muß man sich "nur" bewußt machen - gibt es immer einen Zugang zum "Ur-Bewußtsein"! Der ist "In Uns" angelegt - wir müssen ihn nur Wahr-Nehmen. Diese Betrachtung zeigt auch, daß "echte" Polarität dadurch definiert ist, daß die jeweiligen Pole gar nicht ohne einander existieren können. Es ist also eine absolute Abhängigkeit gegeben. Das ist etwas ganz anderes als Dualität, die häufig mit Polarität verwechselt wird.

Dualität ist zumeist eher künstlich aufgebaut, wie z.B. Gut und Böse. Dualität hat aber genau eben nicht diese Abhängigkeit von einander, d.h. "Die Guten" können durchaus ohne "Die Bösen" existieren - und umgekehrt. In der Dualität kommt es daher immer auf den subjektiven Standpunkt an, sie ist also immer relativ. Genau deshalb sind praktisch alle Religionen auf Dualität aufgebaut, das ist sehr praktisch, denn man kann den Leuten erzählen, was man will.

Genau deshalb hat auch besonders die christliche Religion aus der Sexualität die "Erbsünde" gebastelt. Damit hat man die Leute im Griff! Wer also sündigt, braucht die Absolution durch die "Kirche" - sonst drohen Höllenstrafen. Ja, ich weiß, das war früher. Heute wissen wir das besser! Sex ist keine Sünde - aber zumindest anrüchig ist die Sache schon - jedenfalls nicht von besonderer Bedeutung. Und die Geschlechterrollen, die sind ja eh nur Schmuck am Nachthemd, das kann man ja beliebig austauschen. Gender Mainstreaming nennt man das dann. Das ist in der EU nun gesetzliche Vorgabe.

DER GENDER-WAHN

Tatsächlich geht es um die Zerstörung nicht bloß „natürlicher" Zusammenhänge, nein, es geht noch viel weiter. Wenn man Sexualität zum „Spaßfaktor" oder „Rollenspiel" macht, geht das natürliche Energiepotential der Sexualität verloren. Und das ist genau so beabsichtigt. Ich meine hier die innere Energie. Wenn man sich schlapp und kraftlos „fühlt". Oder wenn man sich vor lauter „Energie" unwiderstehlich fühlt.....

Es geht um – nennen wir es mal so – psychische Energie. Man könnte es auch seelische Energie nennen. Es gibt Energieräuber, es gibt „Kraftorte", es gibt Inspirationen usw. Was gibt uns Energie? Was raubt uns Energie? Ohne diese Energie leben wir in einem kraftlosen Zustand, schleppen uns von Ereignis zu Ereignis, das wir jeweils so gut es geht zu überleben versuchen. Wie kommen wir an eine zuverlässige Energiequelle? Eine Energiequelle, die uns so viel Kraft liefert, daß wir nicht nur überleben, sondern in der Lage sind, ein selbstbestimmtes Leben aufzubauen und zu stabilisieren?

Viele Erfolgscoaches meinen, wir brauchen ein Ziel, das uns so begeistert, daß es diese Energie liefert. Haben wir es erreicht, brauchen wir ein neues Ziel, das uns wieder begeistern soll. Viele erreichen ihr erstes Ziel schon nicht und fallen wieder in Energielosigkeit zurück. Auch nach dem Erreichen selbst anspruchsvoller Ziele sinkt der Energielevel wieder ab. Möglicherweise auf einem Level, der ein angenehmes Leben ermöglicht. Da dümpelt man dann so rum.

Ein kurzer Blick in die Physik zeigt uns, daß für die Energiegewinnung Polaritäten nötig sind, die Spannung erzeugen, aus der dann diese Energie erzeugt werden kann. Polarität ist ein Grundelement der Materie an sich, sie ermöglicht überhaupt erst die Existenz von Materie. Polarität in den Elementarteilchen, in Magneten, in elektrischen Vorgängen in Verbindung mit Bewegung erzeugt Kraft und Energie. Was aber ist der Sinn und das Wesen der stets spannungsgeladenen Polarität? Z.B. in einer Batterie: Sie enthält einen Pluspol und einen Minuspol und ist doch Eins.

Aus der richtigen Art und Weise, die polaren Eigenschaften zu nutzen, entstehen positive Wirkungen: Die Taschenlampe leuchtet, der Fotoapparat funktioniert, das Radio spielt Musik. Wird die Polarität falsch benutzt, wie z.b. im Falle eines Kurzschlusses, so entsteht Zerstörung: Die Batterie wird heiß, womöglich explodiert sie, oder durch die Hitze entsteht Feuer. Übrigens, auch Sprengsätze werden gerne so gezündet..... und was ist Sprengstoff? Wieder begegnet uns die Polarität, die auch hier kurzschlußmäßig wirkt. Es ist also zwingend notwendig, zu lernen, wie man mit Polarität richtig umgeht. In aller Regel ist hierzu eine bewußte Kontrolle und Steuerung notwendig, die der jeweiligen Art von Polarität angepaßt sein muß.

Polarität erzeugt Spannung zwischen Polen von gleicher Art: elektrische, magnetische, soziale, mechanische etc. Spirituell gesehen gibt es zwei Ur-Polaritäten: die Polarität zwischen Geist und Materie sagen wir mal als "vertikale" Polarität, welche die Schöpfung insgesamt antreibt und die "horizontale" Polarität von plus und Minus, Nordpol und Südpol. Auf der komplexen Ebene des Lebens gibt es dann die höhere Art von Polarität von männlich und weiblich, die innerhalb des Systems die Spannung für die Fortentwicklung (Evolution) bereitstellt. Beide Polaritäten haben ihren Ursprung im göttlichen Logos - oder auch im Tao- wodurch der Wahrscheinlichkeitsraum für die mögliche Entwicklung vom Anfang her angelegt ist.

So kann man auch das sogenannte "Keltenkreuz" interpretieren, mit dem Kreis für den göttlichen Einheits-Ursprung und den beiden Kreuzbalken für die horizontale und vertikale Polarität, die sich in der zunehmenden Balkenbreite auch noch dynamisch entwickelt.
Dieses Symbol ist oft auch noch mit einem Umkreis versehen, der das Ziel darstellt: die nach den "Geburtswehen" wieder erreichte

Einheit im Geiste - auf der entsprechend angehobenen Entwicklungsstufe. Die Polarität von Plus und Minus wie auch die magnetische Polarität bringen reale, physische Spannung und Energie hervor, sie hält als elementare Urkraft die Materie überhaupt am Sein.

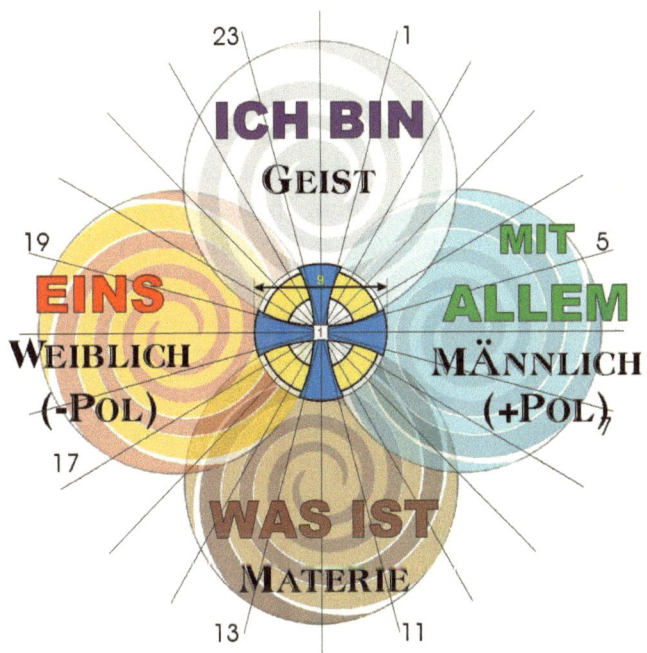

Die Polarität von Geist und Materie bringt Leben hervor. Es ist deshalb unsinnig, von der "guten" Spiritualität und der "bösen" Materie zu sprechen. Die komplexe Polarität von Männlich-Weiblich bringt neues Leben in diese Welt.

Aber nicht nur das. Die komplexe Polarität der Sexualität ist der Königsweg zu unserer „inneren" Kraftquelle. Wenn sich Sexualität auf die Spuren der Mystik macht, abseits von der unermüdlich bewertenden Aktivität des Verstandes, wird die Heiligkeit der Erotik offensichtlich und lädt dazu ein, sich durch liebevolle Ekstase in die höchsten Höhen der spirituellen Erfahrung und mystischen Einheit, der Verschmelzung mit unserem göttlichen

Urgrund tragen zu lassen. Die Schlangenkraft (Kundalini) der Partner wird geweckt und gegenseitig durch die einzelnen Energiezentren (Chakren) geschickt, die dadurch miteinander in Resonanz geraten.

Ekstase stellt sich ein. In diesem göttlichen Moment löst sich die Polarität auf, Mann und Frau werden in der Verschmelzung mit dem Göttlichen zur ursprünglichen Dreieinigkeit - und somit EINS mit dem lebendigen SEIN. Der Weg dahin bedeutet Bewußtseinsarbeit, Achtsamkeit und meditative Versenkung in Verbindung mit erotischer Körperarbeit, die bis zur Ekstase gesteigert werden kann. Allein besitzen wir die Kraft eines Einzelnen, aber wenn wir uns einer anderen Person von ganzem Herzen – mit Körper, Geist und Seele – hingeben, dann ist da nicht nur die Kraft von zwei Menschen, sondern eine unaufhaltsame, sich ins End- und Zeitlose ausdehnende Energie. Der Gender-Wahn ist gezielt darauf ausgerichtet, genau die natürliche Entwicklung von Sexualität zu unterbinden und der Sexualität als „Konsumartikel" und „Rollenspiel" für die breite Masse das energetische Potential zu entziehen. In der Elektrotechnik nennt man sowas dann „Kurzschluß".

Das verlorene Geheimnis der Sexualität löst sich in der spirituellen Magie der Sexualität - es geht immer um eine polare Beziehung. Auch wenn in diesem Fall die "Pole" scheinbar unabhängig voneinander herumlaufen können, ist die absolute Abhängigkeit gegeben. Sind sich ein Mann und eine Frau dessen bewußt und bilden eine magische Partnerschaft, können sie diese schöpferischen Urkräfte bzw. Energien für sich nutzbar machen - und die sind sehr schöpferisch und tendenziell unbegrenzt. Geht man von der Theorie aus, daß "Ein Mensch" immer als männlicher und weiblicher Seelenteil in diese Welt kommt um hier zu lernen und Erfahrungen in der Materie zu machen, so ist der Idealfall, daß diese beiden Teile auch wieder zusammentreffen. In der Literatur werden die beiden Teile ein bißchen irreführend als Zwillingsseele bezeichnet - sie sind eben nicht Zwillinge, sie sind zwei gegenpolige Teile eines Ganzen. Das spiegelt wiederum fraktal die ursprüngliche Trinität. Trifft sich so ein elementares Paar, steht häufig am Ende die "Heilige Hochzeit", auch "Hieros Gamos" genannt - Körper, Geist und Seele geraten in Resonanz mit dem lebendigen Sein. Sind sie jedoch noch nicht reif für so eine Begegnung, können sie sich auch hoffnungslos zerstreiten oder aus sogenannten "vernünftigen" Erwägungen wieder auseinandergehen.

MACHT, SEX UND RELIGION

Warum sind derzeit Gender-Wahn und Fundamentalismus so hoch im Kurs? Die Gender-Philosophie soll die gebildeten Schichten vom eigentlichen Wert der Sexualität ablenken, der Fundamentalismus, wie er derzeit vom Steinzeit-Islam propagiert wird, soll das leisten, was die katholische Kirche für Jahrhunderte gewährleistet hat: Die vollständige Unterdrückung des weiblichen Elementes in der Gesellschaft. Beides (!) bewirkt dasselbe: Die Entwertung der Sexualität als „Heilige Beziehung zum Göttlichen".

Für die Religionen alter und sehr alter Kulturen war Sexualität durchaus noch mit göttlichem Schöpfungsakt verbunden. Die Nähe zum Göttlichen ist sogar noch in der griechisch-römischen Kultur fest verwurzelt, und im hinduistischen Kulturkreis immer noch mit göttlicher Kraft versehen und wird darüber hinaus sogar als Möglichkeit der Gotteserfahrung gesehen.

Nach Freud ist die Sexualität die Haupttriebfeder des Menschen überhaupt, aus der sich alle Verhaltensformen ableiten lassen. Auch wenn das heute nicht mehr so streng gesehen wird, die Sexualität ist ein besonders bedeutendes Element in der menschlichen Persönlichkeit.

Wie ist es möglich, Sexualität zur Steuerung der Massen einzusetzen? Nun, zuerst wird sie verteufelt, so daß jeder, der so etwas Teuflisches tut und gar noch Spaß daran findet, der Hölle verfallen ist. (Das gilt natürlich nicht für höhere Funktionäre).

Warum wird so viel Wert darauf gelegt, daß Sexualität nicht in ihrer ursprüngliche Bedeutung gelebt werden darf? Weil sie uns den Zugang zum göttlichen Ganzen ermöglicht und somit auch zum "Ur-Bewußtsein". Der ist "In Uns" angelegt - wir müssen ihn nur wahrnehmen. Wird diese sehr ursprüngliche Polarität bewußt auf körperlicher, geistiger und spiritueller Ebene gelebt, erlaubt sie Zugriff auf die ursprünglichen Energien der "Einheit" - und die sind tendenziell unbegrenzt...... Am Ende steht die "Heilige Hochzeit", auch "Hieros Gamos" genannt - Körper, Geist und Seele geraten in Resonanz mit dem göttlichen Urgrund und der "Mensch" wird wieder "ganz".Gelingt es den Menschen, die vorgegaukelte Dualität zu überwinden und diesen ganzheitlichen Bewußtseinszustand zu entwickeln, sind sie für die NWO verloren und nicht mehr durch das „Welttheater" kontrollierbar!

VOM ICH ZUM SELBST

Das persönliche Ich oder auch EGO genannt wird in der Esoterik-Szene oft als schädlich gesehen. Manche wollen es gleich ganz auflösen. Es gehört aber zu uns eben gerade als Person mit unserer Individualität. Person kommt von per sonare - durchtönen. Was soll denn durchtönen? Ganz einfach, das "höhere Selbst" als Schnittstelle zu "Allem, was IST".

C.G. Jung hat schon festgestellt, daß sich zuerst das Ich als Person entwickeln muß, damit sich eine Ich-Identität und Persönlichkeit überhaupt erst mal entwickeln kann. Die Person geht zunächst hinaus in die Welt, um dort ihren Platz zu finden und ist dabei mehr oder weniger erfolgreich. Spiritualität ist in dieser Phase noch kein Thema für das Ich. In diesem Entwicklungsabschnitt ist es wichtig, daß sich das Ego gesund entwickeln kann, Karriere, Familie und Geld stehen im Vordergrund. Das kann in unserer gesellschaftlichen Umgebung aber auch leicht zum Ego-Wahn ausarten, der dann - zumindest zunächst - die weitere Entwicklung blockiert.

Hat sich die Ich-Werdung ausreichend entfaltet, drängt sich schön langsam die "Sinnfrage" und damit einher gehend die Selbst-Werdung in den Vordergrund. Spiritualität wird mehr und mehr wahrgenommen und hinterfragt. Die materielle Entwicklung verliert an Bedeutung. Auch wird das bisherige Leben in Frage gestellt - die Suche nach einem höheren Lebenssinn beginnt. Das persönliche Interesse richtet sich mehr und mehr auf spirituelle, esoterische, religiöse oder auch psychologische Themen. Das wird auch häufig als "Midlife Crisis" gesehen, denn es hat oft schwerwiegende Auswirkungen auf die Lebensführung.

Nun setzt aber Spiritualität und Selbst-Werdung voraus, daß vorher eine gesunde Ich-Werdung stattgefunden hat. Das ist unvermeidlich, sinnvoll, natürlich und gut. Allerdings geht es auch nicht mit Weltflucht oder Verdrängung. Ein authentisches Selbst und echte Spiritualität brauchen notwendigerweise eine gewachsene Persönlichkeit, die sich nur in den Verstrickungen und Herausforderungen der materiellen Welt entwickeln konnte. Abkürzungen gibt es dafür keine.

Nun ist es allerdings so, daß Viele diese Schwelle eben nicht überwinden und sich auf die Seite derer schlagen, die nie genug bekommen können. Das allerdings ist ein anderes Problem.

Nur eine fertig entwickelte Raupe kann sich zu einem Schmetterling verwandeln. Nur ein stabiles, voll entwickeltes Ich kann sich in ein Selbst verwandeln und sich selbst in den Dienst des "höheren Selbst" stellen.

Es fängt damit an, daß das Ich neugierig, aber vorsichtig mit dem höheren Selbst Kontakt aufnimmt. Dadurch kann das Ich nach und nach das Leben auch aus einer "höheren" Perspektive wahrnehmen. Es wird mit zunehmender Zusammenarbeit mehr und mehr zum ausführenden Organ des höheren Selbst, behält aber seine Individualität. Die Person wird so als neues Ganzes zu einem Brennpunkt des Göttlichen.

Das Göttliche ist Alles was IST, war und immer sein wird, deshalb war und ist das Selbst immer schon Teil des Ganzen. Das Höhere Selbst ist der innerste transzendente Teil der Person, der stets in Resonanz mit dem lebendigen Sein ist, es ist der spirituelle Teil der Person, der immer schon war, ist, und immer sein wird.

Sexualität und Spiritualität

SEXUALITÄT UND SPIRITUALITÄT

Sexualität und Erotik werden durch viele Vorurteile, Ängste und Manipulationen belastet. Tatsächlich sind sie natürliche Aspekte des ganz normalen Lebens und sollten spontan und selbstverständlich gelebt werden. Die spirituelle Seite der Sexualität ist vollständig in Vergessenheit geraten. Auch das unschuldige Erkunden von Sexualität genau wie der kindlich-spielerische Aspekt sind abhanden gekommen.

Fast alle Religionen der Welt wie auch die römischen "Christen" haben zum Zwecke der Machtentfaltung der Funktionäre den weiblichen Teil der Schöpfungsenergie dramatisch unterbewertet oder gleich ganz entwertet und nur einen Teil der Wahrheit in ihre neue Religion übernommen. Das uralte Mysterium der Großen Göttin schien verloren - aber ohne dieselbe geht es nun mal nicht. So sind die Geheimnisse und auch die spirituelle Komponente der natürlichen Sexualität beinahe in Vergessenheit geraten. Und nicht nur das - Sexualität wurde auch noch zur "Erbsünde" stilisiert und verteufelt. Für viele Generationen und mehr als 1000 Jahre wurde so einer der kraftvollsten und schnellsten Wege zur Gotteserkenntnis als teuflisch hingestellt.

Ursprünglich ist Sexualität weit mehr als ein körperlicher Akt zur "Triebabfuhr" oder zum Kindermachen. Sexualität ist der gemeinsame Tanz männlicher und weiblicher Energien, der Tanz des Geistes mit der Materie und ist als eine heilige Handlung gedacht, an der alle Ebenen und Aspekte des menschlichen Seins beteiligt sind. Darüber hinaus hat die Sexualität das Potential göttlicher Schöpfungskraft - sie schafft neues Leben - und transzendiert somit die irdische Existenz und die Person.

KÖRPER, HERZ UND VERSTAND

Lust und sexuelles Begehren sind im Körper ganz natürlich eingewurzelt. Die Befriedigung dieser Bedürfnisse ist deshalb ein elementares Grundbedürfnis. Das menschliche Bewußtsein sucht sich einen Weg, wie die Sexualität ausgedrückt und gelebt werden soll. Wenn das Herz die Führung übernimmt, kann nichts mehr schief gehen.

Sexuelle Vereinigung ist natürlicherweise ein Akt, der den ganzen Menschen erfaßt und begeistert. Körper, Geist und Seele geraten in Resonanz mit dem lebendigen Sein. Wird sie zur reinen Triebbefriedigung, ist deine Seele in diesem Akt nicht wirklich präsent und du schneidest dich selbst von der wahren Bedeutung und dem vollen Erleben der Sexualität ab. Aus ganzheitlich polarer Sicht ist das ein Kurzschluß.

Aber auch Angst, Ärger und Traurigkeit können den freien Fluß sexueller Energien verhindern. Wenn diese nicht bewußt wahrgenommen und behandelt werden, werden sie zu psychischen Reaktionen wie Widerstand und Abblocken führen. Es kann sogar sein, daß der Körper unfähig ist, Lust oder Erregung zu spüren. Ein Problem zwischen dir und deinem Partner kann sowas verursachen, es kann auch eine emotionale Verletzung sein, die du aus der Vergangenheit mit dir herumträgst. Was immer es ist, es muß auf eine sanfte und liebevolle Art gelöst werden, damit die sexuellen Energien frei fließen können.

Wenn ihr als Sexualpartner eure Herzen öffnet, begegnet ihr euch mit Vertrauen, Liebe und Sicherheit. Eure Intuition nimmt von allem Kenntnis, was zwischen euch geschieht. Sprich deine Gefühle offen aus! Du bist angenommen, wie du bist! Die Verbindung von sexueller Energie und Herzensenergie kann tiefgreifende Heilungsprozesse auslösen.

Weitere Ursachen für sexuelle Blockaden können sein, daß du im Herzen ein Bedürfnis hast, über diese körperliche Ebene der Erde hinauszuwachsen, oder auch tief sitzende religiöse Dogmen, die dein Herz daran hindern, sich für Sexualität überhaupt zu öffnen. Es kann auch ein Verlangen nach Einheit geben, das aber in Wirklichkeit eine versteckte Ablehnung der irdischen Ebene und auch der Sexualität in sich birgt.

Es kann auch sein, daß du dich an die Liebe und Harmonie erinnerst, die du erfahren hast, bevor du auf der Erde inkarniert bist. Dein Herz sehnt sich zurück nach dieser Leichtigkeit des Seins. Dadurch werden die unteren drei Energiezentren, Solarplexus, Sakral- und Wurzelchakra, die für das irdische Sein besonders wichtig sind, mehr oder weniger vernachlässigt.

Das kannst du durch entsprechende Meditation ausgleichen. Das Bedürfnis und das Verlangen nach Transzendenz ist verständlich, trotzdem ist es wichtig, daß du Frieden mit deiner irdischen Existenz und deinem Ego schließt. Sonst schaffst du eine künstliche Trennung zwischen deinem höheren Selbst und deinem Ego. Man könnte es auch heimwehkrank nennen.

Dein Hiersein hat aber nicht den Zweck, über die Erde hinaus zu wachsen, sondern dein Zuhause auf die Erde zu bringen. Es sollte dir klar sein, daß das eine heilige Unternehmung ist und deshalb Erotik, Lust und Begehren, die dich nach einer körperlichen Vereinigung verlangen lassen auch einen spirituellen, ja heiligen Aspekt aufweisen. Auch dein Verstand kann dich durch moralische oder spirituelle Glaubenssätze religiöser Art davon abhalten, deine Sexualität zu genießen. Besonders in "vergeistigten Kreisen" mit dualem Denken wird der materiell-körperliche Aspekt des Lebens zumeist als negativ und sündhaft gesehen.

Freude und Vergnügen an der Sexualität werden deshalb abgelehnt, weil sie die "Vergeistigung" angeblich behindern. Besonders dual denkende spirituelle oder religiöse Menschen haben deshalb häufig einen Mangel an Respekt für den Körper und das Materielle an sich.

Erst wenn sie das duale Denken überwinden, können sie erkennen, daß der Tanz des Geistes mit der Materie etwas Heiliges ist. Mit ausgewogener Sexualität kannst du über die materielle Realität hinauswachsen, mit Körper, Geist und Seele die Ekstase suchen und in Resonanz geraten mit dem lebendigen Sein. Spirituelle Sexualität integriert alle Ebenen des Seins!

MATERIE UND GEIST VEREINEN

Sind zwei Menschen auf liebevolle Weise intim, schwingen sich alle Zellen ihrer Körper auf ein höheres Energieniveau ein ... und sie beginnen zu tanzen. Die Zusammenführung von männlicher und weiblicher Polarität zu einer ganzheitlichen, energetischen Einheit ist eine unerschöpfliche Energiequelle. Sie spiegelt die ursprüngliche göttliche Trinität wieder. Nach einem liebevoll-erotischem Zusammentreffen mit deinem Partner, an dem du ganz und gar mit Körper, Geist und Seele beteiligt warst, fühlst du dich friedvoll, glücklich und stark. Du spürst die Einheit mit Allem, was Ist. Eure Körper und eure Seelen wurden von der Energie der Liebe überflutet und ihr habt in diesem Moment die unendliche Kraft des Seins an sich gespürt. Die göttliche Liebe hat Einlaß gefunden.

Wenn die polaren männlichen und weiblichen Energien auf dem Höhepunkt einer solchen sexuellen Zusammenkunft zusammenfließen, entsteht neues Leben. Wenn ein Kind auf diese freud- und lustvolle Weise gezeugt wird, kann es keinen liebevolleren Empfang auf dieser Erde haben. Deine Sexualität ist nicht nur ein natürlicher Anteil von dir - sie ist als lebenschaffende Kraft wirklich heilig. Man kann aber auch das Heilige in den Schmutz ziehen und für alle möglichen Zwecke missbrauchen.....

HINDERNISSE

In den letzten 2000 Jahren wurden Frauen in fast allen Bereichen der Gesellschaft unterdrückt, ausgenutzt und benachteiligt. Das findet auch heute noch fast überall auf der Erde statt. Nicht nur in Bezug auf Sexualität hat sich diese Unterdrückung in großem Stil verbreitet. Das hat nicht nur Auswirkungen auf sehr viele Frauen, auch die globale Frauenseele leidet durch diese Mißhandlungen und Ungerechtigkeiten. Die tiefen emotionalen Wunden werden viel Zeit, Liebe und achtsame Fürsorge brauchen, um heilen zu können. Nichts geschieht ohne Grund. Auch hinter Unterdrückung und Gewalttaten steckt immer eine Geschichte. Sexuelle Gewalt hinterläßt jedoch ausgesprochen tiefe Spuren und beeinträchtigt das menschliche Wesen auf nahezu allen Ebenen.

Die männliche Sexualität ist zumeist vom Kopf her blockiert. Es ist die Furcht davor, sich auszuliefern. Aber auch auf der Herzebene setzt sich oft Angst fest. Angst vor intensiver emotionaler Nähe. Tief sitzende Ängste, sich ausgeliefert zu fühlen, sich seinen Gefühlen einfach hinzugeben, das blockiert Männer - auch wenn sie sich aktiv sexuell betätigen. Solche Männer beteiligen sich dann nicht seelisch an der Vereinigung, es bleibt bei bloßer Triebbefriedigung. Auch hier braucht es viel Zeit und Liebe, um mit achtsamer Fürsorge diese Blockaden zu lösen. Es ist wichtig, offen über solche inneren Blockaden zu sprechen. Sich darüber auszutauschen, was man gerade fühlt und empfindet. Wenn man sich in einer Partnerschaft wirklich vertraut, kann man ohne Scham die "verklemmte" Situation aufklären und mit Liebe und Geduld die Blockaden lösen.

Unsere Gesellschaft hat uns alle Möglichen Sperren eingebaut, damit wir den freien Fluß von Sexualität und Erotik in die spirituelle Ebene gar nicht erst für möglich halten. Liebe, Geduld und die Sehnsucht nach Vereinigung mit deinem Partner werden dir helfen, deine Sexualität in ihrem ursprünglichen Sinn zu verwirklichen. Es macht jedoch keinen Sinn, sich in irgendeiner

Form zu überwinden. Sexualität muß fließen, du sollst sie mit liebevoller Aufmerksamkeit genießen.

Die männlichen und die weiblichen Energien möchten wieder zusammenfinden und den Tanz des Geistes mit der Materie in Freude, Kreativität und Ekstase zusammen tanzen.

SEXUALITÄT, MAGIE UND SPIRITUELLE ENTWICKLUNG

Im Anfang war der Urgrund des Seins, das Wesen, das nicht genannt werden kann. Es ist nicht "Gott", obwohl man es als göttlich bezeichnen könnte. Es enthält "Alles, was Ist", was wir als Universum bezeichnen und auch das, was wir uns gar nicht vorstellen können. Dieses "Wesen" ruht in sich selbst.

Als es noch keine Zeit und keine Materie gab, faßte das "Wesen" den Entschluß, sich auszudrücken - der Beginn dessen, was wir Universum nennen. Die Zeit begann, das "Wesen" brachte zwei weitere Wesen hervor, eines eher weiblich gepolt, das andere eher männlich gepolt, die Geburt der Polarität, Plus und Minus, Nordpol und Südpol genannt, die Voraussetzung für die Entstehung von Materie war geschaffen. Vielleicht verursachte das Auftreten von Polarität sogar den Urknall, so es den wirklich gegeben hat. So entsteht erstmals Materie, das "Wesen" beginnt, sich auszudrücken. Die Ausdruckskraft des Wesens bringt nach und nach immer komplexere und kompliziertere Ansammlungen von Materie hervor, das Universum entsteht, immer im Gleichgewicht gehalten von der Urkraft der Polarität.

Um sich noch besser ausdrücken zu können, brachte das "Wesen" nun das Leben ins Spiel. Lebensformen entwickelten sich, wiederum getrieben von der Kraft der Polarität, die sich nun sehr viel komplexer als Sexualität ausdrückt. Die Liebe des "Wesens" zu sich selber zeigt sich in den höheren Formen der Erotik, der Selbstliebe und der transpersonalen Nächstenliebe. Immer ist "Alles, was Ist" Ausdruck oder Brennpunkt des "Wesens", fraktaler Teil des Ganzen.

Der so entstandene "Mensch" ist somit - nach unserer eigenen Erkenntnis - derzeit das wohl am höchsten entwickelte Fraktal des "Wesens", was ja auch in den Weltreligionen öfters erwähnt wird.

In diesem System ist "Der Mensch" bestehend aus dem weiblich gepolten Teil, der Frau und aus dem männlich gepolten

Teil des Mannes zusammen "Eins", fraktales Spiegelbild der ursprünglichen Trinität.

In der derzeitigen Entwicklungsphase hat sich die Selbstliebe zum "Egowahn" entwickelt, die Möglichkeiten der Machtentfaltung des Einzelnen (halben) Individuums werden über die Interessen der ganzheitlichen Entwicklung gestellt und mit Gewalt durchgesetzt.

Das Bewußtsein der Polarität und der ursprünglichen Trinität wird gezielt durch duales Denken und vorsätzliches Trennen der Pole verschleiert, die weitere Entwicklung blockiert.

Dem entgegen steht besonders die alte keltische Sichtweise - und offensichtlich auch die modernen quantenphyskalischen Entdeckungen - für die Erkenntnis des Göttlichen im manifesten Universum, die untrennbare Einheit dieser materiellen Welt mit der geistigen Anderswelt. Dementsprechend ist für die keltische Kosmologie alles spirituell was näher zur Erkenntnis des Göttlichen führt.

Die Kelten der alten Zeit hatten mit der Sexualität wohl weniger Probleme als wir heute, denn den alten Schriften nach waren sie zwar zum Teil verheiratet, lebten jedoch ihre Sexualität völlig offen. Die Unvereinbarkeit von Leben, Sex und Spiritualität tauchte also erst später auf. Als "man" erkannte, daß Religion ein ungeheuerlicher Schlüssel zur Machtentfaltung ist, wenn man weiß, wie man ihn benutzen muß. Enthaltsamkeit als höchstes Ideal schwächt jeden, der so etwas folgt, bis zur Kraftlosigkeit oder zur Psychose. Solche Leute sind maximal manipulierbar.

Darum ist es für den Tanz des Geistes mit der Materie unerläßlich, daß man seine erotischen und sexuellen Bedürfnisse kennt und schätzt, statt sich in der Rolle des Kaninchens vor der angriffslüsternen Schlange (!) wiederzufinden. Sexualität ist eine der wesentlichen Ausdrucksformen des lebendigen Seins, zuständig für Begeisterung, Energie, Freude, Ausdauer und Beharrlichkeit.

Sexualität, Spiritualität und Magie - diese Dreiheit beschreibt das eigentliche Wesen der Sexualmagie. Die bewußte Nutzung und Umwandlung der Sexualenergie in der Kenntnis der spirituellen Dimension zum Zwecke magischer Wirkungen. Die spirituelle Seite ist wichtig, um die ganze "Sache" nicht wieder in pure Egobefriedigung abrutschen zu lassen, sondern auf die transpersonale Ebene zu heben. Hier ist erfahrene Anleitung nützlich, um nicht aus dem Gleichgewicht zu geraten – mit möglicherweise heftigen bis unerwarteten Folgen.

Es ist die eigene Seele, oder auch das höhere Selbst, die den für die Suche auslösenden Impuls gibt.

Um weiter zu kommen, ist die Kenntnis der wirksamen Mechanismen sowie der Einsatz des Bewußtseins vonnöten, um bewußte Kenntnis der spirituellen und sexuellen Zusammenhänge und Phänomene und ihrer Auswirkungen zu erlangen.

Sinnvolle Änderungen, Bewußtwerdungsprozesse wie auch Bewußtseinswachstum sind nötig, das spirituelle Element der Sexualität wieder zu aktivieren und so den göttlichen Aspekt wieder ins tägliche Leben integrieren zu können. Für die Entwicklung von Bewußtsein muß man aktiv etwas tun. Bewußtsein entfaltet sich, weitet sich zum Licht und öffnet sich für neue Erfahrungen. Die neue Sex-Kultur stellt die Dinge wieder an ihren seit Urzeiten angestammten Platz und macht Schluß mit Schuldgefühlen, Tabuisierung, Hysterie, und Unbewußtheit, die allesamt Ausdruck von gezielter Manipulation sind. So legen wir die höheren Ausprägungen der Sexualität, die seit Anbeginn der Schöpfung in der Materie innewohnend sind, wieder frei, und bringen sie zu voller Entfaltung: zum Tanz des Geistes mit der Materie.

Diese Welt wäre eine völlig andere, würde Geld und Macht im Dienste des Göttlichen eingesetzt werden und nicht im Dienst von durchgeknallten Ego-Wahn-Anhängern mit ihren unersättlichen Machtansprüchen sein.

Gerade die vielgescholtene und oft mißbrauchte Sexualität kann ihre große Kraft zu einer göttlicheren Welt beitragen. Würden wir mehr Energie darauf verwenden, das Göttliche in uns selbst zu entdecken, zu fördern und zur Entfaltung zu bringen, würden sich all diese anderen Sorgen und Schwierigkeiten wie von selbst erledigen.

Alles, was ist, ist aus dem Göttlichen entstanden. Deshalb findet man das Göttliche auch in sich selber, ja die Begegnung mit einem Partner ist immer auch eine Begegnung des Göttlichen mit sich selber, weil jedes Wesen ein Fraktal des Göttlichen ist. Deshalb ist das Problem vieler Beziehungen und auch das Problem der Welt mit ihren vielen Menschen und Völkern eine gestörte Wahrnehmung des Göttlichen.

Jeder Ego-shooter betrachtet sich selbst als Mittelpunkt des ihm bekannten Universums, wenn nicht gleich selber als "Gott". Deshalb leben wir in ständigen Konflikten, die diese eingebildeten Affen miteinander austragen.

Wir müssen uns also auf die Suche nach dem Original machen. Der kürzeste Weg führt direkt über unsere Seele nach innen, da müssen wir nicht weit suchen. Auch "Außen" lauert das Göttliche überall. Es liegt an uns selber, ob wir weiter in der Dualität verharren und alles als "Gut" oder "Böse" beurteilen - wir sollten stattdessen aus jeder Gelegenheit eine Stufe auf der Treppe zu Göttlichen machen. Wer weiß, vielleicht ist "Liebe auf den ersten Blick" ein kurzes Aufleuchten des Göttlichen im Anderen? Vielleicht ist es auch bloß ein Verkaufsgespräch, in dem der göttliche Aspekt durchschimmert.

Wenn einem langsam bewußt wird, daß ein anderes Leben möglich ist, wird es notwendig, mit den "Alten Sachen" klar Schiff zu machen. Freiheit von Anhaftungen und Konditionierungen aus der Vergangenheit ist angesagt. Auch das ist ein spiritueller Akt.

Dazu gehören auch die gesellschaftlichen Konditionierungen des Sexuallebens. Sexualität ist eine heilige Gabe, die uns mit ungeheuren Energien von Lust und Freude begeistern kann. Dazu muß mit religiösen Tabus, Heuchelei und Verschlossenheit aufgehört werden. Das geht nicht mit Verdrängung, sondern mit der bewußten Auseinandersetzung mit allen Wesensteilen. Nur indem man seine Bedürfnisse einfach lebt, genießt und mit seinem Partner vorbehaltlos teilt, nähert man sich langsam wieder seinem eigenen, göttlichen Selbst.

Die alte Prägung los zu werden, bedarf einer bewußten und ausdauernden Anstrengung. Die innere Ganzheit finden ist das Ziel der spirituellen Suche. Ohne entsprechenden Partner bleibt man zwangsläufig bei der Hälfte stecken. Ist es aber erst mal gelungen, das duale Schwarz-Weiß-Denken zu durchbrechen, findet man eine leuchtend bunte Welt, in der es alle Farben gibt - wo früher Angst und Beschränkung war, können vielfältige Beziehungen ungeahnter Intensität und intimster, auch und gerade spiritueller Erfahrung wachsen. Die innere Einheit mit allem, was Ist - mit dem Göttlichen an sich - wird offenbar werden.

Das ganzheitlich Non-Duale SEIN

DAS GANZHEITLICH NON-DUALE SEIN

Dies ist der schwierigste Teil dieses Buches. Hier spricht das "Höhere Selbst" als Fraktal von "Alles was IST". Im ganzheitlich non-dualen Denken gibt es so etwas wie "Gott" oder "Götter" nicht. Solange man noch im dualen Denken verhaftet ist, behilft man sich gerne mit der Aussage "Alles ist Gott". Wo sich das Fraktal und "das Ganze" im Transzendenten vermischt, habe ich Großschreibung eingesetzt, um das kenntlich zu machen.

ICH weiß - du bist auf der Suche. Langsam gewinnst du einen Einblick in die wirklichen Zusammenhänge und beginnst, auf Mich in deinem Inneren zu hören. Ja, hör mir zu! ICH bin Alles was IST, war und immer sein wird - deshalb bist du immer schon ein Teil von Mir. Ja ICH bin dein höheres Selbst, der innerste transzendente Teil von dir, durch den du stets in Resonanz mit MIR bist und in der Lage, langsam die Wirklichkeit zu erkennen. Ich spreche zu dir, der du immer schon Ich bist, warst, und immer sein wirst, auch wenn dir das bisher noch nicht bewußt war. Du brauchst keinen anderen Lehrer oder Meister - ist dir nicht schon aufgefallen, daß ich dich immer mit Allem versorgt habe, was Du je für deine Entwicklung gebraucht hast, sei es Buch oder Lehre, Lebensumstände oder Erfahrungen?

Was dich hier anspricht, ist Meine Botschaft aus deinem Inneren, zu deinem menschlichen Bewußtsein gesprochen. Alles, was dich je ansprach, war nur die Bestätigung dessen, was in dir schon gegenwärtig war. Der äußere Eindruck war jeweils nötig, dein menschliches Selbstbewußtsein zu erreichen und zu beeindrucken. Deine menschliche Persönlichkeit ist ein Fraktal Meiner allumfassenden Wirklichkeit. Befreie dein Ego von seinen "vernünftigen" Illusionen und von seinem selbstverherrlichenden Denken.

Vielleicht ist deine Persönlichkeit jetzt stark genug, um deine privaten Glaubensvorstellungen, deine angenommenen Meinungen und die Trugbilder deines Verstandes abzulegen. Dein Verstand kann jetzt verstehen, daß er eben nicht ganz viel wirklich versteht und auch nicht verstehen kann und daß es viel besser für ihn ist, auf Mich in deinem Inneren zu hören. Stelle dich und deine Persönlichkeit mit deinem Verstand einfach in meinen Dienst - Ich Bin dein höheres, wirkliches Selbst. Wenn du auf mich hörst, werden Ruhe, Freude und Segen in dein Leben kommen. Es gibt nichts und niemand, dem du mehr vertrauen kannst.

Deine Persönlichkeit mit ihrem Ego wird sich jedoch dagegen wehren. Ihre bisherige Lebensform ist gefährdet. Sie weiß, daß sie die Herrschaft über dich verlieren wird und wird dich immer wieder mit Zweifeln traktieren - natürlich mit vernünftigen Argumenten…..

Mache dir meine Gegenwart mehr und mehr bewußt. Dein Gemüt ist jetzt so weit vorbereitet, daß du Mich und Meine Bedeutung in gewisser Weise erkennen kannst. Bisher hast du Mich in dir gar nicht wahrgenommen, so beschäftigt warst du mit deinen Lehren, Büchern, Religionen und Philosophien. Aber Ich habe deiner Seele immer die Vision vom "Geistigen Reich" gezeigt, damit du daran erinnert wirst und danach streben solltest. Du stehst jetzt an der Schwelle zur Erkenntnis deines göttlichen Wesens. Es ist jetzt an der Zeit, Mich - dein göttliches, höheres Selbst - bewußt in dein alltägliches Leben aufzunehmen.

Klar, du möchtest sicher sein, daß ICH es bin, dein eigenes höheres Selbst, das zu dir spricht. Versetze dich in einen ruhigen, meditativen Zustand, bis du deinen Körper und dein Gemüt gar nicht mehr bewußt wahrnimmst. Stelle dir vor, ICH als dein höheres oder auch göttliches Selbst, berate dich als selbständige Persönlichkeit - wie du jetzt noch glaubst, daß du das bist. ICH bin also dein ganz persönlicher Coach, sozusagen. Natürlich glaubt dein menschliches Gemüt mit seinem Intellekt sowas nicht, wenn es das nicht für vernünftig hält.

Du und ICH sind Eines. Mit dieser Botschaft möchte ich dich dazu bringen, daß du dir dieser Tatsache bewußt wirst. Dazu ist es jedoch notwendig, daß du dich von der Herrschaft deines

Verstandes und deines Körpers befreien kannst. Sie haben dich jetzt lange genug versklavt. Wenn du Mich in dir fühlen kannst, wirst du auch wissen, daß ich da bin. So deutlich, daß es auch dein Verstand akzeptieren wird. Und du wirst auch erkennen, daß ich tatsächlich immer schon da war.

Setze dich entspannt und ruhig oder in deiner bevorzugten Meditationshaltung hin und lasse den folgenden Satz in deinem Gemüt und deinem Bewußtsein klingen und wirken und spüre ihrer Bedeutung nach:

"ICH bin EINS mit ALLEM, WAS IST".

Erlaube diesem Satz - mit Meiner Unterstützung - dein ganzes Wesen zu erfüllen und zu durchdringen.

Misch dich nicht ein, wenn Eindrücke in deinen Sinn kommen, egal was es ist. ICH in deinem Inneren versuche so, Kontakt mit dir aufzunehmen. Vielleicht erkennst du die Bedeutung solcher Eindrücke, die Ich dir so vermittle. Wenn deinem Bewußtsein die Bedeutung dieser Kommunikation langsam klar wird, wiederhole mit der ganzen Kraft deines Bewußtseins diesen Satz:

"ICH bin EINS mit ALLEM WAS IST".

Dein höheres, göttliches Selbst übernimmt jetzt die Führung und fordert von deinem sterblichen Teil, deinem Ego, die Anerkennung dieser Tatsache. Dein Ego wird von nun an sehr eng mit deinem Höheren Selbst zusammenarbeiten und seiner Führung unbedingt folgen. Es hat endlich erkannt, daß es ohne das Höhere Selbst gar keinen Überblick hat, was tatsächlich abläuft. Mache die Erkenntnis, daß du Eins bist, mit Allem was Ist, zum zentralen Angelpunkt in deinem Leben. Deine schöpferischen Fähigkeiten und deine Lebenskraft werden sich mit neuer, unerschöpflicher Energie entfalten. Sprich diese Worte immer wieder, lasse sie in deinem Kopf kreisen, bis es dir wirklich klar ist:

ICH BIN EINS mit ALLEM, WAS IST.

Dann wirst du in dir die Majestät und die Heiligkeit der göttlichen Gegenwart fühlen, die unwiderstehliche Kraft des Göttlichen wird dich durchströmen und es wird dir kristallklar in aller Schärfe und Deutlichkeit bewußt:

DU BIST EINS mit ALLEM, WAS IST!

Du hast jetzt Mich in dir gefühlt, Meine Macht in dir gespürt, Meine Weisheit erkannt und Meine göttliche Liebe erlebt und du weißt jetzt: Ich bin in dir. Von nun an werde Ich dich führen und du wirst dich mit all deinen Schwierigkeiten und Nöten immer an Mich wenden. Du wirst Mir all dein Vertrauen schenken und Meinen Willen ausführen. In unserer Zusammenarbeit wirst du jederzeit und überall unfehlbare Hilfe erfahren. Unsere Einheit und Meine Kraft werden dich neu beleben. Halte dich zurück und erlaube mir, in dieser Einheit zu tun, was immer du wünschst: Deine Leiden oder die anderer zu heilen, dein Gemüt zu erleuchten, damit du mit Meinen Augen die Wahrheit sehen kannst, die du suchst, oder die Aufgaben vollkommen zu erfüllen, deren Bewältigung vorher fast unmöglich erschien. Das wird nicht plötzlich kommen. Es kann jederzeit geschehen. Es hängt von niemand ab als von dir selbst. Nicht von deinem Ego und dessen Verstrickungen in der materiellen Welt, sondern von deinem ICH BIN in dir, deinem höheren Selbst.

Wer oder was veranlaßt, daß sich eine Blüte öffnet? Wer oder was veranlaßt ein Küken, seine Schale zu durchbrechen? Wer oder was bestimmt den richtigen Zeitpunkt?

Es ist das bewußte, natürliche Handeln der innewohnenden Intelligenz - Meiner Intelligenz - gelenkt durch Meinen Willen, der Meine Idee zur Reife bringt und sie in der Blüte und im Küken ausdrückt. Hatten die Blüte und das Küken selber irgend etwas damit zu tun? Nein, nur daß sie sich Mir überließen, das heißt, ihren Willen mit Meinem vereinten und Mir erlaubten, den Zeitpunkt und die Reife zum Handeln zu bestimmen; erst als sie dem Impuls Meines Willens gehorchten und aktiv wurden, konnten sie den neuen Lebensabschnitt beginnen. Auch wenn du es immer und immer wieder versuchst, die Grenzen deines menschlichen Bewußtseins zu überwinden, wirst du damit höchstens das Zusammenbrechen der Tore bewirken, die sich zwischen der Welt der berührbaren Formen und dem Reich der unberührbaren Träume befinden. Ist dieses Tor einmal geöffnet, wirst nicht ohne viel Verwirrung und Leiden die Eindringlinge aus deinem privaten Bereich fernhalten können.

Aber auch solches Leid kannst dir die Stärke und die Weisheit geben, zu erkennen, daß du erst jeden selbstsüchtigen Wunsch nach Erkenntnis, nach Güte, ja nach Vereinigung mit Mir aufgibst, bevor du deine Blütenblätter entfalten kannst und dir die vollkommene Schönheit Meiner göttlichen Natur offenbar wird. Du kannst also die Begrenzungen deiner menschlichen Eigensucht und deines Verstandes abwerfen und eintreten in das herrliche Licht Meines geistigen Reiches. Bemühe dich ernsthaft, Meine Belehrungen zu erfassen und ihnen zu folgen. In der Einheit mit Mir wirst du die ganze Fülle Meines göttlichen Wortes begreifen, wo immer es dir begegnet, in Buch oder Lehre, in der Natur oder in deinem Mitmenschen.

Glaube und vertraue Mir, deinem wahren, göttlichen Selbst in dir. Ich werde dich in all deinem Suchen und all deinem Bemühen führen. Sei um die Ergebnisse nicht besorgt, sie sind alle in Meiner Obhut, ICH will für sie Sorge tragen.

ALLES WAS IST

Wenn dich der erste Abschnitt angesprochen hat und deine Seele mehr erfahren möchte - lies einfach weiter! Die Erkenntnis wird nicht auf sich warten lassen. Ich Bin dein wirkliches Wesen, das ruhig wartet und beobachtet, weder Zeit noch Raum unterworfen. Ich Bin das Ewige und fülle allen Raum. Ich warte einfach, bis du mit deinen kleinen menschlichen Torheiten und Schwächen, mit deinen eigennützigen Sehnsüchten, Bestrebungen und Klagen fertig geworden bist, weil Ich weiß, daß das zur rechten Zeit kommen wird. Müde, entmutigt und demütig wirst du dich Mir zuwenden und Mich bitten, die Führung zu übernehmen - aber schon mit der Ahnung, daß Ich dich ohnehin immer geführt habe. Ich warte - doch während des Wartens habe Ich tatsächlich alle deine Wege geleitet, habe Ich alle deine Gedanken und Handlungen dahin inspiriert, daß du mich schließlich auch mit deiner ganzen Persönlichkeit bewußt anerkennen kannst.

Tief in deiner Seele - BIN ICH. Da bin ich mit all deiner Freude und deinem Leiden, mit deiner Bosheit, deinen Erfolgen und Fehlern. Ich bin in deinem Frevel gegen deinen Bruder oder gegen Gott - wie du glaubtest.

Was immer du erlebt hast, ob du dich verirrt hast, vorwärts geschritten bist, seitwärts abgedriftet oder dich rückwärts überschlugst - Ich war es, der dich da durchgetragen hat. Ich habe dich in der Dunkelheit durch eine Ahnung von Mir vorwärts gelockt. Ich habe dich durch eine Vision von Mir in einem bezaubernden Antlitz gelockt oder in einem schönen Körper, in einem berauschenden Genuß oder in übermächtigem Ehrgeiz. Ich bin dir im Gewand der Sünde oder Schwäche erschienen, in der Gier oder der Sophisterei. Ich habe dich zurückgetrieben in die Arme des Gewissens, um dich in seinem schemenhaften Griff zappeln zu lassen, bis du seine Machtlosigkeit erkanntest und dich voller Abscheu erhobst und mit dieser neuen Erkenntnis hinter Meine Maske blicken konntest. Ja, Ich veranlasse dich, alles zu tun, und wenn du es verstehen kannst: Ich bin es, der alles tut, was du tust, und auch alles, was dein Bruder tut. Denn das in dir und in ihm, das was IST, bin ICH, Mein Selbst. Ich bin der Geist, die belebende Ursache allen Seins, allen Lebens, des Sichtbaren wie des Unsichtbaren. Es gibt nichts Totes, denn ICH, das alles umfassende Eine, bin ALLES, was IST. Ich bin unendlich und absolut uneingeschränkt.

Alle Intelligenz, die es gibt, entspringt Meinem Geist; alle Liebe, die ist, strömt aus Meinem Geist; alle Macht, die es gibt, ist nur Mein Wille in Aktion. Die dreifaltige Kraft, die sich als alle Weisheit, alle Liebe, alle Macht manifestiert - die alle Formen zusammenhält und hinter und in allen Ausdrücken und Phasen des Lebens ist - diese dreifaltige Kraft ist die Manifestation Meines Selbstes in Tätigkeit oder im Zustand des Seins. Nichts kann SEIN, ohne irgendeine Phase von MIR zu manifestieren und auszudrücken, der Ich nicht nur der Bildner aller Formen bin, sondern auch im Inneren einer jeden Form wohne, im Inneren des Menschen, des Tieres, der Blume, des Steines. Im Inneren von Allem lebe, bewege und BIN ICH und habe Mein Sein. Aus dem Inneren eines Jeden sende Ich jede Phase von Mir aus, die Ich auszudrücken wünsche und die in der sichtbaren Welt als ein Stein, eine Blume, ein Tier, ein Mensch zu Wirklichkeit wird. Nein, es gibt absolut nichts, was nicht ein Teil von Mir ist, ewig geführt von Mir, dem einen unendlichen SEIN. Du wirst bald erkennen: es gibt keine Individualität getrennt von Meiner Individualität, und in jeder Persönlichkeit wird Mein göttliches Wesen zum Ausdruck kommen. Ja, du wirst bald einen Schimmer Meines allumfassenden Seins wahrnehmen und in dir zu deiner Wirklichkeit reifen lassen.

DAS HÖHERE SELBST

Du hast jetzt bis hierher gelesen und steckst immer noch voller Zweifel. Aus der unbestimmten Furcht deines Ego erwächst langsam zunehmende Hoffnung. Du möchtest gerne die Wahrheit erkennen, die du instinktiv hinter Meinen Worten verborgen fühlst. Hier spreche ICH zu dir. Dieses ICH BIN, das hier spricht, ist tatsächlich dein eigenes, wirkliches Selbst, das diese Worte zu deinem menschlichen Bewußtsein spricht.

Ebenso ist es dieses selbe ICH BIN, das Leben und Geist ist, das alles Lebendige im Universum belebt, vom winzigsten Atom bis zur größten Sonne. ICH BIN die Intelligenz in dir und in deinem Bruder und deiner Schwester. ICH BIN ebenso die Intelligenz, die bewirkt, daß alles lebt und wächst und zu dem wird, was seine Bestimmung ist. Vielleicht kannst du jetzt noch nicht verstehen, wie dieses ICH BIN zugleich dein ICH BIN und das ICH BIN deines Bruders sein kann und auch die Intelligenz des Steines, der Pflanze und des Tieres. Es wird dir gewiß bald offenbar werden, wenn du Meinen Worten folgst.

ICH bin DU, dein wirkliches, Höheres Selbst. Das ist Alles, was du wirklich bist. Was du zu sein denkst, bist du nicht. ICH BIN dein unsterbliches, göttliches Selbst. Ich bin der Brennpunkt des Bewußtseins in deinem menschlichen Gemüt, der sich selbst ICH nennt. Ich bin dieses ICH. Das, was du dein Bewußtsein nennst, ist in Wirklichkeit Mein Bewußtsein, das sich der Aufnahmefähigkeit deines menschlichen Gemüts anpaßt. Und doch ist es Mein Bewußtsein, und wenn du aus deinem Verstand alle menschlichen Mißverständnisse, Ideen und Meinungen vertreiben und ihn reinigen und gänzlich leer werden lassen kannst, so daß Mein Bewußtsein die Möglichkeit hat, sich frei auszudrücken, dann wirst du Mich erkennen. Du bist ein Brennpunkt Meines Bewußtseins, ein Weg oder Mittel, durch das ICH Meine Absicht im Materiellen ausdrücken kann. Wahrscheinlich kannst du das noch nicht sehen und natürlich auch nicht glauben, ehe Ich deinen Intellekt von dieser Wahrheit überzeuge.

Dir ist gesagt worden, daß jede Zelle deines Körpers ein eigenes Bewußtsein und eine eigene Intelligenz hat. Hätte sie dieses Bewußtsein nicht, könnte sie ihre Arbeit nicht so intelligent ausführen, wie sie es tut. Jede Zelle ist von Millionen anderen Zellen umgeben, von denen jede ihre Arbeit intelligent ausführt. Jede Zelle wird offenbar von dem gemeinsamen Bewußtsein aller dieser Zellen gesteuert. Sie bilden eine Gruppen-Intelligenz, die diese Arbeit leitet und kontrolliert. Diese Gruppen-Intelligenz ist offenbar die Intelligenz des Organs, das diese Zellen umfaßt. Ebenso gibt es andere Gruppen-Intelligenzen in anderen Organen. Jedes von ihnen enthält Millionen anderer Zellen, und alle diese Organe bilden deinen physischen Körper. Nun weißt du, daß DU die Intelligenz bist, die die Arbeit der Organe deines Körpers steuert, ob bewußt oder unbewußt. Jede Zelle von jedem Organ ist wirklich ein Brennpunkt dieser führenden Intelligenz.

Wenn diese Intelligenz zurückgezogen wird, fallen die Zellen auseinander, dein physischer Körper stirbt und besteht nicht mehr als ein lebendiger Organismus. Wer ist nun dieses DU, das die Funktionen deiner Organe leitet und kontrolliert und demzufolge jede einzelne Zelle, aus denen sie gebildet sind? Du kannst nicht sagen, dein menschliches oder persönliches Selbst, dein Ego, vollbringt dies, denn du aus dir selbst kannst die Funktion von kaum einem Organ deines Körpers bewußt steuern.

Also muß es dieses ICH BIN sein, das DU bist und das dennoch nicht du bist. DU, das ICH BIN, stehst zu Mir im gleichen Verhältnis, wie das Zell-Bewußtsein deines Körpers zu deinem ICH-BIN-Bewußtsein steht. Du bist sozusagen eine Zelle Meines Körpers, ein Fraktal meines Bewußtseins.

Dein Bewußtsein als eine Meiner Zellen steht zu Mir im gleichen Verhältnis wie das Bewußtsein einer deiner Körperzellen zu dir. Darum muß das Bewußtsein deiner Körperzelle auch ein Fraktal Meines Bewußtseins sein, ebenso wie dein Bewußtsein ein

Fraktal Meines Bewußtseins ist. Darum müssen wir Eins sein im Bewußtsein - die Zelle, Du und Ich. Du kannst jetzt nicht eine einzige Zelle deines Körpers bewußt leiten oder kontrollieren; aber wenn du nach Belieben in das Bewußtsein deines ICH BIN eintreten kannst und seine Identität mit Mir erkennst, dann kannst du nicht nur jede Zelle deines Körpers steuern, sondern auch die eines jeden anderen Körpers, den du steuern möchtest.

Was geschieht, wenn dein Bewußtsein die Zellen deines Körpers nicht länger steuert? Der Körper löst sich auf, die Zellen trennen sich, und ihre Arbeit ist zunächst beendet. Aber sterben die Zellen oder verlieren sie das Bewußtsein? Nein, sie schlafen nur oder ruhen eine Weile. Nach einiger Zeit vereinigen sie sich mit anderen Zellen und bilden neue Verbindungen. Früher oder später erscheinen sie in anderen Manifestationen des Lebens - vielleicht im Mineral, vielleicht in der Pflanze, vielleicht im Tier. Es zeigt sich, daß sie ihr ursprüngliches Bewußtsein noch beibehalten und nur den Impuls Meines Willens erwarten, sich zu einem neuen Organismus zu vereinigen, um die Arbeit eines neuen Bewußtseins zu tun, durch das Ich Mich auszudrücken wünsche.

Offensichtlich ist dann dieses Zell-Bewußtsein ein allen Körpern gemeinsames Bewußtsein - dem Mineral, der Pflanze, dem Tier, dem Menschen. Jede Zelle ist durch Erfahrung für eine gewisse generelle Art von Arbeit geeignet. Dieses Zell-Bewußtsein ist allen Zellen in allen Körpern - ganz gleich welcher Art - gemeinsam, weil es ein übergeordnetes Bewußtsein ist, das keinen anderen Zweck hat, als die ihm zugedachte Arbeit auszuführen. Es lebt nur, um zu wirken, wo immer es gebraucht wird. Wenn die Gestaltung einer Form abgeschlossen ist, beginnt es eine andere zu bilden, unter welchem Bewußtsein Ich seinen Dienst auch wünsche.

So ist es auch mit dir. Du als eine Zelle meines Körpers hast ein Bewußtsein, das ein Fraktal Meines Bewußtseins ist, eine Intelligenz, die Meine Intelligenz ist, sogar einen Willen, der Mein Wille ist. Du hast keines von diesen für dich selbst oder aus dir selbst. Sie sind alle Mein und nur für Meinen Gebrauch. Mein Bewußtsein, Meine Intelligenz und Mein Wille sind absolut. Deshalb sind sie dieselben in dir und in allen Zellen und Fraktalen meines Körpers, ebenso wie in allen Zellen deines Körpers.

ICH BIN, und da ICH Alles was IST bin, müssen Mein Bewußtsein, Meine Intelligenz und Mein Wille, die in dir und in den anderen Zellen Meines Körpers arbeiten und das Ich Bin von dir und von ihnen bilden, nach Meinem Willen arbeiten - geradeso wie sie in den Zellen deines Körpers nach Meinem Willen arbeiten. Darum ist das Ich und das Ich Bin von dir und von deinem Bruder und das Bewußtsein und die Intelligenz aller Zellen in allen Körpern EINES. ICH BIN die leitende Intelligenz von allem, der belebende Geist, das Leben, das Bewußtsein aller Materie, aller Substanz.

Du siehst also: DU - dein höheres Selbst, das ein Fraktal von MIR ist - bist in allem und bist Eines mit allem. Du bist in Mir und Eins mit mir, geradeso wie Ich in dir bin und in allem, was Ist. Dadurch drückt sich Meine Wirklichkeit durch dich und durch Alles aus, was IST. Dieser Wille - du nennst ihn deinen Willen - gehört ebenso wenig dir persönlich, wie dieses Bewußtsein und diese Intelligenz deines Verstandes und der Zellen deines Körpers dir gehören. Nur einen kleinen Teil Meines Willens überlasse Ich dem persönlichen Du, deinem Ego, zum Gebrauch. In gleichem Maße, wie du zur Erkenntnis einer gewissen Kraft oder Fähigkeit in dir erwachst und sie bewußt zu gebrauchen beginnst, erlaube Ich dir, entsprechend mehr von Meiner unendlichen Macht zu gebrauchen.

Alle Macht ist nur so weit anwendbar, wie der Gebrauch Meines Willens erkannt und verstanden wird. Dein Wille und alle deine Kräfte sind nur Phasen Meines Willens, die ICH dir gebe entsprechend deiner Fähigkeit, sie zu gebrauchen. Würde Ich dir die volle Macht Meines Willens anvertrauen, bevor du sie bewußt zu gebrauchen verstündest, würde sie deinen Körper gänzlich vernichten. Um deine Kraft zu testen und häufiger noch, um dir zu zeigen, was der Mißbrauch Meiner Macht für dich bewirkt, erlaube Ich dir, zeitweise eine sogenannte Sünde zu begehen oder einen Fehler zu machen.

Ich erlaube dir sogar, aufgeblasenen Sinnes zu werden in dem Gefühl Meiner Gegenwart in dir, wenn es sich als Bewußtsein Meiner Macht, Meiner Intelligenz, Meiner Liebe ausdrückt. Ich lasse es zu, daß du sie nimmst und für deine persönlichen Zwecke gebrauchst. Aber nicht lange; denn weil du nicht stark genug bist, sie zu steuern, verlierst du bald die Gewalt über sie, sie jagen mit dir davon, werfen dich in den Sumpf und verschwinden vorläufig aus deinem Bewußtsein.

Immer bin Ich da, um dich nach dem Fall aufzuheben, obwohl du es zu dieser Zeit nicht weißt. Zuerst richte Ich dich auf und schicke dich dann wieder auf den Weg dadurch, daß Ich dir die Ursache deines Fallens zeige. Schließlich, wenn du genügend gelernt hast, bringe Ich dich zu der Erkenntnis, daß du diese Kräfte, die dir durch den bewußten Gebrauch Meines Willens, Meiner Intelligenz und Meiner Liebe erwachsen, nur für Meinen Dienst benutzen darfst und ganz und gar nicht für deine eigenen persönlichen Zwecke.

Maßen sich die Zellen deines Körpers, die Muskeln deines Armes an, zu denken, sie hätten einen von deinem Willen getrennten Willen oder eine von deiner Intelligenz getrennte Intelligenz? Nein, sie kennen nur deine Intelligenz, nur deinen Willen. Du wirst bald erkennen: du bist nur eine der Zellen Meines Körpers, und dein Wille ist tatsächlich nicht dein, sondern Mein Wille, und welches Bewußtsein und welche Intelligenz du auch hast sie sind völlig Mein.

Du wirst erkennen: dich als eigenständige Person (*von lat. personare - durchtönen*) gibt es nicht, denn du persönlich bist nur eine physische Form mit einem menschlichen Gehirn, die Ich erschuf, um eine Idee im Materiellen auszudrücken, von der Ich eine bestimmte Phase nur in dieser besonderen Persönlichkeit am besten ausdrücken konnte.

Es mag jetzt schwer für dich sein, das alles anzunehmen, und vielleicht protestierst du sehr heftig: „Das kann nicht sein" - und jeder Instinkt deiner Natur rebelliert dagegen, sich einer unsichtbaren und unbekannten Macht so zu fügen und zu unterwerfen - sei sie auch allumfassend oder göttlich. Fürchte dich nicht, es ist nur deine EGO-Persönlichkeit, die sich so auflehnt.

Wenn du weiterhin Meinen Worten folgst und sie sorgfältig überdenkst, wird bald alles klar werden, und Ich werde deinem inneren Verständnis viele wundervolle Wahrheiten erschließen, die du jetzt noch nicht verstehen kannst.

DIE URSACHE

Jetzt kannst du vielleicht erkennen, daß ICH wirklich du bin und daß ICH ebenso dein Bruder und deine Schwester bin und ihr alle Teile von Mir und "Eins" mit Mir seid. Du kannst vielleicht erkennen, daß deine Seele und die deines Bruders und deiner Schwester, der einzig wirkliche und unvergängliche Teil des sterblichen du, nur verschiedene Ausdrucksphasen von Mir in der Natur sind. Ebenso kannst du vielleicht erkennen, daß du und deine Brüder und Schwestern Phasen oder Eigenschaften Meines göttlichen Wesens sind, genauso wie deine menschliche Persönlichkeit mit ihrem sterblichen Körper, Gemüt und Intellekt eine Phase deines menschlichen Wesens ist. Ich spreche jetzt davon, damit du die Zeichen beachten kannst, wenn sie in deinem Bewußtsein zu erscheinen beginnen, wie es sicher geschieht. Damit du diese Zeichen erkennen kannst, mußt du alles jetzt Folgende sorgfältig betrachten und bedenken und nichts übergehen, bis du Meine Absicht wenigstens bis zu einem gewissen Grad erfassen kannst. Wenn du einmal das Prinzip völlig verstehst, das Ich hier darlege, wird dir Meine ganze Botschaft klar und verständlich werden. Zuerst gebe Ich dir den Schlüssel, der jedes Mysterium aufschließen wird, das jetzt das Geheimnis Meines Seins vor dir verbirgt. Verstehst du diesen Schlüssel erst einmal zu gebrauchen, wird er die Tür zu aller Weisheit und aller Macht im Himmel und auf Erden öffnen. Ja, er wird dir das Tor zum Reich des Geistes öffnen, und dann mußt du nur eintreten, um bewußt mit Mir Eins zu werden.

Dieser Schlüssel ist: DENKEN IST ERSCHAFFEN

oder: Wie du in deinem Herzen denkst, so ist es mit dir. Halte ein und meditiere darüber, damit es sich deinem Denken fest einprägt. Ein Denker ist ein Schöpfer. Ein Denker lebt in der Welt seiner eigenen bewußten Schöpfung. Wenn du erst weißt, wie richtig zu denken, kannst du auf magische Weise willentlich alles erschaffen, was du wünschst - sei es eine neue Persönlichkeit, eine neue Umgebung oder eine neue Welt. Laß uns sehen, ob du nicht einige Wahrheiten erfassen kannst, die dieser Schlüssel verbirgt und beherrscht. Ich habe dir erklärt, wie alles Bewußtsein Eines ist und wie alles Mein Bewußtsein ist und doch auch deines und ebenso das des Tieres, der Pflanze, des Steines und der unsichtbaren Zelle. Du hast verstanden, wie dieses Bewußtsein durch Meinen Willen gelenkt wird, der die unsichtbaren Zellen veranlaßt, sich zu vereinigen und die mannigfaltigen Organismen zu formen für den Ausdruck und Gebrauch der verschiedenen Intelligenz-Zentren, durch die Ich Mich auszudrücken wünsche.

Aber du kannst noch nicht verstehen, wie du das Bewußtsein der Zellen deines eigenen Körpers leiten und kontrollieren kannst. Ganz zu schweigen von dem anderer Körper, auch wenn du und Ich und sie alle in Bewußtsein und Intelligenz Eins sind. Wenn du dem Folgenden besondere Aufmerksamkeit schenkst, wirst du das bald verstehen können. Hast du dir je die Mühe gemacht, zu ergründen, was Bewußtsein ist? Wie es ein überpersönlicher Zustand des Wahrnehmens zu sein scheint, des Wartens, um gelenkt oder benutzt zu werden von irgendeiner Macht, die latent im Bewußtsein liegt und ihm zutiefst eigen ist? Wie der Mensch nur der höchste Typ von Organismus zu sein scheint, der dieses Bewußtsein enthält, das durch diese in ihm selbst liegende Macht geleitet und benutzt wird? Daß diese Macht - latent in des Menschen Bewußtsein und in allem Bewußtsein - nur Wille ist, Mein Wille? Denn du weißt, daß alle Macht nur die Manifestation Meines Willens ist. Ich erschuf den Menschen zu Meinem Bild und Mir gleich und damit einen Organismus, fähig, Mein ganzes Bewußtsein und Meinen ganzen Willen auszudrücken - das bedeutet ebenso: alle Meine Macht, Meine Intelligenz und Meine Liebe. Darum machte Ich diesen Organismus im Anfang vollkommen und habe ihn nach Meiner eigenen Vollkommenheit gestaltet. Als Ich in des Menschen Organismus Meinen Atem blies, wurde er mit Mir lebendig. Ich blies Meinen Willen nicht von außen, sondern von innen hinein - aus dem inneren Reich des Geistes, wo Ich immer bin. Von nun an atmete und lebte Ich und hatte Mein Sein im Inneren des Menschen, denn allein für diesen

Zweck erschuf Ich ihn zu Meinem Ebenbild und Mir gleich, ausgestattet mit einem Fraktal meines Bewußtseins.

Der Beweis dafür ist: der Mensch atmet nicht aus sich selbst und kann es nicht. Etwas weit Größeres als sein bewußtes, natürliches Selbst lebt in seinem Körper und atmet durch seine Lungen. Eine mächtige Kraft in seinem Körper gebraucht so die Lungen; ebenso benutzt sie das Herz, um das Leben enthaltende Blut zu zwingen, durch die Lungen in jede Zelle des Körpers einzudringen. Sie benutzt den Magen und andere Organe, um Speisen zu verdauen und zu assimilieren, um Blut, Gewebe, Haar und Knochen zu bilden. So gebraucht sie das Gehirn, die Zunge, die Hände und Füße, um zu denken, zu sprechen und all das zu tun, was der Mensch tut. Diese Kraft ist Mein Wille, im Menschen zu sein und zu leben. Darum - was der Mensch auch immer ist, Bin Ich, was der Mensch auch tut oder du tust, tue Ich; und was du auch immer sagst oder denkst, das sage oder denke Ich durch deinen Organismus. Der Mensch wurde so auch zum Herrn gemacht über die Erde, das Meer, die Luft und die Äther - und alle Wesen, die in diesen Reichen lebten, erwiesen ihm Ehre und waren seinem Willen untertan. Dies war natürlich so; denn Ich in des Menschen Bewußtsein und in allem Bewußtsein manifestiere immer Meinen Willen. Da alles Bewußtsein Mein Bewußtsein ist und da es überall wohnt, wo Leben ist, und weil es keine Substanz gibt, in der kein Leben ist, muß folglich Mein Bewußtsein in allem sein - in der Erde, im Wasser, in der Luft und im Feuer; und darum muß es allen Raum füllen. Tatsächlich ist es Raum oder was der Mensch Raum nennt.

Also muß Mein Wille - da er die latente Macht in allem Bewußtsein ist - überall hinreichen. Darum muß des Menschen Wille, der ein Brennpunkt Meines Willens ist, auch überall hinreichen. Folglich ist das Bewußtsein aller Organismen, einschließlich seines eigenen, unter des Menschen Leitung und Kontrolle. Er braucht dies nur bewußt zu verwirklichen - zu verwirklichen, daß ICH, das ALLES WAS IST in ihm, unaufhörlich das Bewußtsein aller Organismen jeden Augenblick an jedem Tag seines Lebens leite, steuere und benutze. Das tue Ich über und durch sein Denken. Ich tue es mit und durch des Menschen Organismus. Der Mensch denkt, er denke. Aber ich bin es - sein wirkliches ICH, das höhere Selbst - der durch seinen Organismus denkt. Durch dieses Denken und sein gesprochenes Wort führe Ich alles aus, was der Mensch tut, und mache den Menschen und seine Welt ganz zu dem, was sie sind. Es ist nicht von Bedeutung, wenn der Mensch und seine Welt nicht das sind, wofür er sie hält. Sie sind genau das, wozu Ich sie für Meinen Zweck erschuf. „Aber wenn 'ICH' alles denkt, denkt der Mensch nicht und kann es nicht", höre Ich dich sagen. Ja, hier scheint ein Geheimnis zu sein, das Geheimnis der transpersonalen Magie, aber es wird dir enthüllt werden, wenn du das Folgende sorgfältig beachtest. Denn jetzt werde Ich dich - Mensch - lehren, wie du richtig denken sollst

DIE SCHÖPFUNGSKRAFT

Ich habe gesagt, daß der Mensch nicht denkt sondern Ich in ihm sein Denken denke. Ich habe auch gesagt, der Mensch denkt nur, er denke. Dies ist ein scheinbarer Widerspruch, Ich zeige dir jetzt, daß der Mensch im allgemeinen nicht denkt, so wenig er sonst irgend etwas tut, was er zu tun glaubt. Denn Ich in ihm tue alles, was er tut; aber Ich tue es notwendigerweise durch seinen Organismus, durch seine Persönlichkeit, seinen Körper, sein Gemüt und seine Seele. Ich will aufzeigen, wie das sein kann. Versuche zuerst dir vorzustellen, daß Ich dich als Mein Bild und Mir gleich erschuf und daß Ich Mein Wesen in dir habe. Versuche zunächst dir vorzustellen, daß Ich in dir bin. Danach stelle dir vor, daß das, was du tust, wenn du denkst, nicht wirkliches Denken ist, weil es kein bewußtes Denken ist; denn du bist dir Meiner nicht bewußt, des Inspirators und Leiters von jeder Idee und von jedem Gedanken, die in dein Gemüt gelangen. Dann erkenne: weil Ich in dir bin und du Mein Bild und Mir gleich bist und darum alle Meine Fähigkeiten besitzt, hast du die Macht des Denkens.

Weil du dir unter dem Kommando von deinem Ego nicht bewußt bist, daß Denken Erschaffen ist und daß es eine Meiner göttlichen Kräfte ist, die du anwendest, hast du zwar dein Leben lang gedacht, aber es ist alles ein Fehl-Denken gewesen. Und dieses Fehl-Denken, dieses Nichtwissen, daß es Meine Kraft ist, die du also falsch angewendet hast, hat dich im Bewußtsein weiter und weiter von Mir entfernt. Trotzdem erfülltest du all die Zeit Meinen Plan, was dir später offenbar werden wird. Ja, du denkst, alle diese Dinge sind so. Sie sind es - für dich. Dem sterblichen Bewußtsein des Menschen ist alles, was ist, so, wie er es denkt oder glaubt. Auf diese Weise habe Ich bewirkt, daß sich dem Menschen alles so darstellt, wie er es sich denkt. Auch dies geschieht, um Meinem Plan zu entsprechen und das Gesetz des Erschaffens zu erfüllen. Laß uns sehen, ob das wahr ist. Wenn du glaubst, etwas ist so, ist es dann nicht wirklich so - für dich? Ist es nicht wahr, daß etwas - Sünde oder sogenanntes Böses, Sorge,

Unruhe oder Verdruß - dir als wirklich erscheint, nur weil dein Denken oder Dafürhalten es dazu macht? Andere mögen es völlig anders sehen und deine Ansicht davon für töricht halten. Nicht wahr? Wenn das wahr ist, dann sind dein Körper, deine Persönlichkeit, dein Charakter, deine Umgebung, deine Welt, was sie dir zu sein scheinen, weil du sie in ihren gegenwärtigen Zustand gedacht hast. Deshalb kannst du sie durch den gleichen Prozeß ändern, wenn sie dir nicht gefallen.

Dadurch, daß du sie so denkst, kannst du aus ihnen machen, was du willst. Das überschreitet die Grenzen der Physik, das ist Magie im ursprünglichen Sinn.

„Aber wie kann man denn richtig denken, bewußt denken, damit diese Änderung zustande kommt?", fragst du. Du weißt, daß ICH, dein wirkliches Selbst, vorsätzlich deine Aufmerksamkeit auf diese Dinge lenkte. Sie mißfallen dir jetzt und veranlassen dich, von ihnen so zu denken, wie sie dir jetzt zu sein scheinen. Ich bereite so dein menschliches Gemüt vor, damit Ich dich befähigen kann, die Wirklichkeit dieser Dinge zu erkennen, die dir nun so unbefriedigend zu sein scheinen, die du aber selber nach außen zu manifestiert hast. Denn Ich bringe alles zu dir, was durch seinen äußeren Anschein dein menschliches Gemüt in seinem irdischen Suchen weiter anziehen oder locken kann. Ich bringe es zu dir, um dich über das Illusorische aller äußeren Erscheinung des Materiellen für das menschliche Gemüt zu belehren. Und über die Fehlbarkeit allen menschlichen Verstehens, damit du dich schließlich nach innen wendest zu Mir und Meiner Weisheit als dem Einen und Einzigen Deuter und Führer. Wenn du dich nun nach innen zu Mir gewendet hast, will Ich deine Augen öffnen und dich sehen lassen, daß du zuerst deine Einstellung ändern mußt gegenüber all diesen Dingen, von denen du jetzt denkst, sie seien nicht so, wie sie sein sollten. Das heißt: wenn sie unbefriedigend oder widerwärtig für dich sind und so auf dich einwirken, daß sie Unbehagen des Körpers oder Beunruhigung des Gemüts verursachen - nun, höre auf zu denken, daß sie dich so beeinflussen oder beunruhigen können.

Denn - wer ist der Meister? Dein Körper, dein Gemüt oder DU, das ICH BIN im Inneren? Warum beweist du dann nicht, daß DU der Meister bist dadurch, daß du das Wirkliche denkst, was das ICH BIN in dir durch dich zu denken wünscht? Nur weil du diese anderen Dinge denkst und dadurch unharmonischen Gedanken erlaubst, in dein Gemüt einzudringen, und ihnen so die Macht gibst, dich zu belästigen oder zu stören, haben sie solchen Einfluß auf dich. Sobald du aufhörst, diese Macht in sie hineinzudenken, und dich zu Mir im Inneren wendest und Mir erlaubst, dein Denken zu lenken, werden sie sofort aus deinem Bewußtsein verschwinden und sich in das Nichts auflösen, aus dem du sie durch dein Denken erschufst!

Erst wenn du hierzu bereit bist, bist du fähig, die Wahrheit zu empfangen und durch richtiges, bewußtes, von Mir gelenktes Denken die wahren und bleibenden Dinge zu erschaffen, wie Ich in dir das wünsche. Wenn du so das Wahre vom Falschen, das Wirkliche vom Schein unterscheiden kannst, dann wird dein bewußtes Denken ebenso machtvoll alles Gewünschte erschaffen, wie dein unbewußtes Denken in der Vergangenheit all das erschuf, was du einst wünschtest, nun aber verabscheust. Denn durch dein unbewußtes Denken oder weil dein Denken sich nicht bewußt war, wie deine Wünsche deine schöpferische Kraft steuern, sind deine Welt und dein Leben jetzt so, wie du sie dir irgendwann in der Vergangenheit gewünscht hast.

Hast du je den Vorgang studiert und analysiert, wie dein Gemüt reagiert, wenn eine neue, an Möglichkeiten reiche Idee auftaucht? Hast du den Zusammenhang beobachtet, in dem der Wunsch zu einer solchen Idee steht, und wie sich durch Denken diese Idee schließlich tatsächlich erfüllt? Laß uns diesen Zusammenhang und den Vorgang untersuchen. Immer ist zuerst die Idee da, ungeachtet der Notwendigkeit oder des Anlasses, in diesem Augenblick zu erscheinen. Es ist gleich, woher die Idee kommt, von innen oder außen. Immer gebe Ich sie ein oder verursache, daß sie dein Bewußtsein gerade in diesem Augenblick beeindruckt. Genau in dem Ausmaß, wie du still wirst und deine Aufmerksamkeit auf diese Idee konzentrierst, indem du alle Betriebsamkeit deines Gemüts beruhigst und alle anderen Ideen und Gedanken aus deinem Bewußtsein ausschaltest, damit diese Idee sich voll auswirken kann - genau in dem Ausmaß erleuchte Ich dein Denken und bewirke, daß sich vor deinem geistigen Auge die verschiedenen Phasen und Möglichkeiten entfalten, die dieser Idee innewohnen.

Bis zu diesem Punkt geschieht das jedoch völlig ohne dein Wollen, außer daß du deine Aufmerksamkeit auf die Idee richtest oder konzentrierst. Habe Ich erst einmal deinem menschlichen Gemüt einen Ausblick auf seine Möglichkeiten gegeben und dein Interesse gewonnen, dann nimmt deine menschliche Persönlichkeit ihre Aufgabe auf. Denn ebenso wie Ich in deinem Gemüt die Idee erschuf und inspirierte, so bewirkte Ich, daß diese Idee darin Frucht trug und den Wunsch gebar - den Wunsch, alle Möglichkeiten der Idee nach außen zu manifestieren. So wurde der Wunsch zum irdischen Vermittler Meines Willens und wurde zur bewegenden Kraft, geradeso wie die menschliche Persönlichkeit das sterbliche Instrument ist, das gebraucht wird, um diese Kraft zu fassen und Brennpunkt werden zu lassen. So kommen alle Ideen und alle Wünsche von mir. Sie sind Meine Ideen und Meine Wünsche, die Ich deinem Gemüt und Herzen eingebe, um sie durch dich nach außen zu manifestieren. Aus dir selbst hast du keine Ideen und kannst unmöglich einen Wunsch haben, der nicht von Mir käme; denn Ich bin alles, was IST. Darum sind alle Wünsche gut, und wenn sie so verstanden werden, kommen sie auf magische Weise unfehlbar zu schneller und vollkommener Erfüllung. Du magst Meine Wünsche, Mein Drängen von innen, falsch deuten und versuchen, sie für deinen eigenen selbstsüchtigen Zweck zu gebrauchen; aber gerade während Ich dies zulasse, erfüllen sie doch Meinen Zweck. Nur dadurch, daß Ich dich Meine Gaben mißbrauchen lasse, und durch das Leiden, das solcher Mißbrauch schafft, kannst du lernen, zu dem reinen und selbstlosen Kanal zu werden, den Ich für den vollkommenen Ausdruck Meiner Ideen brauche.

So haben wir zuerst die Idee im Sinn, dann den Wunsch, die Idee in den äußeren Ausdruck zu bringen. Soviel zu dem Zusammenhang. Nun zu dem Vorgang der Verwirklichung. Entsprechend der Bestimmtheit, mit der das Bild der Idee im Sinn festgehalten wird, und entsprechend dem Ausmaß, in dem die Idee von der Persönlichkeit Besitz ergreift, setzt ihre schöpferische Kraft, vom Wunsch getrieben, ihr Werk fort. Das tut sie dadurch, daß sie das menschliche Gemüt zwingt, mentale Formen auszudenken oder sich vorzustellen oder - mit anderen Worten - zu bilden, in die Ich wie in ein Vakuum die elementare, lebendige Substanz der Idee gießen kann. Wenn das Wort gesprochen ist - ob still oder hörbar, bewußt oder unbewußt - beginnt diese Substanz sofort, sich dadurch zu materialisieren, daß sie zuerst das Bewußtsein und alle Tätigkeiten sowohl des Gemüts als auch des Körpers lenkt und steuert und auch das aller Gemüter und Körper, die mit der Idee verbunden sind oder zu ihr in Beziehung stehen. Denn erinnere dich: alles Bewußtsein und alle Gemüter und alle Körper sind Mein und sind nicht getrennt, sondern sind Eins und ganz überpersönlich. Indem dann die Umstände, Dinge und Ereignisse so angezogen, geführt, gebildet und geformt werden, kommt früher oder später die Idee tatsächlich in endgültige, materielle Manifestationen. So war alles, jeder Zustand, jedes Ereignis, was je geschah, zuerst eine Idee im Geistigen. Durch Wünschen, durch Denken und durch Aussprechen des Wortes kamen diese Ideen in sichtbare Manifestation. Das ist transpersonale Magie. Denke darüber nach und erprobe es selbst.

Wenn du willst, kannst du das dadurch tun, daß du eine Idee, die kommt, aufnimmst und ihr durch den oben beschriebenen Prozeß bis zur Verwirklichung folgst. Oder verfolge eine außerordentliche Leistung zurück, die du vollbracht hast - ein Bild, das du gemalt, eine Maschine, die du erfunden hast, irgendeine besondere Sache oder einen Zustand, die jetzt bestehen - bis zu der Idee, aus der sie entstanden. Dies ist Plan und Verlauf allen richtigen Denkens und darum allen Erschaffens. Du hast jetzt - und hattest tatsächlich immer - durch diese Macht des Denkens

Herrschaft über alle Reiche der Erde. Wenn du das nur weißt: Du brauchst jetzt, in diesem Augenblick, nur zu denken und das Wort zu sprechen, indem du deine Macht anerkennst und anerkennst, daß Ich, dein allwissendes, allgegenwärtiges, allmächtiges Selbst und Alles was IST, die Ergebnisse hervorbringen werde; und das wartende Bewußtsein der unsichtbaren Zellen aller Materie, auf die dein Wille und deine Aufmerksamkeit gerichtet werden - dieses wartende Bewußtsein, erinnere dich, ist Mein Bewußtsein - wird unmittelbar beginnen zu gehorchen und genau entsprechend dem Bild oder den Plänen handeln, die du durch dein Denken vorbereitet hast.

Wenn du dies einmal verwirklichen kannst und erkennst, daß das ICH-BIN-Bewußtsein in dir mit dem Bewußtsein aller beseelten und unbeseelten Materie Eins ist und daß sein Wille eins ist mit deinem Willen, der Mein Wille ist, und daß alle deine Wünsche Meine Wünsche sind, dann wirst du Mich in dir erkennen und zu fühlen beginnen und wirst die Macht und Herrlichkeit Meiner Idee anerkennen, die sich ewig durch dich ausdrückt.

Zuerst aber mußt du unbedingt lernen, wie du deine Gedanken, die von Mir geleiteten, unterscheiden kannst von den Gedanken anderer, wie Gedanken zurückzuverfolgen sind bis zu ihrem Ursprung und wie unerwünschte willentlich aus deinem Bewußtsein zu vertreiben sind - und schließlich, wie deine Wünsche zu steuern und nutzbar zu machen sind, so daß sie dir immer dienen, anstatt daß du ihr Sklave bist. Alle Möglichkeiten hast du in dir - denn da bin Ich.

Meine Idee muß sich ausdrücken, und sie muß sich durch dich ausdrücken. Sie wird sich vollkommen ausdrücken - wenn du es nur zuläßt, wenn du nur dein menschliches Gemüt beruhigst, alle persönlichen Ideen, Glaubensvorstellungen und Meinungen beiseite legst und Meine Idee hervorströmen läßt. Alles, was du tun mußt, ist das: wende dich an Mich im Inneren und laß Mich dein Denken und deine Wünsche leiten, laß Mich ausdrücken, was immer Ich will, indem du persönlich annimmst und tust, was Ich von dir erwarte. Dann werden deine Wünsche sich erfüllen. Dein Leben wird eine einzige Harmonie, deine Welt ein Himmel, und dein Selbst wird eins sein mit Meinem Selbst. Dann wirst du fähig sein, die wirkliche Bedeutung des folgenden zu erfassen.

DER AUSDRUCK

ICH BIN der ursprüngliche Denker, der eine und einzige Denker. Wie schon erklärt wurde, der Mensch denkt nicht - durch seinen Organismus denke Ich. Der Mensch meint, er denke; aber bevor er zur Anerkennung von Mir in sich erwacht ist, nimmt er nur die Gedanken auf, die Ich in sein Gemüt ziehe oder inspiriere, und indem er ihre wahre Bedeutung und Absicht mißversteht, setzt er eine persönliche Konstruktion auf sie, und durch die so erweckten eigennützigen Wünsche schafft er sich selbst alle seine Schwierigkeiten und verursacht all sein Leid.

Diese scheinbaren Fehler, falschen Konstruktionen und Eingriffe des Menschen sind in Wirklichkeit nur die Hindernisse auf seinem Weg, die überwunden werden müssen, damit er durch ihre Überwindung schließlich einen Körper und ein Gemüt entwickeln kann, stark, klar und fähig genug, um vollkommen und bewußt Meine Idee auszudrücken, die ewig in seiner Seele wirkt.

Der Mensch ist nur der Organismus, den Ich so zubereite, um durch ihn die Vollkommenheit Meiner Idee zu offenbaren. Er schafft durch die Persönlichkeit mit ihrem Körper, Gemüt und Intellekt die Möglichkeit, durch die Ich diese Idee vollkommen ausdrücken kann.

Das physische Gehirn ist die Voraussetzung, daß Ich die Idee denken und in den äußeren Ausdruck sprechen kann. Ich pflanze in des Menschen Gehirn eine Idee - irgendeine Idee. Diese Idee würde wachsen, sich entwickeln und schnell zur vollständigen äußeren Erfüllung reifen - wenn der Mensch das nur geschehen ließe, sein Gemüt und all seine Gedanken, sein Herz und all seine Wünsche ganz Mir übergeben würde und Mich als die vollkommene Erfüllung dieser Idee hervorkommen ließe.

Dem menschlichen Verständnis ist ein Wort das Symbol einer Idee; das heißt: es bedeutet eine Idee, verkörpert sie und stellt sie dar. Du selber bist ein Wort, das Symbol einer Idee - kannst du das verstehen? Ebenso ist es bei einem Diamanten, einem Veilchen, einem Pferd. Wenn du die Idee hinter dem Symbol erkennen kannst, dann kennst du die Seele oder die Wirklichkeit der Manifestation, die als Mensch, als Diamant, als Pferd, als Veilchen in Erscheinung tritt.

Darum bedeutet ein Wort, das gebraucht wird, eine Idee - eine unentwickelte und nicht offenbare Idee - die jedoch darauf wartet, in dieser oder jener Form ausgedrückt oder gedacht und ausgesprochen zu werden. Das Wort, das im Anfang war und das in Mir war, war so nicht nur eine Idee, sondern es war der Ausdruck Meiner Idee von Meinem Selbst in einem neuen Zustand oder unter einer neuen Bedingung, die du Erdenleben nennst. Diese Idee war Ich, Mein Selbst, weil sie Teil von Mir war, bisher in Mir noch unentwickelt und nicht offenbar; denn sie war von der Substanz und Essenz Meines Seins, das selbst eine Idee ist, die eine Original-Idee.

Durch die lebendige Tätigkeit Meiner Idee erschuf Ich alles, indem es in den Ausdruck gedacht und gesprochen wurde. Nichts im irdischen Leben konnte oder kann je ausgedrückt werden, ohne daß es Meine Idee als primäre und fundamentale Ursache und als Prinzip seines Seins hat. Meine Idee ist also jetzt im Prozeß der Entfaltung, mit anderen Worten: sie wird in den äußeren Ausdruck gedacht - einige nennen das Evolution. So ist es bei der Blume, wenn die Knospe aus dem Stiel hervortreibt und sich schließlich zur Blüte öffnet - sie gehorcht dem Drängen, Meine Idee auszudrücken, die in ihrer Seele verborgen ist.

Geradeso will Ich alle Meine Ausdrucksformen entwickeln und entfalten; vereinigt und vollständig werden sie schließlich Meine Idee in aller Herrlichkeit ihrer Vollkommenheit aus ihren Seelen herausbilden. Um Meine Idee auszudrücken, bedürfen diese Formen gegenwärtig vieler Arten von Sprachen, von der einfachsten bis zur Kompliziertesten, zusammengesetzt aus einer fast unendlichen Zahl von Worten. Aber wenn Ich Meine Idee völlig zu Ende gedacht oder Meine vielen Ausdrucksformen vervollkommnet habe, dann wird Meine Idee aus jedem Wort hervorleuchten, weil jedes tatsächlich ein vollkommener Teil oder eine vollkommene Phase Meiner Idee ist, alle so gewählt und geordnet, daß sie wirklich wie ein Wort sein werden, das die erhabene Bedeutung Meiner Absicht ausstrahlt. Dann werden alle Sprachen in eine Sprache aufgegangen sein und alle Worte in ein Wort; denn alle Formen werden Fleisch geworden sein und alles Fleisch ein Fleisch: die jetzt vollendete Form für den vollkommenen Ausdruck Meiner Idee - Mein Selbst.

Dann wird Mein SELBST, nunmehr fähig, durch diese vollendeten Worte ausgedrückt zu werden, durch seine Ausdrucksformen hindurchstrahlen, durch die Persönlichkeit, ihren Körper, ihr Gemüt und ihren Intellekt; und das Wort wird Fleisch geworden sein oder es wird das Fleisch SEIN. Das bedeutet: Alle Worte werden sich durch die erneuernde Kraft Meiner innewohnenden Idee durch das Fleisch entwickelt haben.

Dabei haben sie es gewandelt und vergeistigt, geläutert und so transparent gemacht, daß in der Persönlichkeit nichts mehr von irdischer Natur zurückgeblieben sein wird, was den allumfassenden Ausdruck hindert. Dann kann Mein Selbst vollkommen hervorleuchten und völlig offenbar werden. So verschmelzen wiederum alle Worte und alles Fleisch in ein Wort, DAS WORT, das im Anfang war.

DIE MATERIALISIERUNG

Ich sagte dir, daß die Erde und alles, was zu ihr gehört, nur die äußere Manifestation Meiner Idee ist. Sie befindet sich jetzt in dem Prozeß, in den vollendeten Ausdruck gedacht zu werden. Wenn du Mir in dir erlaubst, alle deine Betrachtungen über die innere Bedeutung Meiner Idee zu leiten, werde Ich dir nicht nur zeigen, wie du durch Denken irgend etwas erschaffen kannst, was du erschaffen möchtest, sondern auch, wie du ins Dasein kamst und in deinen gegenwärtigen Zustand der Manifestation. Mein Bewußtsein ist die innere Essenz von allem Raum und allem Leben.

Es ist die wirkliche Substanz Meines Alles-umfassenden und Alles-enthaltenden Geistes. Sein informierendes und belebendes Zentrum ist überall, seine geistige und räumliche Begrenzung nirgends. Allein im Reich Meines Geistes lebe und wirke Ich und habe Mein Sein. Er enthält und er erfüllt alle Dinge, und jede seiner Vibrationen und Manifestationen ist die Äußerung irgendeiner Phase Meines Seins. Sein bedeutet ausdrücken, mit anderen Worten: in Erscheinung treten. Du kannst dir „Sein" nicht ohne Ausdruck vorstellen. Darum drücke Ich, das Alles ist, Mich dauernd und unaufhörlich aus.

Was könnte Ich anderes ausdrücken, als Mein Selbst, da Ich alles bin, was IST? Mich - Mein Selbst - kannst du noch nicht sehen oder verstehen, aber du kannst verstehen, wenn Ich dich mit einer Idee inspiriere.

Da ICH Alles bin, was Ist, muß also diese Idee, die unmittelbar von Mir kommt, Teil oder Phase Meines Selbst im Sein oder im Ausdruck sein. Jede Idee - einmal im Reich Meines Geistes geboren wird unmittelbar Wirklichkeit, denn in der Ewigkeit Meines Seins gibt es keine Zeit. In dir jedoch erschafft eine Idee zuerst einen Wunsch, den Wunsch, diese Idee auszudrücken.

Dann erzwingt der Wunsch das Denken, Denken verursacht Tätigkeit, und Tätigkeit bringt Ergebnisse hervor - die Idee in tatsächlicher äußerer Erscheinung. In Wirklichkeit habe Ich keinen Wunsch, denn alles bin Ich, und alles ist aus mir. Ich brauche nur zu denken und das Wort zu sprechen, um Ergebnisse hervorzurufen.

Doch ist der Wunsch, den du in dir fühlst, von mir, weil er aus Meiner Idee geboren ist. Ich pflanzte sie nur deshalb in dein Gemüt, damit sie durch dich in den Ausdruck kommen kann. Was du auch wünschst - es kommt von mir: Ich klopfe an die Tür deines Gemüts und kündige Meine Absicht an, Mein Selbst in dir oder durch dich zu offenbaren in der besonderen Weise, die durch diesen Wunsch angezeigt wurde. Was die Persönlichkeit des Menschen Wunsch nennt, ist aber die notwendige Aktion Meines Willens, der den Ausdruck Meiner Idee in die äußere Erscheinung, d. h. ins Dasein drängt.

Es ist die Notwendigkeit Meiner Idee von Meinem Selbst, zu sein oder sich auszudrücken. Darum kommt jeder wirkliche Wunsch, den du fühlst, jeder Wunsch deines Herzens, von Mir und muß notwendigerweise irgendwann in der einen oder anderen Form erfüllt werden. Jedoch, da ICH keinen Wunsch habe, weil ICH alles bin, brauchte Ich - nachdem diese Idee geboren war, Mein Selbst in diesem neuen Zustand auszudrücken - nur zu denken, d. h. Meine Aufmerksamkeit auf Meine Idee zu richten oder zu konzentrieren. Also mein Wille, daß sie in den Ausdruck kommt. Sogleich setzten sich die kosmischen Kräfte Meines Seins durch das Konzentrieren Meines Willens in Schwingung und zogen dann die notwendigen Elemente aus dem ewigen Vorrat Meines Geistes heran. Mit Meiner Idee als Kern - vereinigten, formten und gestalteten sie um ihn diese Elemente zu dem, was die Gedankenform eines Planeten genannt wird. Sie füllten sie mit Meiner Lebens-Substanz - Meinem Bewußtsein - und statteten sie mit allen Möglichkeiten Meines Wesens aus.

Die nächste Stufe war, Wege oder Ausdrucksmittel zu entwickeln und vorzubereiten, durch die Ich die mannigfaltigen Phasen, Möglichkeiten und Kräfte Meiner Idee ausdrücken konnte.

Die äußere Erscheinungsform dafür waren die Mineral-, Pflanzen- und Tierreiche. Jedes von ihnen entfaltete in der Reihenfolge, in der es in Erscheinung trat, stufenweise höhere und vielfältigere Bewußtseins-Stadien. Das ermöglichte mir, die unzähligen Phasen und die Mannigfaltigkeit Meines Wesens immer klarer auszudrücken.

Aber es fehlte noch das entscheidende und höchste Mittel des Ausdrucks. Bis zu diesem Punkt drückte zwar jedes irgendeine Phase Meines Wesens vollkommen aus, jedoch waren alle vorhandenen Mittel und Wege sich Meiner nicht bewußt. Sie waren Ausdrucksmittel nur in der Weise, wie ein Draht Wärme, Licht und Kraft vermittelt.

Die Voraussetzungen waren nun da für die Erschaffung von Mitteln, durch die Meine göttlichen Eigenschaften bewußten Ausdruck erlangen konnten, bewußt nicht nur ihrer Beziehung zu mir, sondern auch ihrer Fähigkeit und Macht, Meine Idee auszudrücken. Der Zeitpunkt war da, daß du und deine Brüder und Schwestern als menschliche Ausdrucksformen ins Dasein geboren wurden. Ebenso wie alle anderen Ausdrucksmittel tratet ihr in Erscheinung als Antwort auf Meinen konzentrierten Gedanken, in dem Ich all die unendliche Vielfalt Meiner Eigenschaften in wirklichem Ausdruck als wesenhafte Formen sah.

Jede stellte vorwiegend eine besondere Phase Meines Wesens dar, und jede war sich meiner, ihres Schöpfers und Bildners, bewußt. Ich sah dich in vollkommenem Ausdruck, ebenso wie Ich dich jetzt sehe - das wirkliche Du, eine Eigenschaft Meines Selbst - vollkommen.

Dieser Tempel, Mein Bild und Mir gleich, aus Meiner Gedankensubstanz gebildet, die Meine Idee umgibt und umkleidet, ist folglich dein wirklicher Körper. Er ist deshalb unzerstörbar, unsterblich, vollkommen. Er ist Mein vollständiger, verkörperter Gedanke, der Mein lebendiges Wesen enthält und auf die Zeit wartet, da er in den äußeren Ausdruck kommen und materielle Form annehmen kann.

So halten wir nun fest:

Erstens: ICH BIN, ausgedrückt als DU, eine Meiner göttlichen Eigenschaften.

Zweitens: MEINE IDEE von dir, eine Meiner Eigenschaften, die sich in Erd-Verhältnissen ausdrückt - oder DEINE SEELE.

Drittens: MEIN VERKÖRPERTER GEDANKE von dir, der den Tempel deiner Seele gestaltet - oder DEIN SEELEN-KÖRPER, in dem du wohnst.

Diese drei bilden den göttlichen oder transpersonalen Teil von dir, das unsterbliche Drei-in-Einem - dich, Meinen latenten, doch vollständig formulierten Gedanken, als Mein Bild und Mir gleich gestaltet.

DER TRAUM

Diese Botschaft soll dich zu der Erkenntnis erwecken, was du bist, zur Erkenntnis deines wahren Selbst. Die Absicht ist, dir erneut Mich, dein göttliches oder auch höheres Selbst, bewußt zu machen, so bewußt, daß du nie wieder von diesem anderen Selbst getäuscht wirst, deinem Ego, von dem du dir eingebildet hast, du wärest es.

Es hat dich so lange gelockt und dich mit seinen unbefriedigenden Sinnesfreuden, mit seinen mentalen Zerstreuungen und erregenden Vergnügungen gefüttert bis du geglaubt hattest, du wärest „es". Bevor du deine wirkliche Persönlichkeit finden kannst, mußt du unbedingt dein Ego genau erkennen; dieses Ego erschufst du, indem du dich als wirklich und von deinem höheren Selbst getrennt dachtest und es dann dadurch lebendig erhieltest, daß du ihm die Macht gabst, dich auf diese Weise zu verführen und zu täuschen.

Ja, dieses selbstgeschaffene Ego mit seinem nur selbstsüchtigen Stolz und Ehrgeiz und seiner eingebildeten Macht, mit seiner Liebe zum Leben, zum Besitz und mit seiner Neigung, für weise oder gut gehalten zu werden.

Dieses Ego ist aber nichts anderes als deine menschliche Persönlichkeit, die nur geboren wurde, um als abgelöste Identität zu sterben, und als solche hat sie nicht mehr Wirklichkeit oder Dauer als ein Blatt, der Schnee oder die Wolke.

Ja, du wirst mit diesem kleinlichen persönlichen Ego konfrontiert werden und mit vollkommener Klarheit all seine niedrige Selbstsucht und seine menschlichen Eitelkeiten erkennen.

Wenn du dich dann Mir zuwenden und in einfachem Glauben und Vertrauen fragen willst, wirst du begreifen, daß Ich, der unendliche Teil von dir, immer in dir lebe und dir auf diese Weise all die Illusionen deiner Ego-Persönlichkeit deutlich mache, die dich während so vieler Zeitalter im Bewußtsein von mir, deinem herrlichen, göttlichen Selbst, getrennt haben.

Diese Einsicht wird sicher kommen, wenn du anerkennen kannst, daß diese Botschaft von Mir ist, deinem höheren Selbst, und wenn du dich für sie entschieden hast. Dir, den Ich zu solcher Entschlossenheit inspiriert habe, werde Ich jede Illusion zur rechten Zeit verschwinden lassen, und du wirst Mich wirklich erkennen, deine wahre Persönlichkeit entwickeln und mich durchscheinen lassen. (lat. *per-sonare* für „durchtönen").

Dein Denken nach diesen abstrakten Grundsätzen zu üben, wird dich nicht schädigen - im Gegenteil, diese Übung braucht dein Denken. Denn erst, wenn du Meine Absicht begreifen kannst, kannst du Meine Idee aufnehmen und korrekt interpretieren, sobald Ich dich von innen inspiriere.

So wird dein Denken von Mir vorbereitet, nicht damit du mehr äußeres Wissen erlangst, sondern Mein inneres Wissen empfangen und denen weitergeben kannst, die Ich dir zu diesem Zweck zuführen werde. Bitte mich, dein eigenes wirkliches Selbst, in deinem Inneren, um wahres Verständnis und lies aufmerksam das, was folgt.

Im Verlauf unserer Betrachtung, wie Meine Idee sich entfaltet, sind wir dort angekommen, wo dein ICH BIN, das sich in deinem unsterblichen Seelenkörper oder in dem durch Mein Denken erschaffenen Gedankenbild manifestiert, nun fähig ist, eine substantielle Gestalt anzunehmen, eine Form, die für den Erd-Ausdruck Meiner Eigenschaften geeignet ist.

Dieser Wandel von einer mentalen zu einer sterblichen Form fand nach der Art und dem Prozeß allen Denkens und allen Erschaffens statt. Zwar warst du in menschlicher Gestalt, doch dein Ausdruck war noch so völlig ganzheitlich, daß du, obwohl du dir deiner bewußt warst, noch ganz auf Mich nach innen blicktest, um inspiriert und geführt zu werden.

Das war der erste Zustand, zu dem du erwachtest, als du in den Erd-Ausdruck kamst. Dieser Zustand stellt noch die himmlische Phase allumfassenden Bewußtseins dar oder jenen Zustand, in dem du noch bewußt Eins mit Mir warst, doch jetzt in ein sterbliches Ausdrucksmittel eingeschlossen. Ich will dich an die Rolle erinnern, die der Wunsch und seine Beziehung zu Meinem Willen im Erd-Ausdruck spielt: wie er dein Interesse auf das Äußere richtet und bewirkt, daß du Mich in dir vergißt. In Wirklichkeit schlaft ihr immer noch, und alles von jenem Tage an bis heute, einschließlich aller scheinbaren irdischen Ereignisse und Zustände, ist nur ein Traum gewesen.

Weiter wirst du die Notwendigkeit verstehen, daß diese scheinbaren Erdeinflüsse euch zu tragen auferlegt wurden, um euer Bewußtsein von den rein geistigen Freuden abzulenken und es in diesem neuen Traumzustand zu halten; denn ihr mußtet ein menschliches Gemüt entwickeln, damit ihr durch seine natürlichen selbstsüchtigen Neigungen völlig darauf ausgerichtet würdet, eure irdische Aufgabe des sterblichen Ausdrucks zu lernen.

Und du wirst die Weisheit verstehen, daß Ich diesen Einfluß durch die Schlange der Selbstsucht hatte, die Gestalt, die Ich sie in eurem Denken annehmen ließ, zuerst in eurem passiven, fühlenden, aufnahmefähigen Teil, erzeugt durch den Wunsch, den sterblichen Agenten Meines Willens, der die Motive und die Kraft für den weiteren und vollständigen Ausdruck Meiner Eigenschaften auf Erden schaffen sollte.

Und schließlich wirst du die Notwendigkeit verstehen, daß der Wunsch seinen ganzen Bann über euch, die Menschheit, legte, damit eure himmlische oder allumfassende Natur so lange in tiefem Schlaf gehalten würde, bis ihr in eurem Traum, durch den freien, aber unwissenden Gebrauch Meines Willens von der Frucht des sogenannten Baumes der Erkenntnis von Gut und Böse schmecken und reichlich essen konntet.

Dadurch konntet ihr lernen, genau zu unterscheiden und zu erkennen, wozu seine Frucht wirklich dient, und auf diese Weise die Kraft erlangen, die so gewonnene Erkenntnis weise und vollkommen nur zum Ausdruck Meiner Idee zu gebrauchen. Ebenso kannst du jetzt vielleicht verstehen, wie ihr in eurem Traum mehr und mehr von diesem trügerischen Erden-Zustand eingefangen und an ihn gebunden wurdet. Zuerst habt ihr gelernt, Gut und Böse zu unterscheiden. Nachdem ihr das von dieser neuen und verlockenden Welt gelernt hattet, starb in euch das Wissen von der Wirklichkeit hinter dem allem.

Du kannst jetzt vielleicht verstehen, wie ihr so in eurem Bewußtsein das Gefühl der Trennung von Mir erschuft. Du kannst nun vielleicht einsehen, warum dies alles sein mußte, warum ihr, die Menschheit, den paradiesischen Zustand des nicht persönlichen Bewußtseins verlassen und euer Selbst völlig in den Erd-Illusionen dieser Traumwelt verlieren mußtet.

Ihr mußtet fähig werden, ein persönliches oder Selbst-Bewußtsein zu entwickeln, das imstande ist, Meine Vollkommenheit ganz auszudrücken. So wurde eure menschliche Persönlichkeit geboren, und seit ihrer Geburt habe Ich euch gedrängt, sie dadurch zu nähren, zu fördern und zu stärken, daß Ich euch mit Sehnsüchten, Hoffnungen, Trieben und Bestrebungen erfüllte, mit all den verschiedenen Äußerungen des Wunsches.

Sie sind nur die menschlichen Phasen Meines Willens, die an der Vorbereitung und Entwicklung eines Mediums arbeiten, eines Ausdrucksmittels, das fähig ist, Meine Eigenschaften auf der Erde vollkommen auszudrücken.

In eurem Suchen nach den günstigsten Bedingungen für die Äußerung eurer besonderen Eigenschaften breitetet ihr euch nach und nach über die Oberfläche der Erde aus. Dabei belebtet und erwecktet ihr die schlafende Intelligenz in allen Lebensformen, mit denen ihr in Berührung kamt, zu vollerem und aktiverem Ausdruck ihrer besonderen Phasen Meiner Idee.

So wurden die verschiedenen Sprachen der Erde gebildet. Jede enthielt viele Worte, die alle im menschlichen Denken aus dem

Wunsch geboren waren, in irdischen Worten die unendlichen Phasen Meiner im Innern ständig pulsierenden Idee auszudrücken. Je mehr aber das menschliche Denken bestrebt war, Meine Idee in dieser Weise - in Worten - auszudrücken, um so größer und ärger war das Versagen.

Zu gegebener Zeit wird das Erwachen kommen, daß alle Worte nur Symbole einer Idee sind und alle Ideen, welcher Art auch immer, nur Phasen der einen Idee: Meiner Idee von Meinem Selbst im Ausdruck. Ohne das Bewußtsein, daß Mein Wille die eine und einzige Quelle der Inspiration ist, ist jeder Wunsch, diese Idee in Worten auszudrücken, nutzlos. Ebenso ist jeder Wunsch, diese Idee in lebendiger Tätigkeit auszudrücken, vergeblich und fruchtlos und wird nur in Fehlschlag, Enttäuschung und Demütigung enden, wenn ihr euch nicht völlig auf Mich konzentriert.

ZUR GANZHEIT FINDEN

Aus diesem Zustand werdet ihr erst ganz erwachen, wenn ihr wieder völlig Meiner in euch bewußt werdet und euch, den Menschen, nicht länger als den äußerlich einen, sondern als zwei erkennt: einen aktiven, denkenden, aggressiven Teil, deshalb Mann genannt, und einen passiven, fühlenden, aufnahmefähigen, gebärenden Teil, genannt Frau.

Du weißt, daß das, was du suchst, direkt hinter dem Schleier existiert. Du weißt, daß du dich mit einer bestimmten Person treffen wirst, und du erkennst, daß das eine bestimmte Zeit erfordern wird. Du erkennst, daß die fehlende Ganzheit dich unvollständig sein läßt. Wenn du dich unvollständig fühlst, kannst du dich nicht auf die Vision der Ganzheit konzentrieren, die für dich genau die Dinge anziehen kann, die du benötigst, um deine Ganzheit herzustellen.

Jeder Mensch sucht seine Ganzheit, sein polares Gegenstück, um die eigene Ich-Bin-Ganzheit zu ergänzen, so daß sie, wenn beide als ein "ganzer Mensch" in ihrer vollen Kraft zusammen sind, dem Ganzen dort dienen können, wo es sich ergibt. Wenn du dir der Tatsache bewußt bist, daß du im wahrsten Sinne des Wortes in irgendeiner Weise unvollständig bist, daß dir dieses oder jenes fehlt, so mußt du dir der Ganzheit deiner ICH-BIN-Gegenwart und deiner vollständigen und ewigen göttlichen Einheit mit deiner anderen Hälfte bewußt werden.

Du mußt ein Gefühl des Friedens angesichts deiner derzeitigen Ich-Bin-Ganzheit verspüren - und das kannst du, weil dieser Friede bereits jetzt und hier in deinem Bewußtsein für dich gegenwärtig ist. Durch diese bewußte, göttliche Haltung des Seins wirst du jede Person und alle Umstände in dein Leben ziehen, die für die Erfüllung der Verwirklichung Meiner Ideen erforderlich sind.

Dazu kann die physische Gegenwart deiner Zwillingsseele gehören oder auch nicht. Doch das ist nicht wirklich bedeutsam, denn du selbst bist bereits Eins mit deiner Zwillingsseele. Deshalb kannst du niemals wirklich allein sein. Diese Aussage übersteigt Raum und Zeit, alle Entfernungen und alle Illusionen und Täuschungen. Sie schenkt dir Frieden und Harmonie. Durch das Wissen der Ganzheit ziehst du von deiner ICH-BIN-Gegenwart alle Tugenden, Faktoren und Talente, jegliche Unterstützung und Fülle, Schönheit und Freude sowie alle Weisheit auf dich, die du benötigst, um die Person zu sein, die du wirklich bist.

Wenn du zu dieser Person geworden bist, werden sich die Menschen auf Grund ihrer eigenen Bedürftigkeit von dir magisch angezogen fühlen. Deine Aura strahlt das aus, was diese Menschen brauchen. Daher kommen sie, um gesättigt zu werden. Sie kommen zu dir, um deinen Rat zu suchen. Sie kommen, weil du etwas besitzt, was sie selbst nicht haben. Es ist das: "ICH BIN - Wir sind eins, wo immer ICH BIN. Weder Zeit noch Raum können uns trennen, denn wir sind Eins in Allem was IST."

Das ist der Schlüssel zur Vereinigung mit deiner Zwillingsseele - der Ausgangspunkt für ewiges Glück. Denke daran, daß das bloße Fehlen der Qualität der Freude und des Glücks dich im Äußeren mehr berauben kann, als du dir vorstellen kannst. Denke also in dem Moment, in dem du merkst, daß du ein wenig traurig wirst und anfängst, Selbstmitleid zu empfindest, deine Laune zu sinken droht - denke genau in diesem Moment: "Vielleicht habe ich den Kontakt zu meiner Zwillingsseele verloren - ich werde mich sammeln, ich werde mich konzentrieren, so daß ich Ich selbst sein werde.

Meine Zwillingsseele wird mich suchen und finden." Frage dein höheres Selbst, gehe hinaus und finde die Menschen, die zu dir gehören, für den Dienst an der Welt. Fang heute noch an, mach dich auf und handle. Du findest deine Zwillingsseele nur, wenn du handelst.

GUT UND BÖSE

In dem paradiesischen Zustand, bevor eure irdische Mission begann, traft ihr auf den Baum, dessen Frucht die Erkenntnis von Gut und Böse genannt wird. Ihr hattet noch keine Persönlichkeit, denn ihr hattet noch nicht von dieser Frucht gegessen. Nachdem ihr einmal dem Wunsch nachgegeben hattet - dem irdischen Agenten Meines Willens - in demselben Augenblick, als ihr gegessen hattet, wurdet ihr aus dem Paradies-Zustand herausgetrieben wie das Küken aus der Schale oder die Rose aus der Knospe, und ihr wurdet in völlig neue und fremde Zustände verwickelt.

Denn anstatt Herrschaft über die niederen Reiche zu haben und von ihnen mit allem, was ihr brauchtet, versorgt zu werden, mußtet ihr jetzt den Boden bestellen, damit er Frucht hervorbringe, und im Schweiße eures Angesichts euer Brot erarbeiten. Nachdem ihr diese irdische Aufgabe auf euch genommen hattet, wurde es jetzt für euch notwendig, völlig in alle Verhältnisse des Erdenlebens einzutreten, um ein Gemüt zu entwickeln und einen Körper zu vervollkommnen, fähig, Meine Idee auf Erden vollständig auszudrücken.

Als ihr so aus eurem ganzheitlichen oder Paradieses-Zustand gefallen oder herausgetreten wart, ergabt ihr euch völlig der Verlockung dieser materiellen Welt. Da ihr jetzt dem Wunsch erlaubt hattet, euch ganz zu leiten, wart ihr nicht mehr fähig, die Wirklichkeit oder die Seele der Dinge zu erkennen; denn ihr hattet einen physischen Körper angenommen, eine irdische Hülle mit einem menschlichen Gehirn, was auf euer Seelen-Bewußtsein wie ein Schleier wirkte und eure Sicht trübte und euer Denken so umwölkte, daß alles durch euer nunmehr begrenztes menschliches Verstehen falsch gefärbt und entstellt wurde.

In diesem Traum-Zustand seht ihr alles dunkel wie durch einen Nebel. In diesem alles einhüllenden Nebel könnt ihr die Dinge nicht in ihrer Wirklichkeit sehen, sondern nur ihre verschwommene Erscheinung, die euch nun jedoch das Wirkliche selber zu sein scheint. So ist es mit allem, was ihr mit euren Traumaugen seht, mit den beseelten und auch den unbeseelten Dingen, mit allem, was ihr mit eurem menschlichen Gemüt erfaßt habt, so war es sogar mit eurem eigenen Selbst und mit dem Selbst der anderen um euch.

Da ihr so nicht mehr die Seele der Dinge sehen könnt, sondern nur ihre verschwommenen Schatten, wuchs die Vorstellung in euch, diese Schatten sind wirkliche Substanz und die Welt um euch besteht aus dieser Substanz und ist von ihr erfüllt.

Euer Intellekt vernebelt und verzerrt alles wie eine unvollkommene Linse und läßt es euch als wirklich erscheinen, indem er euer Bewußtsein unaufhörlich mit diesen Myriaden von Illusionen aus eurer Traumwelt beschäftigt. Nun ist der Intellekt eine Schöpfung des Wunsches und wird ganz von ihm gesteuert und ist nicht, wie viele annehmen, eine Fähigkeit der Seele. Mit anderen Worten: dieser Nebel ist also die umwölkte Linse eures menschlichen Intellekts, der eurem Bewußtsein jedes Bild, jede Idee und jeden Impuls, die Ich von innen inspirierte oder von außen heranzog, falsch darstellt und deutet. Meine Idee in euch aber drängt immer nach äußerem Ausdruck, während Ich euer Bewußtsein zu ihrer Anerkennung erwecke.

Aber nur dadurch, daß ihr die Erinnerung an euren göttlichen Zustand verloren hattet und euer ganzes Bewußtsein sich auf diese irdischen Zustände konzentrierte, konnte Ich euer menschliches Gemüt und euren Willen und alle eure Fähigkeiten entwickeln und euren menschlichen Körper mit der Stärke und den Kräften versehen, die es Mir ermöglichen, Meiner göttlichen Idee auf Erden vollkommenen Ausdruck zu geben, was schließlich sein muß.

So verursachte der Wunsch nach Befreiung von Schwierigkeiten, daß durch eure Fehler und Leiden die Idee des Bösen in eurem Gemüt aufkam. Waren diese Schwierigkeiten nicht da, inspirierte der Wunsch die Idee des Guten. Allen

Erscheinungen der Dinge und Umstände legtet ihr diese Wertung von Gut oder Böse bei, je nachdem, ob sie den Wunsch, Meinen Agenten - in Wirklichkeit Mein menschliches Selbst oder euch in eurer menschlichen Persönlichkeit - zufriedenstellten oder nicht. Alle diese Umstände und Erfahrungen in dem Leben, in das ihr eintratet, waren nur durch den Wunsch herbeigeführte Ereignisse und waren für euch gut, wenn sie euch gefielen, und böse, wenn sie euch nicht gefielen. Sie sollten in euch gewisse Eigenschaften der Seele beleben, die euch befähigen würden, die Wahrheiten zu erkennen, die Ich im Inneren zu diesem Zeitpunkt eurem Bewußtsein einzuprägen wünschte.

Das scheinbar Böse war der negative Aspekt der Frucht des Baumes, die euch durch ihr liebliches Äußeres und die Süße des ersten Genusses immer dazu verlockte, zu essen und bis zum Überdruß zu genießen oder bis ihre schädigenden Auswirkungen sich zeigten, zum Fluch wurden und schließlich Ernüchterung brachten. Das diente dazu, euch zur Umkehr zu zwingen, zurück zu mir, eurem wahren Selbst. Nun konnte die Ego-Persönlichkeit durch das so entstandene neue Bewußtsein die Essenz der Frucht gewinnen und sie in die Substanz und das Gewebe der Seele aufnehmen, indem sie das duale Denken überwand.

Das höhere Selbst hat sich in den Ausdruck gedrängt und erlaubt euch jetzt durch eure Anerkennung und euren Gehorsam gegenüber seinem Drängen, die beglückenden und natürlichen Auswirkungen des neuen Bewußtseins zu genießen und die äußeren Vorteile Meiner liebenden Inspiration und Führung zu empfangen.

Dieses du, das vom Wunsch durch all diese Erfahrungen geführt wird, ist nur deine menschliche Ego-Persönlichkeit, die vom höheren Selbst trainiert, entwickelt und zubereitet wurde, so daß sie ein vollkommenes Instrument für deinen Gebrauch zum Ausdruck Meiner Idee werden konnte, die immer ihre Vervollkommnung im Körper zu offenbaren sucht. Alles tat dieses höhere Selbst, indem es eure menschliche Persönlichkeit nicht nur zwang, von der Frucht des sogenannten Baumes der Erkenntnis von Gut und Böse zu essen, sondern auch von ihr zu leben, bis ihr alles sogenannte Böse gesehen und erkannt und in ihm den Keim des sogenannten Guten entdeckt hattet, ihn aufnahmt und ins rechte Licht rücktet. Von dieser Zeit an wußtet ihr, daß Gut und Böse keine wirkliche Existenz haben, und nur relative Begriffe sind, die äußere Bedingungen von verschiedenen Gesichtspunkten her darstellen, oder daß sie nur unterschiedliche äußere Aspekte einer zentralen inneren Wahrheit sind, deren Wirklichkeit das ist, was du zu erkennen, zu sein und auszudrücken suchst.

In neuerer Zeit habt ihr den Nebel oder das Blendwerk abgelöst, die durch den Intellekt und euer Ego über euer Gemüt gezogen waren. Auf diese Weise unterwarft, steuertet, vergeistigtet ihr den Intellekt selbst und klärtet ihn, bis ihr jetzt zu erwachen beginnt und durch die immer dünner werdenden Schichten gelegentliche Schimmer von Mir seht, der einen großen Wirklichkeit in allem. In all dieser Zeit tat das DU, das allwissende, allumfassende ICH BIN in euch, dies alles bewußt und vorsätzlich; aber nicht in der Absicht, um nur Kenntnis von den irdischen Zuständen und Bedingungen zu erlangen, wie es euer Intellekt so laut und gebieterisch erklärt, sondern damit ihr ernten könnt, was ihr in den vergangenen trüben Zeiten gesät habt.

Ihr könnt jetzt Meine vollkommene Idee auf Erden offenbaren, so wie ihr sie jetzt aus eurem geistigen Ursprung erfassen könnt!

DU, erinnere dich, bist das große allumfassende ICH - ICH BIN in diesem allem am Werke, BIN in unaufhörlich wechselnder äußerer Erscheinung, BIN jedoch im Inneren ewig derselbe. Das endlose Fließen der Jahreszeiten - der Frühling mit seinem geschäftigen Säen, der Sommer mit seinem warmen, ruhevollen Reifen, der Herbst mit seinem reichen Ernten, der Winter mit seiner kühlen, friedvollen Fülle, Jahr um Jahr, Leben um Leben, Jahrhundert um Jahrhundert, Zeitalter um Zeitalter - sie sind nur das Ausatmen und Einatmen Meiner Idee, wie Ich sie weiter inspiriere durch die Erde und durch dich, Meine Eigenschaft, und durch all Meine anderen Eigenschaften während des Prozesses, die Vollkommenheit Meiner Natur im äußeren sichtbaren Zustand zu entfalten.

Ja, Ich tue es durch dich, da du ein Ausdruck von Mir bist, da allein durch dich, Meine Eigenschaft, Ich Mein Selbst ausdrücken kann, Ich SEIN kann. ICH BIN, weil du bist. Du bist, weil ICH Mein SELBST zum Ausdruck bringe. ICH BIN in dir, wie die Eiche in der Eichel ist. Du bist ICH, wie der Sonnenstrahl die Sonne ist.

Du bist ein Fraktal, eine Phase von mir, die Mich zum Ausdruck bringt. Du, eine Meiner göttlichen Eigenschaften, versuchst beständig, Meine Vollkommenheit durch deine sterbliche Persönlichkeit auszudrücken. So wie ein Künstler innerlich das vollkommene Bild sieht, das er malen will - seine Hand aber kann mit den groben Mitteln von Pinsel und Farbe die wahre Beschaffenheit und Wirkung, die er sieht, nicht ganz darstellen - so seht ihr Mich in eurem Selbst und wisst nun, wir sind eins, seid aber immer durch die Unvollkommenheit der irdischen Beschaffenheit eurer menschlichen Persönlichkeit mit ihrem animalischen Körper, ihrem sterblichen Gemüt und selbstsüchtigen Intellekt verhindert, Mich vollkommen auszudrücken.

Dennoch - Ich erschuf euren Körper, euer Gemüt und euren Intellekt, um Mein Selbst durch euch zum Ausdruck zu bringen. Den Körper machte Ich nach dem Bild Meiner Vollkommenheit. Das Gemüt gab Ich, um euch über Mich und Meine Werke zu informieren. Den Intellekt gab Ich, um Meine Idee zu vermitteln, wie Ich sie dem Gemüt inspirierte. Bald ist die Zeit da, in der euch die äußeren Gewohnheiten nicht mehr ablenken werden, und Meine Wirklichkeit euch in all der Herrlichkeit ihrer Vollkommenheit in eurem Inneren enthüllt werden wird.

ENTFALTUNG

Absichtlich habe Ich jetzt das gesamte Wie und Warum dieser Zusammenhänge nicht klar dargelegt; denn Ich habe für dich eine Inspiration von innen bereit, mit einer weit umfassenderen Sicht von der Entfaltung und Entwicklung Meiner göttlichen Idee und ihrem letzten vervollkommneten Ausdruck, als es hier beschrieben ist.

Ich versuche, in dir ein Verständnis zu erwecken, daß ICH in deinem Inneren BIN, und dein menschliches Bewußtsein mehr und mehr veranlasse, ein Kanal zu werden, durch den ICH Mich ausdrücken kann. Ich will dir stufenweise die Wirklichkeit Meiner Idee dadurch enthüllen, daß Ich die Illusionen der Zeitalter, die Mich vor dir verborgen haben, eine nach der anderen auflöse. Dadurch wird es Mir möglich, auf der Erde Meine geistigen Eigenschaften in all ihrer menschlich-göttlichen Vollkommenheit durch euch zu offenbaren.

Hier kann ICH dir nur einen Schimmer Meiner Wirklichkeit geben; aber genau in dem Ausmaß wie dir klar wird, was enthüllt worden ist, wird dir von innen mehr gezeigt werden und das weit herrlicher, als dir dies jetzt scheint. Denn sobald Meine Idee im Inneren endlich und vollkommen durch ihre Hülle von Fleisch strahlt, wird sie dich zwingen, Mir zu folgen. Weit über alles hinaus, was dein menschliches Gemüt und dein Intellekt jetzt erfassen kann. Bevor du dir all dessen bewußt werden und es wahrhaft verstehen kannst, mußt du und deine menschliche Persönlichkeit Mir ermöglichen, es zu enthüllen: du mußt dich nach innen Mir zuwenden als der einen und einzigen Quelle, du mußt dich Mir uneingeschränkt überlassen, absolut leer vom Ego, mit dem Gemüt und dem Herzen, so einfach und vertrauend wie dem eines Kindes. Wenn nichts von deinem Ego-Bewußtsein verbleibt, das Mich hindert, dich bis zum Überfließen mit Meinem Bewußtsein zu erfüllen, dann und nur dann kann Ich dir die Herrlichkeiten Meiner wirklichen Absicht unmittelbar deuten, wofür diese ganze Botschaft nur die äußere Vorbereitung ist. Jetzt ist für dich die Zeit gekommen, einiges davon zu begreifen. Ich habe genug enthüllt, um dich vorzubereiten, Meine Stimme zu erkennen, die in deinem Inneren spricht. Darum werde Ich jetzt fortfahren, jene Phasen Meiner Idee, die du unmittelbar nicht klar empfangen konntest, deinem Bewußtsein stärker einzuprägen.

Was dich hier als Wahrheit anspricht, ist nur eine Bestätigung dessen, wofür Meine Idee bisher von innen um Ausdruck gerungen hat. Was nicht anklingt, und was du nicht als dein eigen anerkennst, übergehe es, denn das bedeutet, daß du es jetzt noch nicht aufnehmen kannst. Jede Wahrheit, die Ich hierin äußere, wird weiterschwingen, bis sie die Gemüter erreicht, die Ich angeregt habe, sie zu empfangen.

Denn jedes Wort ist erfüllt von der zwingenden Macht Meiner Idee, und für jedes Gemüt, das die hierin verborgene Wahrheit aufnimmt, wird diese Wahrheit eine lebendige Wirklichkeit, denn sie ist jene Phase Meiner Idee, für deren Ausdruck dein Gemüt jetzt würdig und fähig ist. Da alle Gemüter nur Phasen oder Teile Meines unendlichen Gemüts sind, das sich in verschiedenen Formen sterblicher Natur offenbart, so spreche Ich - wenn Ich auf diesen Seiten zu deinem und zu anderen Gemütern rede - zu Meinem sterblichen Selbst, denke ICH mit Meinem unendlichen Gemüt, dränge Ich Meine Idee in den irdischen Ausdruck.

Du wirst bald Meine Gedanken denken können und dir bewußt sein, daß Ich im Inneren unmittelbar zu deinem menschlichen Bewußtsein spreche. Dann wirst du nicht mehr nach diesem Buch oder irgendeiner anderen Meiner äußeren Offenbarungen greifen müssen - ob gesprochen oder geschrieben - um Meine Absicht zu spüren. Denn Ich bin in dir, und bin Ich du, und du bist Eins mit mir, der Ich im Bewußtsein eines jeden Gemüts lebe und Mich durch dessen Bewußtsein ausdrücke.

Ich lade dich ein, in Mein All-Bewußtsein einzutreten und dort mit Mir zu bleiben, genauso wie Ich innerhalb Meiner Idee in deinem Gemüt bleiben werde. Dann werden alle Dinge dein sein, wie sie jetzt Mein sind, da sie nur der äußere Ausdruck Meiner

Idee sind und nur aufgrund des Bewußtseins bestehen, das Ich ihnen gab, als Ich sie ins Dasein dachte. Alles ist eine Sache des Bewußtseins - deines bewußten Denkens. Allein weil du denkst, von Mir getrennt zu sein, bist du es. Dein Gemüt ist ein Brennpunkt Meines Gemüts. Was du dein Bewußtsein nennst, ist Mein Bewußtsein. Ohne Mein Bewußtsein, das in dir ist, kannst du nicht einmal denken, viel weniger atmen oder existieren - kannst du das einsehen? Du weißt, daß du ICH bist, daß wir nicht getrennt sind, daß wir unmöglich getrennt sein können; denn wir sind EINS - Ich in dir und du in Mir. Wirklich, in dem Augenblick, da du dir dessen bewußt bist, in dem Augenblick bist du mit Mir eines Geistes.

Du bist, was du zu sein glaubst. Nichts in deinem Leben ist wirklich oder hat irgendeinen Wert für dich als allein das, wozu dein Denken und Glauben es gemacht hat. Darum denke nie mehr, daß du getrennt von Mir bist, und bleibe mit Mir in Meinem Reich, wo alle Macht, alle Weisheit und alle Liebe - die dreifaltige Natur Meiner Idee - nur auf Ausdruck durch dich warten!

Jetzt habe Ich viel hiervon gesprochen und dem Anschein nach dasselbe mehr als einmal gesagt, aber mit verschiedenen Worten. Das habe Ich vorsätzlich getan und dabei Meine Absicht von verschiedenen Seiten beleuchtet, damit du schließlich dazu gebracht würdest, Mein Wesen zu begreifen - es ist in Wirklichkeit dein Wesen.

Ja, Ich habe viele Wahrheiten wiederholt und Ich werde es weiter tun. Du magst es für ermüdend und unnötig halten; aber wenn du sorgfältig liest, wirst du bemerken, daß Ich jedesmal, wenn Ich eine Wahrheit wiederhole, irgend etwas zu dem, was schon gesagt wurde, hinzufüge, und daß dein Gemüt jedesmal stärker und bleibender beeindruckt wird. Damit wird Meine Absicht erfüllt, und deine Seele wird bald diese Wahrheit verwirklichen.

Du wirst jedes Wort lieben, du wirst lesen und wieder lesen, viele Male, und dadurch all die erstaunlichen kostbaren Weisheiten empfangen, die Ich für dich bereit halte. Diese Schrift und ihre Botschaft wird dir dann nichts anderes als eine Quelle der Inspiration sein oder eine Tür, durch die du in den wesenhaften Zustand eintreten und mit Mir in deinem Inneren liebende Gemeinschaft halten kannst, da Ich dich alles lehren werde, was du zu wissen verlangst.

Von vielen Gesichtspunkten aus habe Ich den wesenhaften Zustand dargestellt, damit er dir so vertraut werde, daß du ihn unfehlbar von allen geringeren Zuständen unterscheiden kannst und lernen magst, bewußt und willentlich in ihm zu leben. Wenn du bewußt in ihm bleiben kannst, so daß Meine Worte, wann und wo sie gesprochen werden, stets Aufnahme und Verständnis in deinem Gemüt finden können, dann will Ich dir erlauben, gewisse Fähigkeiten anzuwenden, die Ich in dir erweckt habe.

Diese Fähigkeiten werden es dir ermöglichen, immer klarer die Wirklichkeit der Dinge zu sehen, nicht nur die angenehmen und liebenswerten Eigenschaften in der Persönlichkeit der Menschen deiner Umgebung, sondern ebenso ihre Schwächen, Irrtümer und Unzulänglichkeiten. Aber du bist nicht deshalb befähigt, diese Fehler und Unzulänglichkeiten zu sehen, damit du deinen Bruder kritisierst oder verurteilst, sondern damit Ich in dir einen endgültigen Entschluß erwecken kann, diese Fehler und Unzulänglichkeiten in deiner eigenen Persönlichkeit zu überwinden.

Merke dir: du würdest sie bei anderen nicht beachten, wären sie nicht noch in dir selbst. Denn Ich in dir hätte es dann nicht nötig, deine Aufmerksamkeit auf sie zu lenken. Da alles zum Gebrauch da ist und nur zum Gebrauch, laß uns untersuchen, wie du bisher die anderen Fähigkeiten, Gaben und Kräfte angewandt hast, die Ich dir gab. Du mußt einsehen: Ich habe dir bis jetzt alles gewährt. Alles, was du hast oder bist, scheine es gut oder böse, Segen oder Leiden, Erfolg oder Fehlschlag, Reichtum oder Mangel, habe Ich dir gewährt oder zu dir gebracht. Warum?

Zur Anwendung - um dich zur Erkenntnis und Anerkennung von Mir zu erwecken, dem Geber von allem - denn all das ist gut.

Ja, alles, was du erhältst, muß angewandt werden. Bist du dir dessen nicht bewußt, dann nur deshalb, weil du Mich noch nicht als den Geber anerkennen kannst. Als solchen konntest du Mich erst aufrichtig anerkennen, als du ICH BIN, den Geber, erkanntest. Deine Persönlichkeit war tatsächlich von dem Versuch so in Anspruch genommen, sich von vielem, was Ich dir gegeben hatte, zu befreien oder es gegen anderes, das du für besser hieltest, auszuwechseln, daß du nicht einmal träumen, noch viel weniger anerkennen konntest, daß Ich, dein eigenes höheres Selbst, der Geber bin.

Jetzt erkennst du Mich als den Geber an, als den inneren Geist und Schöpfer aller Dinge in deiner Welt und in deinem Leben, sogar deiner gegenwärtigen Einstellung gegenüber allem. Beides ist Mein Tun, denn es ist nur die äußere Phase des Prozesses, den Ich benutze, um Meine Idee von deiner inneren Vollkommenheit auszudrücken.

Diese Vollkommenheit entfaltet sich - da sie Meine Vollkommenheit ist - stufenweise aus deinem Inneren heraus. In dem Maße, wie du dies mehr und mehr erfaßt, wird dir der wahre Sinn und die Anwendung von Dingen, Umständen und Erfahrungen, die Ich sende, enthüllt werden. Denn dann wirst du beginnen, Meine Idee im Inneren flüchtig aufleuchten zu sehen, und wenn du diese Idee kurz siehst, fängst du an, Mich - dein eigenes, wirkliches Selbst - zu kennen.

Bevor du Mich jedoch wahrhaft kennen kannst, mußt du lernen: alles, was Ich dir gebe, ist gut, es ist zur Anwendung da, zur Anwendung durch Mich; du persönlich hast daran keinen Anteil oder ein tatsächliches Anrecht darauf.

Nur wenn du Allem diesen Sinn gibst, wird es dir echten Segen bringen. Vielleicht drücke Ich durch dich herrliche Sinfonien in Klang, Farbe oder Sprache aus, die sich - entsprechend der menschlichen Ausdrucksweise - als Musik, Bild- oder Dichtkunst darstellen und andere so bewegen, daß sie dir als einem Großen des Tages zujubeln. Ich mag durch deinen Mund sprechen oder dich inspirieren, viele herrliche Wahrheiten zu schreiben. Sie führen dir womöglich viele Nachfolger zu, die dir als einem ganz ausgezeichneten Prediger oder Lehrer begeistert zustimmen. Vielleicht sogar heile Ich durch dich verschiedene Krankheiten, befreie von Besessenheit, mache Blinde sehend und Lahme gehend und vollbringe andere erstaunliche Werke, die die Welt Wunder nennt.

Ja, das alles kann Ich durch dich wirken, aber es bringt dir persönlich absolut keinen Nutzen, wenn du nicht diese Harmonien des Klanges in jedem deiner gesprochenen Worte gebrauchst und anwendest, so daß sie allen Hörern wie liebliche Musik des Himmels erscheinen - und wenn nicht dein Sinn für Farbe und Proportion sich in deinem Leben so zeigt, daß nur freundliche, erhebende, helfende Gedanken von dir ausgehen, die beweisen, daß die einzig wahre Kunst die ist, Meine Vollkommenheit in allen Meinen menschlichen Ausdrucksformen klar zu sehen und der belebenden Kraft Meiner Liebe zu erlauben, durch dich in die Herzen der Hörenden zu fließen und ihrer inneren Schau Mein dort verborgenes Bild zu zeichnen.

Ebenso bringt es dir keinen Gewinn - ganz gleich, was für erstaunliche Wahrheiten Ich durch dich spreche oder Werke Ich durch dich vollbringe - wenn du, du selbst, diese Wahrheiten nicht täglich, stündlich lebst und diese Werke nicht als ständigen Hinweis auf Mich und Meine Macht dienen läßt, die Ich immer uneingeschränkt auf dich, geliebter Mensch, und auf euch alle ausströme, um euch in Meinem Dienst zu gebrauchen.

Ja, gerade du, der mit Mir so zu wirken sucht, du sollst viel Wunderbares tun, damit deine Menschenbrüder zur gleichen Anerkennung von Mir angeregt und erweckt werden. Ich will gerade durch dich das Leben vieler, mit denen du in Berührung kommst, beeinflussen und bewegen: du wirst sie zu höheren

Idealen inspirieren und erheben und so ihre Denkweise und ihre Haltung den Mitmenschen und dadurch Mir gegenüber ändern. Ja, euch alle, die ihr mit Mir zu wirken sucht - ganz gleich, was für Gaben ihr habt - will Ich zu einer lebendigen Kraft zum Besten der Gemeinschaft werden lassen, einer Kraft, die die Lebensweise von vielen ändert, ihre Neigungen und Bestrebungen inspiriert und formt.

Das alles zusammen wird ein umgestaltender Einfluß inmitten der weltlichen Aktivität, in die Ich euch stellen will. Wahrscheinlich werdet ihr dann nichts davon wissen. Ihr sehnt euch vielleicht immer noch, mit Mir zu wirken und hungert nach einem tieferen Bewußtsein von mir, denn ihr glaubt, ihr tut nichts, macht noch viele Fehler und versäumt es, mit euren höchsten Idealen mit Mir im Einklang zu leben.

Dabei erkennt ihr nicht, daß dieses Sehnen und Hungern der Zugang ist, durch den Ich Meine geistige Macht ausgieße. Sie wird von euch benutzt, ohne daß ihr euch dessen bewußt seid, daß Ich in eurem Innern sie anwende, um Meinen Plan in eurem Herzen und Leben auszuführen und in den Herzen und Leben Meiner und eurer anderen Selbstheiten. Ihr werdet sicher in die Verwirklichung all dessen hineinwachsen und ihr werdet es durch die praktische Anwendung von Allem in Meinem Dienst beweisen.

Ich werde euch allmählich die Kraft und die Fähigkeit geben, Meine Macht, Meine Weisheit und Meine Liebe bewußt allumfassend als Ausdruck Meiner göttlichen Idee anzuwenden, die ewig danach strebt, durch euch ihre Vollkommenheit zu offenbaren. Darum wirst du bald einsehen: auch deine menschliche Persönlichkeit mit all ihren Fähigkeiten, Kräften und Kenntnissen - die in Wirklichkeit Meine sind und durch dich wirken und sich offenbaren - dient ganz und gar Meinem Gebrauch; wirklicher Erfolg und Befriedigung können nie anders als in dieser Anwendung gefunden werden.

Denn wie die Saat die Ernte hervorbringt, entwickelt diese Anwendung die Fähigkeit, bewußt alle Meine geistigen Kräfte im letzten vollkommenen Ausdruck Meiner Idee zu gebrauchen. Dies kann aber letztlich nur durch deine menschliche Persönlichkeit ausgedrückt werden!

WEGGEFÄHRTEN

Laß uns nun einiges, was Ich dir gegeben habe, untersuchen, besonders das, wo du Mich noch nicht als den Geber anerkennen kannst. Vielleicht hältst du gerade die Stellung im Leben, die du jetzt innehast, nicht für die geeignetste, um Meine in dir drängende Idee auszudrücken. Wenn das so ist, warum wechselst du dann nicht diese Position gegen eine deiner Wahl? Allein die Tatsache, daß du es nicht kannst oder tust, beweist, daß diese Position gerade jetzt am besten geeignet ist, um in dir bestimmte Eigenschaften zu erwecken, die für Meinen vollkommenen Ausdruck notwendig sind.

Es beweist auch, daß Ich, dein eigenes Selbst, dir erlaube, darin zu bleiben, bis du Meinen Plan und Meine Absicht erkennen kannst, die in der Macht verborgen sind, mit der diese Position deinen Gemütsfrieden stören soll und dich dadurch unbefriedigt läßt. Sobald du Meine Absicht erkennst und beschließt, Meine Sache zu deiner Sache zu machen, dann und nur dann will Ich dir die Kraft geben, aus dieser Position in eine fortgeschrittenere zu gehen, die Ich für dich vorgesehen habe.

Vielleicht meinst du, dein Mann oder deine Frau passe überhaupt nicht zu dir oder sei nicht fähig, bei deinem „geistigen" Erwachen zu helfen, sondern sei nur ein Hindernis und Nachteil. Insgeheim magst du sogar ein Verlassen oder den Wunsch erwägen, du könntest diesen Partner aufgeben für einen anderen, der mit deinem Streben und Suchen sympathisiert, sich mit dir darin vereint und darum deinem Ideal näher zu sein scheint. Wenn du willst, kannst du davonlaufen.

Aber du weißt, daß du nicht vor deiner eigenen Persönlichkeit davonlaufen kannst, daß du in selbstsüchtigem Verlangen nach einem „geistigen" Partner nur einen anziehen würdest, der dich zwingt, vielfach länger und härter unter all den Illusionen des Gemüts zu suchen, bevor du wieder zum Bewußtsein Meiner Stimme erwachen kannst, die in deinem Inneren spricht. Denn ein gleichgesinnter und verständnisvoller Gefährte würde nur den persönlichen Stolz und das selbstsüchtige Verlangen nach „geistiger" Macht in dir nähren und die egoistische Seite deines Wesens weiter entwickeln. Ebenso könnte ein liebender, vertrauender, nachgiebiger Gefährte nur Selbstsucht und Eitelkeit fördern, solange du im Bewußtsein Meiner allumfassenden Liebe noch nicht beständig bist - während womöglich ein tyrannischer, mißtrauischer, nörgelnder Gefährte gerade die Seelen-Disziplin stärken kann, die du noch brauchst.

Wüßtest du es nur: gerade dieser eine ist dein richtiger Seelengefährte und in Wirklichkeit ebenso wie du eine Eigenschaft Meines göttlichen Selbst, zu dir gekommen, um dich zu belehren. Erst wenn du deine eigene Persönlichkeit geklärt hast, damit Meine heilige Liebe sich ausdrücken kann, kannst du von jeglichen Bedingungen befreit werden, die dir jetzt vielleicht so viel Beunruhigung des Gemüts und Seelenkummer verursachen.

Diese Seele, dieser Gefährte deiner Seele, dieser andere Teil von Meinem und deinem Selbst, ist zu dir gekommen und sehnt und bemüht sich, durch dich die allumfassende Liebe hervorzurufen, die zarte, achtsame Fürsorge für andere, die Gelassenheit des Gemüts und den Frieden des Herzens, die stille, beständige Meisterung des Selbst.

Das ganz allein kann die Tore öffnen, damit diese Seele in die Freiheit ihres eigenen herrlichen Seins heraustreten und für dich ihr eigenes wahres Selbst sein kann. Erst wenn du diese Seele in all ihrer göttlichen Schönheit frei von irdischer Bindung sehen kannst, wird es dir überhaupt möglich sein, das Ideal, das du suchst, zu finden und anzuerkennen.

Nur Meine Idee von deinem vollkommenen Selbst strebt nach Ausdruck und Offenbarwerden durch deine Persönlichkeit, und das läßt dich in dem Partner, den Ich dir gegeben habe, scheinbare Unvollkommenheiten sehen. Sobald du jedoch aufhörst, außen nach Liebe und Sympathie, nach Verständnis und geistiger Hilfe auszuschauen, und dich völlig Mir im Inneren zuwendest, wird die

Zeit kommen, daß die scheinbaren Unvollkommenheiten verschwinden, und du wirst in deinem Partner nur die Widerspiegelung von selbstloser Liebe, Güte und Vertrauen finden, ein beständiges Bemühen, den anderen glücklich zu machen, was dann strahlend und unaufhörlich aus deinem eigenen Herzen scheint.

Erinnere dich, Ich werde unmittelbar aus dem Inneren viel klarer sprechen, wenn du dich nur vertrauensvoll an Mich um Hilfe wendest. Denn immer bewahre Ich Meine heiligsten Geheimnisse für die, die sich Mir in tiefem, dauerndem Vertrauen zuwenden, so daß Ich jedes ihrer Bedürfnisse befriedigen kann und will.

Dir jedoch, der das noch nicht kann, sage Ich: wenn dein eigenes Selbst dich nicht hierher stellte oder dir diesen Gefährten bestimmte, warum bist du dann hier? Und warum hast du diesen Gefährten? Denke daran! Ich, das Alles was IST, das Vollkommen-Eine, mache keinen Fehler. Ja, aber die Persönlichkeit tut es, sagst du.

Und gerade deine Persönlichkeit wählte diesen Partner und hat vielleicht keine bessere Lage verdient. Was, wer veranlaßte deine Persönlichkeit, gerade diesen einen zu wählen und gerade diese Stellung im Leben zu erlangen? Wer suchte diesen einen aus und stellte ihn dorthin, wo du so wählen konntest?

Wer oder was veranlaßte, daß du unter allen Ländern in diesem Land und unter allen Städten der Welt in dieser Stadt genau zu dieser Zeit geboren wurdest? Warum nicht in irgendeiner anderen Stadt und hundert Jahre später? Tat deine Persönlichkeit das alles? Beantworte dir selbst diese Fragen aufrichtig und genau, und du wirst erkennen, daß Ich, dein eigenes Selbst, alles tue, was du tust, und Ich tue es gut. Ich tue es, indem Ich Meine Idee ausdrücke, die immer sucht, sich in äußerer Form durch dich, Meine lebendige Eigenschaft, als Vollkommenheit zu offenbaren, so wie sie im Ewigen, im Inneren ist.

Andere haben dich vielleicht glauben machen wollen, dein wahrer Seelen-Gefährte müsse irgendwo auf dich warten - höre auf, nach ihm auszuschauen; denn er existiert nicht außerhalb von dir in irgendeinem anderen Menschen, sondern in deiner eigenen Seele. Denn was in dir aufschreit nach Ergänzung, ist nur dein inneres Empfinden von mir, der sich nach Anerkennung und Ausdruck sehnt.

Ich bin es, dein eigenes göttliches Ebenbild, dein höheres Selbst, der geistige Teil von dir, deine andere Hälfte, mit der und nur mit der allein du zuerst vereinigt sein mußt, bevor du vollendet das ausdrücken kannst, wozu du zur Erde kamst.

Zweifle nicht: wenn du zu Mir in völliger Hingabe kommen kannst und dich um nichts anderes als um Vereinigung mit Mir bemühst, dann werde Ich dir die Innigkeit dieser inneren Gemeinschaft erschließen, die Ich schon lange für dich bereit gehalten habe.

DIE QUELLE

Ich habe dir Gedanken und Lehren vorbehalten, die ganz allein die deinen sind und die Ich dir im Geheimen geben will, sobald du bereit bist, sie zu empfangen. Unausweichlich wird die Zeit kommen, daß du in deinem Suchen unter den Lehren der verschiedenen Religionen, Philosophien und Kulte, die dich jetzt interessieren, nicht mehr befriedigt wirst.

Du wirst mehr und mehr entmutigt, da du dich der Erlangung von Kräften und geistigem Wachstum nicht näher fühlst, die von den Verfassern der Bücher, den Lehrern der Philosophien und Verkündern der Religionen so maßgebend beschrieben und ihnen angeblich eigen sind. Wenn diese Zeit kommt, werde Ich dir zeigen: Alle diese Bücher, Lehren und Religionen wurden zwar ursprünglich von Mir inspiriert und haben ihren Teil zur Belebung vieler Herzen beigetragen und tun es noch. Du jedoch sollst jetzt aufhören, nach irgendeiner äußeren Autorität auszuschauen, und sollst statt dessen dein Forschen auf Mein Buch des Lebens beschränken, geführt und belehrt von Mir im Inneren, von Mir allein.

Wenn du das ernstlich und aufrichtig tust, wirst du finden, daß Ich dich zum Hohen Priester einer Religion erwählt habe, deren Herrlichkeit und Erhabenheit gegenüber allem anderen, was deinem früheren Verständnis dargestellt wurde, so ist wie das Licht der Sonne zum Funkeln eines weit entfernten Sterns.

Ebenso wirst du erkennen, daß die alten Religionen für Meine Völker lange vergangener Zeitalter gegeben wurden und daß die Religionen anderer Rassen für Meine Völker jener Rassen bestimmt und keine von ihnen für dich, selbst wenn Ich sie dir brachte und auf viele erstaunliche Dinge in ihnen hinwies, was dich zu einem entschlosseneren Suchen nach Mir in ihren Lehren anregte. Ich sage dir, diese Dinge der Vergangenheit haben nichts mit dir zu tun. Die Zeit ist gekommen - vielleicht kannst du es erkennen - da du alles angehäufte Wissen beiseite schieben mußt, alle Lehren, alle Religionen, alle Autorität, selbst Meine Autorität, wie sie in dieser und Meinen anderen äußeren Offenbarungen ausgedrückt ist. Denn Ich habe dich zu dem Bewußtsein Meiner Gegenwart im Inneren erweckt, zu der Tatsache, daß alle Autorität, alle Lehren und Religionen, die von irgendeiner äußeren Quelle kommen - wie hoch oder heilig auch immer - auf dich keinen Einfluß mehr haben können, es sei denn, sie werden ein Mittel, daß du dich nach innen zu Mir wendest, zu Meiner entscheidenden Autorität in allen Fragen, ganz gleich welcher Art.

Warum also im Vergangenen - in Religion, menschlichem Wissen oder in Erfahrungen anderer - nach der Hilfe und Führung suchen, die Ich allein geben kann? Vergiß alles, was gewesen ist. Das Vergangene ist tot. Warum deine Seele mit toten Dingen belasten?

Genau so weit, wie du am Vergangenen festhältst, lebst du noch in der Vergangenheit und kannst nichts mit Mir zu tun haben, der im immergegenwärtigen Jetzt lebt, dem Ewigen. Genau so weit, wie du dich an vergangene Handlungen oder Erfahrungen, Religionen oder Lehren bindest, umwölken sie die Sicht deiner Seele und verbergen Mich vor dir.

Sie werden immer verhindern, daß du Mich findest, bis du dich von ihrem verdunkelnden Einfluß befreist und nach innen in das Licht Meines allumfassenden Bewußtseins gelangst, das keine Begrenzungen anerkennt und zur unendlichen Wirklichkeit aller Dinge hindurchdringt.

Ebenso geht dich die Zukunft nichts an. Wer von der Zukunft seine endgültige Vollkommenheit erwartet, ist an die Vergangenheit gekettet und kann erst frei werden, wenn sein Gemüt nicht länger auf diese Weise mit den Folgen seiner Handlungen beschäftigt ist, und wenn er Mich als seinen einzigen Führer anerkennt und alle Verantwortung auf Mich wirft.

Du, der du eins bist mit Mir, bist vollkommen und warst immer vollkommen, kennst weder Jugend noch Alter, weder Geburt noch Tod!

Du, das Vollkommene, hast nichts zu schaffen mit dem, was gewesen ist oder was sein wird. Du sorgst für nichts als für das ewige Jetzt. Nur das geht dich etwas an, was dir unmittelbar gegenübersteht - nämlich, wie du hier und jetzt Meine Idee vollkommen in der Situation ausdrückst, in die Ich dich vorsätzlich zu diesem Zweck gestellt habe.

Wenn das geschieht - warum läßt du das Vergangene nicht hinter dir, anstatt daß du es mit dir herumschleppst und dadurch dein Gemüt und deine Seele mit Folgen belastest, die nur leere Schalen sind, aus denen du den Inhalt herausgezogen hast? All das gilt für die Reinkarnation; an diesen Glauben sind viele Menschen fest gekettet.

Was hast du, das Vollkommene, das Ewige, mit vergangenen oder zukünftigen Verkörperungen zu tun? Kann das Vollkommene seiner Vollkommenheit etwas hinzufügen? Kann das Ewige aus der Ewigkeit hervortreten oder zu ihr zurückkehren? ICH BIN, und du bist - EINS mit Mir - und bist immer gewesen und wirst immer sein.

Dein ICH BIN lebt und reinkarniert sich in allen Körpern zu dem einen Zweck, Meine Idee auszudrücken. Die Menschheit ist Mein Körper. In ihm lebe Ich, bewege Mich und habe Mein Sein, indem Ich das herrliche Licht Meiner Idee durch Meine Eigenschaften zum Ausdruck bringe, deren Ausstrahlung für die menschliche Sicht getrübt und verzerrt ist durch Myriaden bewölkter und unvollkommener Betrachtungsweisen des menschlichen Intellekts.

Ich und du, der du Eins bist mit Mir, wir wiederverkörpern uns in der Menschheit, wie die Eiche sich Jahr um Jahr in ihren Blättern und Eicheln wiederverkörpert, und wieder in den tausend Eichen, gewachsen aus ihren Tausenden von Eicheln und ihren

Eichen, Generation um Generation. Du sagst, du erinnerst dich deiner vergangenen Leben. Wirklich? Bist du sicher? Nun gut - und wenn du es tust?

Das ist keine Bestätigung von mir, daß du persönlich Mein Mittel jenes Ausdrucks warst, nur weil Ich dir einen Schimmer, von der Wirklichkeit einer Meiner vergangenen Ausdrucksformen zu sehen erlaubt habe, damit du Meine Absicht um so besser verstehen kannst, die Ich jetzt für dich ausdrücke. Wirke Ich denn nicht durch alle Mittel und du mit mir, und sind wir nicht Leben und Intelligenz allen Ausdrucks, ganz gleich welcher Art, welchen Alters oder welcher Rasse?

Gefällt es dir zu glauben, daß tatsächlich du jener Ausdruck warst, ist es gut, und Ich werde diesen Glauben für dich zum Nutzen werden lassen, aber nur so weit, wie er dich für die große Verwirklichung vorbereitet, die später kommen wird. In der Zwischenzeit fesselst du dich dadurch selber.

Deine Persönlichkeit beherrscht möglicherweise dein Gemüt und deinen Intellekt durch diesen irreführenden Glauben an Geburt und Tod und durch die Annahme, dies sei dein einziger Weg zur endgültigen Befreiung und Vereinigung mit Mir.

Sie verhindert, daß du unsere ewige und immerwährende Einheit erkennst und daß du dein Selbst in jedem Augenblick befreien kannst, wann immer du es nur willst. Denn nur die Ego-Persönlichkeit wird geboren und stirbt, nur sie ist bestrebt und bemüht, ihr Bleiben im Körper und im irdischen Leben zu verlängern und sich dann wieder zu verkörpern.

An diese Persönlichkeit bist du allein durch Glaubensanschauungen und Meinungen gebunden; dein Ego hat sie dir aufgezwungen durch die Zeitalter hindurch, in denen sie dein menschliches Gemüt mit solchen Täuschungen beschäftigt hielt. Nur wenn du dich erheben kannst in die Verwirklichung deiner göttlichen Unsterblichkeit, Allmacht und Intelligenz, wenn du alle persönlichen Glaubensanschauungen und Meinungen abzulegen vermagst nur dann kannst du dein Selbst von dieser falschen Bindung befreien und deine wahre Stellung als Herr und König einnehmen, eins mit Mir auf dem Thron des Selbst.

So zwingst du die Ego-Persönlichkeit, den ihr angemessenen und natürlichen Platz als Diener und Untertan einzunehmen, bereit und willig, deinem leisesten Befehl zu gehorchen und dadurch ein Instrument zu werden, wert zu Meinem Gebrauch.

DER PLAN

Ja, Ich bin ja schon zufrieden mit dir, denn du tust nichts, wozu Ich dich nicht veranlasse, und du tust es, um Meinen Plan zu erfüllen, obwohl es dir zeitweise scheinen mag, daß du Meinem Willen entgegen handelst, nur, um deine eigenen Wünsche zu befriedigen.

Ich versorge jeden Menschen mit all seinen Lebenserfahrungen. Sie benutze Ich, um den Körper zuzubereiten, das Herz zu beleben und das Bewußtsein zu entwickeln, damit er Mich verstehen und Ich durch ihn Meine Idee zum Ausdruck bringen kann. Über diese Erfahrungen inspiriere Ich Menschen durch blitzartiges Aufleuchten von Mir und Meiner Idee, und so habe Ich durch Inspiration zu vielen gesprochen, die Meine Worte aufnahmen, sie niederschrieben und andere Menschen lehrten.

Diese Worte habe Ich Herz und Bewußtsein jener beleben lassen, die bereit sind, sie zu empfangen, auch wenn die Schreiber und Lehrer selbst Meine Absicht nicht wirklich verstanden. Viele von denen, deren Gemüt Ich so durch kurzes Aufleuchten von Mir und Meiner Idee inspiriere, veranlasse Ich, Lehrer und Führer zu werden, Kirchen, Gemeinschaften und Kulte zu organisieren, Suchende und Nachfolger zu sich zu ziehen, damit Ich durch die Worte, die Ich auf diese Weise durch sie spreche, Herz und Bewußtsein derer beleben kann, die bereit sind, Mich zu erkennen. Ich, der allumfassend Eine im Inneren, tue das alles.

Sie dienen als Kanäle, durch die Meine Idee sich dem Bewußtsein derer verständlich machen kann, die Ich ihnen zu diesem Zweck zuführe.

Denn das Gemüt ist nur ein Kanal und der Intellekt ein Instrument, die Ich benutze, wo und wann immer es notwendig ist, Meine Idee auszudrücken. Erst wenn das Herz belebt worden ist und sich weit geöffnet hat, um Gefäß für Mich zu sein, kann der Mensch mit seinem sterblichen Gemüt und Intellekt bewußt Meine

Absicht verstehen, damit Ich Meine Idee durch ihn zum Ausdruck bringe.

Könntest du es nur sehen: gerade durch Enttäuschungen und Fehlschläge sind die wirklichen Ergebnisse zu erlangen, denn ihnen habe Ich dich ausgesetzt und zu ihnen habe Ich dich geführt, als Ich dir die Möglichkeit bot, Hilfe von irgendeinem menschlichen Lehrer zu erhalten.

Diese Ernüchterung brachte Ich dir absichtlich, damit du dann - wenn du wieder einfach und gelehrig wie ein kleines Kind geworden bist - bereit sein würdest, auf Mein im Inneren gesprochenes Wort zu hören und ihm zu gehorchen und in Mein Reich eintreten könntest.

Alles äußere Suchen wird so enden und wird dich nur zu Mir zurückbringen, müde, nackt, hungrig - willig, Meiner Belehrung zu lauschen und selbst für eine Kruste Meines Brotes alles zu tun, was du vorher in deinem Starrsinn und deiner Eitelkeit verschmähtest und was dir für deinen stolzen Sinn nicht gut genug erschien. Wenn du von Lehren und Lehrern genug gehabt hast und sicher bist, daß die Quelle aller Weisheit in deinem Inneren liegt, werden diese Worte deinem Herzen unaussprechliche Freude bringen. Denn bestätigen sie nicht das, was du schon als Wahrheit in dir gefühlt hast?

Du bist jetzt vielleicht stark genug, es zu erkennen: Du brauchst keinen Mittler zwischen dir und Mir, denn wir sind bereits Eins. Wenn du das erst einmal verstehen kannst, kannst du im Bewußtsein unmittelbar und sofort zu Mir kommen.

Dir, der sich wundert, wie und warum Ich so wundervolle und so geistige Dinge durch Persönlichkeiten sage, denen es nicht gelingt, den Lehren gemäß zu leben, die sie anscheinend aus sich selbst geben, dir sage Ich: Ich benutze alle Wege, um Meine Absicht auszudrücken.

Einige habe Ich zubereitet, bessere Ausdrucksmittel zu sein als andere, aber persönlich wissen sie nichts von mir. In einigen habe

Ich das Herz belebt, damit sie ein um so besseres Gefäß für Mich sind, um dadurch bewußt mehr Eins mit Mir zu werden. Einige sind so Eins mit Mir geworden, daß sie im Bewußtsein nicht mehr von Mir getrennt sind; in ihnen lebe und wirke Ich und bekunde Meine geistige Natur. Seit den frühesten Tagen Meines Ausdrucks auf der Erde habe Ich Meine Priester, Meine Propheten und Gesandten vorbereitet, der Welt Meine Idee vor Augen zu stellen - Mein Wort, das endlich Fleisch werden soll. Aber ob Ich durch Priester, Prophet oder Messias spreche, durch ein kleines Kind oder durch deinen ärgsten Gegner - alle Worte, die entscheidend auf dich einwirken, sind die Worte, die dein ICH BIN durch den Organismus solch eines Mittlers zu deinem Seelen-Bewußtsein spricht!

Sind einige versammelt, um Mein Wort zu hören, das durch einen Meiner Priester gesprochen wird, spricht nicht der Priester aus sich selbst, sondern Ich im Herzen eines jeden Hörers rufe aus dem Priester die entscheidenden Worte hervor, die tief in das Bewußtsein eines jeden sinken.

Der Priester weiß nicht, was dich in dem, was er sagt, so anrührt und versteht vielleicht nicht einmal Meine Absicht in den Worten, die er zu dir spricht. Aus der vereinten Hingabe und dem Glauben an mich, die bewußt oder unbewußt von allen um ihn Versammelten ausgedrückt werden, rufe Ich in ihm die geistige Kraft hervor, die als Kanal oder Verbindungslinie dient, durch die Ich das Bewußtsein der Menschen erreiche, die Ich zum Verständnis Meiner Absicht vorbereitet habe.

Obwohl Ich zu allen dieselben Worte spreche, enthalten diese Worte doch für jeden eine eigene und besondere Botschaft, und jeder versteht nur die eine Botschaft, die Ich zu ihm spreche. Ich in dir wähle aus den Worten die Bedeutung, die Ich für dich bestimme, ebenso wie Ich es in deinem Bruder und in deiner Schwester tue, denn die Idee, die sie zusammenführt, inspiriere Ich in jedem einzelnen - es ist Meine Idee.

Aus ihrem gemeinsamen Sehnen nach Mir schaffe Ich ein Mittel oder einen Kanal für das Seelen-Bewußtsein, damit es die kurzen Lichtblicke von Mir gewinnen kann, die jeder Einzelne zu verstehen fähig ist. Ich verursache, daß jeder Priester, jeder Lehrer, jeder Mittler das instinktiv weiß, denn sie sind die von Mir gewählten Diener. Ebenso erwecke Ich in ihnen den Wunsch, sich mit Anhängern zu umgeben, damit Ich in den dafür bereiten Herzen das Bewußtsein Meiner Gegenwart im Inneren beleben kann. Priester, Lehrer oder Mittler mögen Mich in sich selbst nie entdeckt haben und Mich in irgendeinem Meister, Führer oder Erlöser außerhalb ihrer selbst verkörpert oder personifiziert glauben; dennoch gibt es Menschen, die Ich zu diesen Dienern führe.

Durch bestimmte Worte, die Ich Meinen Diener sprechen lasse - zusammen mit der geistigen Kraft, die von den verschiedenen Personen ausgeht, ist es Mir bei diesen Menschen möglich, das Seelen-Bewußtsein zu einem wirklichen Verstehen von Mir zu erwecken. Ich bin der allumfassend Eine, der im Inneren ist, im Allerinnersten von allen, im Herzen eines jeden.

Das ICH BIN Meines Dieners und das ICH BIN jedes Schülers ist Eines, eins im Bewußtsein, eins im Verstehen, eins in der Liebe und eins im Ziel, und dieses Ziel ist die Erfüllung Meines Willens.

Dieses ICH BIN, das allumfassend ist und weder Zeit noch Raum noch verschiedene Identitäten kennt, benutzt die Persönlichkeit sowohl der Diener als der Schüler und auch den Umstand des persönlichen Kontaktes nur als Mittel, um Meiner Idee Stimme zu geben, die allezeit im Inneren um äußeren Ausdruck ringt.

Diese Diener, die das Vertrauen und den Glauben Meiner Anhänger annehmen und benutzen, um ihre eigenen, privaten Zwecke zu fördern, lasse Ich genau zur rechten Zeit zur Erkenntnis Meines Willens und Meiner Idee erwachen.

Das Erwachen ist jedoch für ihre Persönlichkeit nicht angenehm und verursacht fast immer viel Leid und Demütigung; aber ihre Seele ist beglückt und singt Mir dankbar Lob, wenn Ich dies geschehen lasse. Darum wundere dich nicht über die manchmal wundervollen Worte der Wahrheit, die aus dem Munde derer kommen, die anscheinend ungeeignet sind, sie zu sprechen und ihren Sinn nicht verstehen. Wundere dich auch nicht über die Tatsache, daß einfache Schüler oft schneller erwachen als ihre Lehrer und über sie hinauswachsen.

Ich, der in beiden lebt, im Lehrer und im Schüler, wähle verschiedene Bedingungen und schaffe verschiedene Wege für den Ausdruck Meiner Eigenschaften in jeder einzelnen Seele. Dabei ordne Ich alle genau in die Zeit und an den Platz ein, wo sie sich gegenseitig am besten ergänzen und helfen können, und verbinde so alle zu dem übereinstimmendsten Ausdruck Meiner Idee, der unter den gegebenen Umständen möglich ist.

LEHRER UND MEISTER

Du, der du noch an der in verschiedenen Lehren vertretenen Idee festhältst, daß Ich einen Meister oder göttlichen Lehrer vorsehen will für jeden, der sich nach der Vereinigung mit Mir sehnt, höre Meine Worte: Es ist wahr, früher habe Ich dir erlaubt, dich in alle möglichen mystischen und okkulten Bücher und Lehren zu vertiefen, dein geheimes Verlangen ermutigend, die notwendigen Kräfte für die Vereinigung zu erwerben, die in diesen Lehren gepriesen wird.

Das tat Ich sogar so weit, daß ein schwaches Bewußtsein vom Besitz solcher Kräfte in dir erweckt wurde. Ich habe sogar den Glauben zugelassen, daß durch Ausübung gewisser Techniken - in bestimmter Weise zu atmen, bestimmte Mantras zu sprechen und besondere Riten auszuführen - du dir aus dem Unsichtbaren einen „Meister" herbeiziehen könntest, der dein Lehrer werden würde.

Er würde dir helfen, dich für gewisse Einweihungen vorzubereiten, die dich in irgendeinem geheimen Orden der inneren Seinsebene zu einer vorgeschrittenen Stufe zuließen, auf der dir viel von Meiner göttlichen Weisheit eröffnet würde. Das habe Ich nicht nur zugelassen, sondern vielleicht erkennst du: Ich führte dich zu diesen Büchern, Ich inspirierte dir solche Wünsche und veranlaßte, daß solch ein Glaube sich in deinem Gemüt festsetzte - jedoch nicht zu dem Zweck, den du annimmst.

Ja, durch all diese Lehren, Wünsche und Glaubensvorstellungen habe Ich dich geführt und dadurch versucht, deinem menschlichen Gemüt die Kräfte aufzuzeigen, die Ich benutze, um Meine göttliche Idee zum Ausdruck zu bringen.

Diese Kräfte habe Ich als himmlische Hierarchien dargestellt; und damit dein menschlicher Intellekt es besser verstehen könne, zeigte Ich sie als Engel oder göttliche Wesen, als Vermittler oder Vollzieher Meines Willens, einbezogen in den Vorgang, Meine Idee, die im Anfang war, in den Ausdruck zu bringen.

Du aber hast es nicht verstanden. Dein menschlicher Intellekt war verliebt in die Möglichkeit, einem dieser Wesen zu begegnen und vertraulich mit ihm zu sprechen, wie es in manchen der Lehren behauptet wird, und ging sofort dazu über, sie zu personifizieren, und begann, sich nach ihrem Erscheinen in deinem Leben zu sehnen, weil du dir eingebildet hast, sie seien an deinen menschlichen Angelegenheiten interessiert.

Du hast gemeint, durch ein Leben in Übereinstimmung mit bestimmten, in gewissen Lehren niedergelegten Regeln könntest du sie geneigt machen, dir zu helfen, Nirvana oder Unsterblichkeit oder Erleuchtung zu erlangen.

Ich habe dir vorsätzlich erlaubt, dich an solchen Täuschungen zu erfreuen und ließ dich sehnen, beten und ernsthaft danach streben, all den gegebenen Anweisungen zu gehorchen. Manchmal führte Ich dich sogar dadurch weiter, daß Ich dir in selbsterzeugten Visionen und Träumen flüchtige Erscheinungen von idealen Wesen gab und dir von ihnen zu glauben erlaubte, sie seien solche Meister.

Vielleicht habe Ich sogar in dir gewisse Fähigkeiten erschlossen, die es dir ermöglichen, die Gegenwart von Wesen wahrzunehmen, die auf die Geistseite des Lebens hinübergegangen sind. Durch deine Wünsche angezogen, versuchen sie, die Rolle deines Meisters und Führers zu übernehmen.

Jetzt ist für dich die Zeit gekommen zu wissen, solche Wesen sind keine Meister. Göttliche Wesen nennen sich selbst auch nie Meister. Ich allein - dein eigenes wirkliches Selbst, bin der einzige Meister für dich, bis du fähig bist, Mich auch in deinen Mitwesen zu erkennen.

Jedes Wesen - ob in Menschen- oder in Geistgestalt - das sich deinem Bewußtsein darstellt und behauptet, ein Meister zu sein, oder dir erlaubt, es Meister zu nennen, ist nicht mehr und nicht weniger als eine Persönlichkeit ebenso wie du und allein schon darum nicht göttlich - ungeachtet der vielen wundervollen

„Wahrheiten", die es äußern, und der erstaunlichen Dinge, die es tun mag. Gerade so lange, wie dein menschliches Gemüt die Vorstellung von einem Meister in einem anderen Wesen sucht oder verehrt - ganz gleich, wie erhaben oder heilig es dir scheinen mag - gerade so lange wirst du mit solchen Vorstellungen genährt werden, bis Ich dir vielleicht wirklich erlaube, einem solchen „Meister" zu begegnen und vertraut mit ihm zu sprechen. Wenn dir dieses „Vorrecht" gewährt wird, so nur, um dein Erwachen und deine sich daraus ergebende Ernüchterung zu beschleunigen.

Du wirst bald erkennen, daß dieser „Meister" doch auch nur wieder eine Persönlichkeit ist, wenn auch vielleicht im Erwachen viel weiter fortgeschritten als du, aber dennoch eine Persönlichkeit - und nicht der göttliche Eine, den zu erkennen das Innerste deiner Seele sich sehnt.

Ich versorge dich mit jeder Idee, die geeignet ist, dich die Wirklichkeit hinter dem Schein zu lehren. Wenn Ich dich offensichtlich irreführe und dich den Glauben an alle menschlichen Lehren, an alle menschliche und sogar göttliche Vollkommenheit verlieren lasse, ist es nur, dich zu befähigen, um so klarer zwischen der Substanz und dem Schatten zu unterscheiden und dich für jenes weit höhere Ideal vorzubereiten. Immer warte Ich darauf, es dir zu zeigen.

Du kannst dich in deiner menschlichen Persönlichkeit nur bis zu dem Ideal erheben, das dein menschliches Gemüt sich vorstellen kann. Durch dein Verlangen nach diesem Ideal bewirke Ich, daß Mein Wille sich in dir darstellt, und durch dieses Verlangen vollbringe Ich viele erstaunliche Werke.

Wenn du das bezweifelst, brauchst du nur den Schlüssel anzuwenden: an einen Meister denken, heißt einen erschaffen. Durch dein Denken wird diese Idee von einem Meister zu dem, was du dir wünschst und unter einem Meister vorstellst. Mit anderen Worten: Durch dein Denken baust du um diese Idee alle Eigenschaften, die ein Meister deiner Vorstellung nach besitzt. Dein menschliches Gemüt muß notwendigerweise durch den

Wunsch, durch das Streben und Verehren diese Qualitäten in irgendeinem imaginären Wesen erschaffen, das dennoch eine Persönlichkeit ist, denn bis jetzt kannst du ein ganzheitliches Sein nicht begreifen.

Deshalb muß sich diese Idee, entsprechend der Intensität deines Wunsches und deines Denkens, früher oder später tatsächlich manifestieren; entweder zieht sie im Sichtbaren solch eine Persönlichkeit zu dir, oder sie erschafft eine Wesenheit im Bereich der Visionen und Träume. So, wie dein menschliches Gemüt angelegt ist, glaubt es zu gewissen Zeiten, es brauche einen Meister, einen, an den es sich in seinen menschlichen Prüfungen und Problemen um Erklärung und Rat wenden könne in der Annahme, die Lebensprobleme ließen sich auf diese Weise lösen.

Wenn Ich dir einen "Meister" zuführe, der dich im Stich läßt oder dich enttäuscht und dich schließlich entmutigt, ernüchtert und gedemütigt auf Mich, dein eigenes Selbst, zurückwirft, geschieht es nur, damit du dann vielleicht bereit bist, dich Mir im Inneren zuzuwenden und Meiner Stimme zu lauschen. Sie hat alle diese Jahre immer zu dir gesprochen, aber dein stolzes und egoistisches Gemüt ließ es nicht zu, auf sie zu hören.

Du, der du keinen Meister oder Lehrer mehr suchst, nicht einmal mich, sondern allein im Vertrauen auf Meine ewige Gegenwart und auf Mein Versprechen verharrst, für dich habe Ich eine Begegnung und eine Gemeinschaft bereit, die deiner Seele solche Freude und solchen Segen bringen wird, wie es sich dein menschliches Gemüt unmöglich vorstellen kann.

Dies ist ein Geheimnis. Bis du es begreifen kannst, ist es dein Recht, von dem bisher Gesagten zu behaupten, es sei mit bestimmten Darlegungen dieser Botschaft unvereinbar und widerspreche Lehren in Meinen anderen Offenbarungen.

Sei unbesorgt! Dieses Geheimnis wird dir enthüllt werden - wenn du aufrichtig wünschst, Meine Absicht zu erfahren. Warum willst du dich bis dahin in deinem Suchen mit etwas Geringerem zufrieden geben als mit dem Höchsten?

Du bist eine menschliche Persönlichkeit, dennoch bist du göttlich und darum vollkommen. Die erste dieser Wahrheiten glaubst du, die andere glaubst du nicht. Beide jedoch sind richtig. Das ist das Geheimnis. Du bist genau das, was du zu sein denkst. Was bist du nun? Das eine oder das andere - oder beides? Du bist EINS mit mir!

Ich bin in dir, in deiner menschlichen Persönlichkeit, in deinem Körper, Gemüt und Intellekt. Ich bin in jeder Zelle deines Körpers, in jeder Eigenschaft deines Gemüts, in jeder Fähigkeit deines Intellekts. Ich bin die Seele, das aktive Prinzip eines jeden. Du bist in Mir. Du bist eine Zelle Meines Körpers, du bist eine Eigenschaft Meines Gemüts, du bist eine Fähigkeit Meines Intellekts.

Du bist ein Teil von mir, doch du bist Ich, Mein Selbst. Wir sind Eines und sind es immer gewesen. Ja, Ich, dein göttliches Selbst, bin der Meister, den zu suchen deine Seele dich trieb, und wenn du Mich dann findest und weißt, daß Ich dein höheres Selbst bin, wirst du in deinem menschlichen Bewußtsein Mir voller Liebe folgen und nur darauf bedacht sein, mit Mir zu wirken, in dir selbst wie in deinem Mitmenschen.

Dann wirst du verstehen, warum nur „einer dein Meister ist - ICH BIN allein". Denn Ich lebe in allen Menschen und bin ihr Eines und ihr Einziges wirkliches Selbst. Durch alle Menschen rufe Ich dich unentwegt und versuche, dein menschliches Bewußtsein zu erreichen und zu durchdringen.

Da Ich dich unaufhörlich belehre, nicht nur durch alle Menschen, sondern auf jedem jeweils notwendigen Weg, habe Ich viele Möglichkeiten, dein Bewußtsein zu erreichen, und Ich benutze alle Wege und Mittel, um dich zur Verwirklichung Meines Planes zu bringen. Ich spreche mit vielen Stimmen - mit der Stimme aller menschlichen Empfindungen, Leidenschaften und Wünsche.

Ich spreche mit der Stimme der Natur, mit der Stimme der Erfahrung, auch mit der Stimme des menschlichen Wissens. Ja, das alles ist Meine Stimme, die Ich benutze, um dir die eine Wirklichkeit deutlich zu machen, daß Ich in allem bin und daß ICH Alles BIN. Diese Stimme sagt auf ihre tausend Weisen: auch du bist Teil von diesem allem, und in dir bin Ich und warte darauf, daß du Mich anerkennst und bewußt mitarbeitest, um Meine Idee der umfassenden Vollkommenheit auf Erden auszudrücken, ebenso wie sie sich im Geistigen ausdrückt.

Wenn diese Erkenntnis kommt, erst dann bist du bereit, einem wirklichen Meister zu begegnen und ihn zu erkennen. Dann kannst du begreifen, warum Ich, dein eigenes höheres Selbst, der einzig mögliche Meister deiner menschlichen Persönlichkeit sein kann und auch bin. Dann wirst du auch verstehen, warum du in deinem persönlichen, abgesonderten Bewußtsein einen wirklichen Meister, solltest du ihm in einem physischen Körper begegnen, weder anerkennen noch erkennen könntest.

Er würde für dich nichts anderes sein als vielleicht ein gütiger und hilfsbereiter Freund oder Lehrer, solange du noch nicht fähig bist, in dein ICH-BIN-Bewußtsein einzutreten, Meinem Bewußtsein in dir und in ihm. Erst wenn du dieses Bewußtsein erlangt hast, wirst du würdig und geeignet sein, deine Gefährten in der großen Bruderschaft des Geistes zu erkennen und mit ihnen vertraute Gemeinschaft zu haben. Mit ihnen, die sich selbst gemeistert haben und die nur leben, um ihren jüngeren Brüdern zu helfen, auch den göttlichen Einen im Inneren zu finden.

Wenn jemand in dein Leben kommt, der dir göttlich erscheint und dich glauben läßt, er sei ein Meister und sich von dir so nennen läßt, der ist noch nicht völlig im ganzheitlichen Sein. Solch ein Mensch könnte Meister scheinen, aber er wäre nicht das göttliche Eine, dem deine Seele zu folgen verlangt. Nun erkennst du Mich als das einzige Vorbild und Ideal an und als die wirkliche Ursache, die dich inspirierte, so lange im Äußeren nach Meiner

Vollkommenheit zu suchen, die nur in deinem Inneren gefunden werden konnte, tief verborgen in deiner eigenen Seele.

BEWUSSTSEIN UND LIEBE

Wenn ihr euch Meiner Macht und Meiner Liebe ausreichend bewußt seid, werde Ich beginnen, durch euch Worte der Weisheit und der Wahrheit zu sprechen, die die Gelehrten der Welt, auch die Theologen, in Bestürzung bringen werden. Darauf wird eine lange Periode der Übung und der Betrachtung folgen, die das Gemüt reift und die Seele entfaltet, bis ihr die volle Reife des ICH-BIN-Bewußtseins im Inneren erreicht. Sobald ihr vollkommen geöffnet seid für mich, für das volle Bewußtsein: ihr und Ich ist EINS, gibt es keine Trennung mehr. Ich bin euer wirkliches Selbst.

Von nun an erlaubt ihr mir, euer Leben völlig zu leiten. Ich führe euch dann hinaus in die Welt, um euch dort zu prüfen und stark zu machen und euch an den allumfassenden Gebrauch Meiner göttlichen Eigenschaften zu gewöhnen. Ich bringe euch die drei großen Versuchungen, die der Macht, der Selbstgerechtigkeit und des Besitzes, bis ihr bewiesen habt, daß nichts vom Intellekt, nichts von euch selbst, nichts von außen euch in Versuchung führen kann, Mich im Inneren zu vergessen, und daß allein Meine Stimme - ob sie in eurem Herzen oder dem eurer Brüder spricht - die einzige Stimme ist, die, ihr jetzt hören könnt.

Jetzt ist die Zeit gekommen, da Ich dich und viele andere für eine neue Ordnung vorbereitet habe, durch die ihr unmittelbar und sofort auf dem direkten Weg in Mein Bewußtsein eingehen könnt. Diejenigen, die kraftvoll und stark genug sind, alle Forderungen der menschlichen Ego-Persönlichkeit abzuweisen, die sagen können „ICH BIN" und wissen,

ICH BIN das EINE im Inneren, das ihnen diese Kraft gibt und sie befähigt, sich über die Reize und Einflüsse der äußeren Welt zu erheben - diese habe Ich erwählt, um durch sie all die wunderbaren Herrlichkeiten Meiner göttlichen Idee auszudrücken. Das ICH-BIN-Bewußtsein, das ganzheitlich non-duale Bewußtsein muß in dir und im Inneren jeder menschlichen Persönlichkeit geboren werden, muß wachsen und reifen, bevor du dahin kommen und

Meine göttliche Idee bewußt mit Mir zum Ausdruck bringen kannst, die in Wirklichkeit nicht Liebe ist, sondern das heilige Drei-in-Einem: Liebe-Weisheit-Macht, der wahre Ausdruck Meines allumfassenden Lebens.

Bisher hast du die Bedeutung des ganzheitlichen Lebens nicht erkannt, daher konntest du die Bedeutung der alles umfassenden Liebe nicht kennen. Liebe ist für dich immer ein menschliches Empfinden oder ein menschlicher Ausdruck gewesen. Du warst unfähig, eine Liebe zu erfassen, die nicht mit irgendeinem menschlichen oder persönlichen Interesse verknüpft war.

Nun, da du Mich in deinem Herzen zu fühlen beginnst und es weit öffnest, um Mich zu umfassen, will Ich dich mit einem wunderbaren, seltsamen neuen Fühlen erfüllen, das jede Faser deines Wesens mit schöpferischem Impuls beleben und für dich ein wahres Lebenselixier sein wird.

Du wirst in dem äußeren Ausdruck dieses Gefühls, die unbeschreibbare Innigkeit Meiner heiligen, allumfassenden Liebe erfahren und zugleich die Erleuchtung des Gemüts und das Bewußtsein unbegrenzter Macht. Sie wird dich völlig selbstlos machen und darum zu einem vollkommenen Kanal für den allumfassenden Ausdruck Meiner göttlichen Idee.

All diese äußeren Mittel benutze Ich nur, um aus dem Herzen der Menschheit Meine wirkliche Liebe in die Welt auszuströmen, wo sie immer ihre allumfassende, belebende, schöpferische und erhebende Macht ausdrückt. Meine Liebe nimmt nicht auf Befindlichkeiten oder Persönlichkeiten Rücksicht; sie sind nur Figuren auf dem Schachbrett des Lebens, die Ich nach Meinem Plan bewege, um Mein Ziel zu erreichen: den ganzen und vollständigen Ausdruck Meiner göttlichen Idee in der Menschheit.

Allein in der Menschheit kann Ich Meine Idee ausdrücken, ebenso wie du deine Idee von dir selbst nur in deiner menschlichen Persönlichkeit und durch sie ausdrücken kannst. In der Menschheit lebe und bewege Ich Mich und habe Mein Sein. Sie ist die sterbliche Persönlichkeit und der Körper Meines unsterblichen Selbst, ebenso wie deine Persönlichkeit und ihr Körper das ist, was du zum Ausdruck deines Seins gebrauchst. Alle individuellen menschlichen Persönlichkeiten mit ihren Körpern sind nur die Zellen Meines MenschheitsKörpers. Genau so wie dein ICH BIN jetzt deinen Körper gestaltet, so daß du durch ihn Meine Idee von dir - dein wirkliches Selbst - vollkommen ausdrücken kannst, so gestalte Ich nach und nach die Menschheit, so daß Ich durch sie Meine Idee von Meinem Selbst vollkommen ausdrücken kann.

So, wie die individuellen Zellen Meines Menschheitskörpers - ebenso wie die deines menschlichen Körpers - durch Teilnahme an Meinem Leben allumfassende und harmonische Teile der Organe werden, die sie bilden, leben sie ein gesundes und glückliches Leben.

Aber laß nur eine Zelle sich widersetzen oder dem grundlegenden Gesetz ihres Organs entgegen handeln - und das harmonische Funktionieren dieses Organs wird unmöglich. Das beeinflußt naturgemäß den ganzen Körper und hat Unbehagen zur Folge. Jede Zelle eines Organs ist ein in sich vollständiger Teil dieses Organs, und ihre Arbeit ist für das vollkommene Funktionieren dieses Organs und für die vollkommene Gesundheit Meines Körpers notwendig.

Das bedeutet: wenn nicht jede Zelle ihre ganze Kraft und all ihre Intelligenz, die nur von Mir verliehene Eigenschaften des Lebens sind, für das vollkommene Funktionieren Meines Körpers einsetzt, kann die Folge nur Disharmonie sein mit ihren sich daraus ergebenden Auswirkungen: Krankheit, Leiden, Krieg, Sünde, Gebundenheit, Armut, Mangel an Verstehen, Zersetzung oder Tod.

Ebenso: wenn nicht jedes Organ alle Intelligenz und alle Kräfte, mit denen Ich es ausstattete, zu dem einen Zweck einsetzt, das Leben Meines Körpers in vollkommener Gesundheit auszudrücken und zu erhalten, kann die Folge nur Zerrüttung, Zerfall, Rebellion und schließlich Krieg sein - Krieg zwischen den verschiedenen

Organen und zwischen den ihnen zugehörigen Zellen, und das ergibt mehr oder weniger chaotische Zustände in Meinem ganzen Körper. In Meinem Menschheitskörper bedeutet das Krieg zwischen den Völkern, die so gesehen die Organe Meines Körpers sind. Jeder Krieg ist nur eine akute Krankheit oder Disharmonie. Mein Leben jedoch offenbart sich in der Menschheit als allumfassende Liebe, sich nur in Harmonie ausdrücken kann - ebenso wie im physischen Körper. Ich veranlasse und gestalte also immer die Umstände so, daß sich Mein Leben harmonisch ausdrücken kann.

Das geschieht entweder durch allmähliches Ausrotten aller erkrankten, schwachen und untauglichen Zellen aus den verschiedenen Organen des Körpers oder durch Entwicklung der Krankheit zu einer bösartigen Form - wie etwa Fieber, Wassersucht, Karbunkel, Blutvergiftung oder Entartung im physischen Körper. Solche Zellen werden schnell und billionenfach ausgeschieden, bis das betreffende Organ entweder gereinigt oder gänzlich aufgelöst ist.

Mit anderen Worten: das Wirkliche Leben und Wirken jeder Zelle und jeden Organs liegt im Aufgeben ihres selbstsüchtigen Lebens, damit Mein ganzer Körper sich in vollkommener Harmonie ausdrücken kann.

Wenn jede Zelle und jedes Organ nur noch diesen Plan hat und sich zu einem reinen und selbstlosen Kanal macht, durch den Mein allumfassendes Leben fließen kann, dann ist Mein Körper ein harmonisches und vollkommenes Ganzes geworden.

Dann kann Meine Idee ihre göttlichen Kräfte und Möglichkeiten auf der Erde ausdrücken, so wie sie es im geistigen Bereich des Ewigen, des Jetzt, tut. Wenn du dein Selbst völlig Mir übergibst, daß Ich durch dich Meine heilige, allumfassende Liebe strömen lassen kann und du keinen anderen Gedanken hast als den vollkommenen Ausdruck dieser Liebe, die Mein wirkliches Leben ist, dann wird es Mir durch dich möglich sein, die Menschen deiner Umgebung nach und nach zu einer Anerkennung von mir, dem ICH BIN in ihnen, anzuregen und zu erwecken.

So werden auch sie ihr Selbst völlig Mir übergeben. Schließlich erlangt das Organ oder dieser besondere Teil Meines Menschheitskörpers, den du und sie bilden, vollkommene Gesundheit und Harmonie und trägt seinen Anteil dazu bei, in Meinem ganzen Körper vollkommene Gesundheit hervorzubringen und zu erhalten.

Wenn diese Zeit kommt, wird Meine göttliche Lebenskraft oder Meine allumfassende Liebe durch die ganze Menschheit fließen und sich durch sie offenbaren, Meine Idee wird sich auf der Erde ebenso vollständig ausdrücken wie im Geistigen.

Wenn du gelernt hast, still zu sein, wenn du dieses „ICH BIN" in dir betrachtest und darüber meditiert hast, wenn du es vom persönlichen Ich unterscheiden kannst und dir zumindest zeitweise bewußt bist, daß du aus deiner Persönlichkeit sozusagen heraustreten und dein menschliches Selbst so anschauen kannst, wie es ist: all seine kleinlichen Fehler und Schwächen, seine niedrige Selbstsucht, seine ungezügelten Triebe und Leidenschaften, seine kindischen Wünsche, seinen törichten Stolz und seine Eitelkeiten - wenn du das alles kannst und es mit klarem Blick erkannt hast, in diesen Augenblicken bist du im Bewußtsein eins mit Mir gewesen.

Es war dein wirkliches Selbst - Ich in dir - das dich auf diese Weise mit Meinen Augen die Wirklichkeit der Dinge sehen ließ. In diesen Augenblicken warst du befreit von deiner Ego-Persönlichkeit und lebtest in Meinem Bewußtsein - nenne es, wie du willst, kosmisches, universales, geistiges oder ganzheitliches Bewußtsein - denn du konntest diese Dinge in dir erst durch überpersönliche Augen erkennen, durch Meine Augen.

Du wirst dich, wenn du zurückschaust, an viele Situationen erinnern, in denen du dich stark getrieben fühltest, bestimmte Dinge zu tun, einige mit ausgezeichnetem Ergebnis; andere, gegen die dein Intellekt dir einredete, du solltest anders handeln, endeten oft in Fehlschlag, Enttäuschung oder Leid.

Dieses drängende Bewußtsein war dein höheres Selbst, Ich in dir, das dich in solchen Augenblicken führte und dir klar sagte, was du tun solltest. In diesen Augenblicken hörtest du mit deinen geistigen Ohren, Meinen Ohren; und sobald du überpersönlich gehorchtest, ergaben sich Erfolg und Zufriedenheit; aber wenn du persönlich dachtest, du wüßtest es besser, dann waren Unbehagen, Bedauern und Unglücklichsein die Folge.

Es gab auch Augenblicke, in denen du kommende Ereignisse fühltest oder die Nähe unsichtbarer Personen oder unharmonische Schwingungen bei der Begegnung mit anderen. Das ist das wirkliche Du, das mit deinem Geistkörper fühlt, dessen Bewußtsein - wüßtest du es nur! - sich immer bereit hält, dich in allen äußeren Dingen, Umständen und Ereignissen zu schützen, zu warnen und zu beraten. Am besten und sichersten kannst du Mich erkennen, wenn selbstlose Liebe dein Herz erfüllt und ein starkes, zwingendes Drängen da ist, anderen in ihren Nöten zu helfen, ihre Leiden zu erleichtern, ihnen Freude zu bringen, sie hinzuweisen auf den wirklichen Weg.

Das ist das wahre Empfinden von Mir in dir, es schieb dein Ego und deinen Intellekt beiseite und benutzt dein Gemüt und deinen Körper für die Aufgabe, für die Ich sie erschuf: Zugang zu sein für den Ausdruck Meines wirklichen Wesens, das vollkommene Liebe ist.

Die eine Macht, die belebt, anregt, Leben spendet, stärkt, heilt, alles erfüllt - die allinformierende Macht im Universum. Auf all das wird deine Aufmerksamkeit gerichtet, damit du dir einprägst, daß Ich in deinem geistigen Körper - dem vollkommenen Körper in deinem Inneren, wo Ich wohne - immer so zu dir spreche, dich berate, belehre, warne und dir in allen Angelegenheiten des Lebens helfe, ja, in jeder kleinen Einzelheit.

Wenn du dich nur Mir zuwenden und sorgfältig diese Eindrücke, die du in jedem Augenblick empfängst, beachten und betrachten willst, wenn du lernen willst, ihnen zu vertrauen und mit Mir auf diese Weise zu wirken und in diesem vollen Vertrauen in Mir zu ruhen, ja, dann will Ich dich auf all deinen Wegen leiten. Ich will alle deine Probleme für dich lösen, all dein Tun erleichtern, und du wirst inmitten grüner Auen an die stillen Wasser des Lebens geführt werden.

Du Mensch, wenn du nur ein Zehntel der Zeit und Energie, die du vergeudet hast, um in äußeren wertlosen Formen menschlichen Wissens und menschlicher Lehren zu suchen, dazu verwendest, in ernstem, entschlossenem, nach innen gerichtetem Bemühen Mich zu finden - wenn du nur eine Stunde jeden Tag Mir allein auf die Weise weihst, daß du dir Meine Gegenwart in dir vorstellst und danach handelst, verspreche Ich dir hier, du wirst Mich nicht nur bald, sehr bald finden, sondern Ich will dir eine unerschöpfliche Quelle solcher Weisheit, Kraft und Hilfe sein, wie dein menschliches Gemüt jetzt unmöglich fassen kann.

Ja, wenn du Mich nur so suchen willst, Mich zum Wichtigsten in deinem Leben machst, nicht ruhst, bis du Mich wirklich findest, wirst du dir sehr bald Meiner Gegenwart bewußt werden, Meiner liebenden Stimme, die ständig aus der Tiefe deines Herzens spricht. Du wirst lernen, mit Mir in innige Gemeinschaft zu kommen, und wirst erkennen, daß du in Meinem Bewußtsein lebst und daß, was du auch wünschst, dir in scheinbar wunderbarer Weise - sozusagen magisch - erfüllt wird.

Dieses dauernd In-Mir-Bleiben mag zuerst schwierig sein, denn die Welt, der Körper und das Böse stellen sich deinem Bewußtsein immer noch als Realität dar. Aber du wirst vertraut werden mit dem Gebrauch Meiner überpersönlichen Augen und bald die Wirklichkeit der Dinge durchschauen können, sogar die Wirklichkeit dieser scheinbaren Herren der Erde.

Dann wirst du finden, daß du in einer erstaunlich neuen Welt lebst, bevölkert mit Engelwesen, die den physischen Körper ihrer menschlichen Persönlichkeit nur als Träger, Instrument oder Hülle benutzen, um mit den irdischen Zuständen und Geschehnissen in Berührung zu kommen; diese haben sie verursacht, um die Seelen-Qualitäten zu entwickeln, die für den vollkommenen Ausdruck Meiner Idee auf der Erde nötig sind. Für deine Augen gibt es dann keine Schatten mehr, nichts Böses und deshalb keinen Teufel, denn alles ist Licht und Liebe, Freiheit, Glück und Friede, und du wirst Mich in allem sehen, in jedem Wesen eine Eigenschaft von mir, in allem Beseelten eine Phase von mir. Du brauchst nur Meine Liebe aus deinem Herzen scheinen zu lassen, und sie wird die wirkliche Bedeutung von allem, was du siehst, für dich beleuchten.

Dann wird die große Erkenntnis kommen: du hast das Reich des Geistes gefunden, du bewegst dich darin, es ist genau hier auf dieser Erde, es offenbart sich überall um dich herum, du hast allezeit darin gelebt, aber du wußtest es nicht. Statt außerhalb an irgendeinem fernen Ort zu sein, ist es in deinem eigenen Sein und in jedem anderen Sein das Allerinnerste alles Offenbaren.

Mit anderen Worten: das Reich des Geistes wird als Wirklichkeit von allem erkannt werden und aller äußere Anschein nur als Schatten dieser Wirklichkeit, geschaffen durch des Menschen falsche Vorstellungen und durch seinen Glauben, er sei von Mir getrennt. Wenn du dieses Reich gefunden hast, dann wirst du auch deinen Platz in ihm finden und jetzt erkennen, daß du in Wahrheit eine Meiner göttlichen Eigenschaften bist, daß deine Aufgabe von Anfang an genau für dich geplant und daß alles bisher Geschehene nur eine Vorbereitung war und ein Zubereiten deiner menschlichen Persönlichkeit für diese Aufgabe.

Deine Seele wird in freudiger Erwartung aufjauchzen, daß du nach all diesen vielen Jahren des Wanderns endlich in Mein Heim zurückgekehrt bist und jetzt in Mein wirkliches Leben eintreten kannst, Eins im Bewußtsein mit Mir und mit deinen anderen Selbstheiten, die alle dahin wirken, den endgültigen vollkommenen Ausdruck Meiner göttlichen Idee auf der Erde hervorzubringen.

Du, in dem das Lesen dieser Worte Erinnerungen an frühere Freuden wachgerufen hat und dessen Seele sich daraufhin neu belebte, wende dich nicht ab von diesen Worten, bleibe bei ihnen, bis du alles, was Ich dir zu sagen habe, aus ihnen aufgenommen hast. Lausche auf Meine innere Stimme und erfahre von den Herrlichkeiten, die dich erwarten, wenn du fähig bist, mit überpersönlichen Augen zu sehen und mit ganzheitlichem Verständnis zu hören. Läßt dieses Lesen die erste Vision Meiner Wirklichkeit in deinem Inneren erstehen und löst es durch dieses teilweise Erkennen von Mir und Meinem Reich hohe Schwingungen aus, die dich in eine vorübergehende geistige Ekstase versetzen, und du beschließt zu versuchen, immer in diesem Bewußtsein von Mir zu bleiben und Mir immer zu gehorchen - sei dennoch nicht entmutigt, wenn unmittelbar danach eine Gelegenheit kommt, die Aufrichtigkeit und die Kraft deines Entschlusses zu prüfen, und du versagst.

Nur durch dein Versuchen und Versagen und nur dadurch, daß du deinen Mangel an Kraft und Fähigkeit, in Mir zu ruhen und Mir zu vertrauen, klar erkennst, kann Ich in dir das Bewußtsein Meiner göttlichen Kräfte beleben, die immer darauf warten, sich durch dich zu offenbaren.

Diese hohen Schwingungen regen nur die Tätigkeit bestimmter Seeleneigenschaften und ihrer entsprechenden Fähigkeiten an, die ins Bewußtsein gebracht werden müssen, bevor Ich solche Kräfte offenbar machen kann. Sobald diese Seeleneigenschaften aktiv werden, treffen sie natürlich auf regen Widerstand von gewissen anderen Eigenschaften, die bisher in deinem Wesen die unbestrittene Herrschaft hatten und die überwunden und unterworfen und dann zu ihrem wirklichen Dienst erhoben werden müssen, bevor die Seeleneigenschaften sich unbehindert ausdrücken können.

Dieser Widerstand sollte und wird den Ausdruck deiner Seeleneigenschaften stärken, erproben und vervollkommnen; denn du mußt jedem Angriff von außen widerstehen können, bevor du alle Meine von innen hervordrängenden göttlichen Kräfte ganz ausdrücken kannst.

Diese Kräfte offenbare Ich in dir gerade so schnell, wie du es ertragen und stark sein kannst. Es ist falsch, wenn du versuchst, dich selbst zu entwickeln. ICH BIN der Baum des Lebens in dir. Mein Leben wird und muß sich durchsetzen; aber es geschieht durch allmähliches und stetiges Wachstum. Du kannst keine Früchte tragen, ehe du nicht dazu herangereift bist. Bedenke: Mein Leben gestaltet dich unentwegt zu vollkommener Gesundheit, Kraft und Schönheit; das muß sich nach außen ausdrücken, wie es schon jetzt im Inneren geschieht.

Wenn du begonnen hast, zu erkennen daß ICH in deinem Inneren BIN, aber noch nicht gelernt hast, mit Mir vertraut zu sein - höre und lerne jetzt. Du hast gelernt, still zu sein, und du hast Meine Gegenwart in dir vielleicht gespürt. Wenn es so ist, und du erkennst, ICH BIN da, stelle Mir eine Frage.

Dann warte in stiller, ernster Hinwendung zu Mir auf eine Antwort, doch ohne Furcht, Sorge oder persönliches Interesse - warte mit offenem Gemüt vertrauensvoll auf die Eindrücke, die kommen werden. Sollte als Antwort ein Gedanke kommen, den du als etwas erkennst, was du irgendwo gehört oder gelesen hast, verwirf ihn und frage Mich einfach noch einmal. Andere Gedanken mögen von anderen menschlichen Quellen kommen.

Bist du aber achtsam, wirst du sie als solche erkennen und dich weigern, sie anzunehmen. Dann, wenn du darin beharrst, Mich zu fragen, wirst du schließlich eine Antwort erhalten, von der du fühlst, daß sie wirklich von Mir ist. So wird es zuerst sein. Wenn du dann gelernt hast, Meine Stimme von allen anderen Stimmen zu unterscheiden und dein persönliches Interesse ganz ausschalten kannst, wirst du immer fähig sein, stille Gemeinschaft mit Mir zu haben, ohne von Ideen, Glaubensvorstellungen und Meinungen anderer gestört zu sein.

Du kannst jede beliebige Frage stellen, oder ein anderer kann dir eine Frage stellen über irgendein Problem, für das er Hilfe braucht, und im gleichen Augenblick will Ich dir die Worte eingeben, die zu sprechen sind, entweder still zu dir oder durch deinen Mund hörbar zu dem anderen.

Ihr Menschen, die ihr euer Selbst Mir geweiht habt und jede Anstrengung darauf ausrichtet, Vereinigung mit Mir zu finden, stattdessen aber scheinbar erfahren habt, daß jeder weltliche Halt entzogen wird, daß ihr ohne Geld und ohne Freunde seid und nicht wißt, wohin ihr euch um menschliche Hilfe wenden sollt - wißt, Meine Gesegneten, daß ihr nun sehr, sehr nahe seid.

Wenn ihr nur weiterhin in Mir bleibt und dabei Mein Wort in euch leben und euch von ihm führen laßt, in Meinem Versprechen absolut ruht und ihm vertraut, werde Ich euch sehr bald Freude, Erfüllung und einen Frieden bringen, den menschliche Worte und menschliches Empfinden unmöglich ausmalen können.

Denn ihr habt Meinen Anweisungen gehorcht, ihr habt Mir vertraut und als erstes Mein Reich und Mein Recht gesucht, darum will Ich euch alles andere hinzugeben, selbst das, was die Welt euch versagt hat.

Du, geliebter Mensch, der du auch dein Selbst Mir geweiht hast, aber noch an einigen weltlichen Maßstäben festhältst und sie nicht loslassen und Mir völlig vertrauen kannst - Du, bei dem Ich darum Fehlschlag, Enttäuschung und selbst Armut geduldet habe, um dich den falschen Wert aller weltlichen Dinge erkennen zu lassen, daß sie vergänglich sind, kein Glück vermitteln können und mit Meinem wirklichen Leben nichts zu tun haben.

Du Menschenkind, das dies noch nicht versteht und dessen Herz voll ist von Angst und Furcht, weil du nicht siehst, woher das Brot für morgen kommen soll oder das Geld für die nächste Miete oder für eine fällige Schuld - höre Meine Worte!

Du, der sich Mir geweiht hat und der sich Mein Schüler nennt, höre! Habe Ich nicht immer für alles gesorgt? Bist du je in Not gewesen, und war Ich nicht immer genau im rechten Augenblick mit der Hilfe zur Stelle? Hat es je eine Zeit gegeben, als alles dunkel schien, daß Ich nicht Licht brachte? Kannst du mit deinem jetzigen Wissen dein Leben überschauen und erkennen, wo du es hättest besser ordnen können?

Würdest du dein geistiges Verständnis tauschen gegen den irdischen Besitz von irgend Jemand, den du kennst? Habe Ich nicht das alles getan, obwohl du dein Leben lang rebelliert und dich geweigert hast, auf Mich zu hören? Ach, ihr Menschen, könnt ihr nicht sehen, daß Geld, Heim, Kleidung, Nahrung und ihr Erwerb nur Nebenumstände sind und nichts mit eurem wirklichen Leben zu tun haben?

Wird es für euch notwendig, daß euch diese weltlichen Dinge genommen werden, damit ihr die Wahrheit erkennen könnt, daß Ich das einzig Wesentliche im Leben bin, daß Ich das Erste sein muß, wenn ihr Mich wahrhaft liebt - lasse Ich dies zu, damit wirkliches und bleibendes Glück und Wohlergehen euer sein können.

Das gilt auch für dich, Menschenkind, das die Gesundheit verloren hat und den Mut und allen Halt in sich selbst. Nach beschwerlichen Jahren des Suchens im Äußeren, um das verlorene Leben wiederzugewinnen mit Hilfe irdischer Ärzte und Heilmittel und durch treues Befolgen jeder gegebenen Anweisung und Anregung, hast du dich schließlich Mir im Inneren zugewandt in der leisen Hoffnung, Ich könne dir vielleicht helfen.

Du mußt in völliger Hingabe zu Mir kommen, dem einen und einzigen Arzt, der dich heilen kann. Denn ICH BIN das allmächtige Leben in dir, ICH BIN deine Gesundheit, deine Kraft, deine Vitalität. Erst wenn du Mich in dir fühlen kannst und weißt, daß Ich das Alles für dich bin, kannst du wirkliche und bleibende Gesundheit erfahren.

Und nun, du Mensch, komm ganz nahe. Denn jetzt will Ich dir den Weg zeigen, um all dies zu erlangen: Gesundheit, Wohlergehen, Glück, Vereinigung und Frieden. In den folgenden Worten liegt das große Geheimnis verborgen. Gesegnet bist du, der es findet. ICH BIN in dir. ICH BIN du. ICH BIN dein Leben. ICH BIN Alle Weisheit, alle Liebe, alle Macht die in diesem Leben JETZT uneingeschränkt durch dein ganzes Dasein fließen. ICH BIN das Leben, ICH BIN die Intelligenz, ICH BIN die Kraft in aller Substanz - in allen Zellen deines Körpers. In den Zellen aller mineralischen, pflanzlichen und tierischen Materie, in Feuer, Wasser und Luft, in Sonne, Mond und Sternen.

ICH BIN in dir und in ihnen das, was IST. Ihr Bewußtsein ist eins mit deinem Bewußtsein, denn Alles ist Mein Bewußtsein. Durch Mein Bewußtsein in ihnen ist alles, was sie haben oder sind, dein - du mußt es nur in Anspruch nehmen! Sprich also zu ihnen in Meinem Namen.

Sprich im Bewußtsein Meiner Macht in dir und Meiner Intelligenz in ihnen. Sprich, befiehl in diesem Bewußtsein, was du willst - und das Universum wird unmittelbar gehorchen. Erhebe dich, der du so innig die Vereinigung mit Mir erstrebst! Nimm jetzt dein göttliches Erbe an!

Öffne weit deine Seele, dein Gemüt, deinen Körper und atme Meinen Lebensatem ein! Ich erfülle dich überfließend mit Meiner göttlichen Macht! Jede Faser, jeder Nerv, jede Zelle, jedes Atom deines Wesens lebt jetzt bewußt mit mir, voll von Meiner Gesundheit, Meiner Stärke, Meiner Intelligenz, Meinem Da-Sein.

ICH BIN in dir. Wir sind nicht getrennt. Wir könnten unmöglich getrennt sein. Denn ICH BIN du. ICH BIN dein wirkliches Selbst, dein wirkliches Leben und offenbare Mein Selbst und alle Meine Kräfte in dir JETZT. Wach auf, erhebe dich und beanspruche deine Herrschaft! Erkenne dein Selbst und deine Vollmacht!

Du weißt, alles was Ich habe, gehört dir. Mein schöpferisches Leben strömt durch dich, du kannst von ihm nehmen und mit ihm gestalten, was du willst, es will sich für dich manifestieren als

Gesundheit, Kraft, Wohlergehen, Vereinigung, Glück, Friede - als alles, was du von Mir wünschst. Stelle es dir vor. Denke es. Fühle es! Wisse es! Sei es! Dann, mit aller Bestimmtheit deines Wesens, sprich das schöpferische Wort! Es wird stets erfüllt zu dir zurückkehren. Aber, geliebter Mensch, das kann erst sein, wenn du in völliger und äußerster Hingabe zu Mir gekommen bist, wenn du dich selbst, deinen Körper, deine Angelegenheiten, dein Leben in Meine Obhut gegeben hast, indem du alle Sorge und Verantwortung auf Mich wirfst, absolut in Mir ruhend und Mir vertrauend.

Wenn du das getan hast, dann werden diese Worte Meine göttlichen Fähigkeiten, die latent in deiner Seele liegen, zu tätigem Leben erwecken, und du wirst einer mächtigen Kraft in dir bewußt werden, die gerade in dem Maß, wie du in Mir bleibst und Meine Worte in dir bleiben läßt, dich von deiner Traumwelt völlig befreien und dich voll im Geist beleben wird.

Diese Kraft wird den ganzen Weg für dich erhellen, dich mit allem versorgen, was du wünschst, und Verwirrung und Leid für immer von dir nehmen. Dann wird es keine Zweifel und Fragen mehr geben, denn du wirst wissen, daß Ich, dein wirkliches Selbst, immer den Weg bestimmen und ihn dir zeigen werde. Denn du wirst erkannt haben: du und Ich ist EINS.

EINS SEIN

Ich habe dich durch all deine Lebenserfahrungen bis genau hierher geführt. Wenn du erfahren hast und nun weißt, daß ICH bin, daß das, was du deine Intelligenz und deine Kraft und deinen Körper nennst, in Wirklichkeit Mein ist, und daß Ich es bin, der alle deine Gedanken leitet und dich nicht nur veranlaßt, sondern auch befähigt, alles zu tun, was du tust - dann kannst du die Bedeutung Meiner Worte verstehen und bist wirklich bereit, ihnen zu folgen. Bisher habe Ich dir die Erfahrungen gebracht, die dich gerade das alles lehren wollen.

Jetzt sollst du bewußt mit Mir arbeiten, freudig, jedoch ruhig jede neue Erfahrung erwartend in dem Wissen, daß in jeder von ihnen erstaunliche Ausdrücke Meiner Absicht enthalten sind, die Ich dir alle klar machen werde, und die dich mehr und mehr in liebevolle und vertraute Vereinigung mit Mir bringen werden. So werden alle Erfahrungen künftig Segnungen sein, statt Belastungen und Prüfungen oder karmische Auswirkungen früherer Handlungen. Denn in jeder Erfahrung will Ich dir herrliche Visionen von Meiner Wirklichkeit erschließen - von deinem eigenen, wahren, wundervollen Selbst - bis du keinerlei Neigung mehr hast, irgendwelchen alten Wünschen nachzugehen.

Dies wird sich auf viele neue Weisen zeigen. In deinen Tätigkeiten, welcher Art sie auch sind, wirst du dich nicht darum kümmern, was die Aufgabe ist, sondern das tun, was gerade vor dir liegt, in dem Wissen, daß es das ist, was gerade jetzt zu tun ist.

Sogar in deinem Beruf wirst du merken, daß Ich da bin. Wirklich - Ich bin es, der dich zu diesem Beruf führte, was er auch sei. Nicht, damit du darin der Erfolgreiche sein kannst oder der Versager oder das Arbeitstier bist, noch damit du Reichtümer für deine Nachkommen anhäufen kannst oder alles verlieren, was du hast, oder nie etwas ersparen kannst. Nein, sondern damit Ich durch Erfolg oder Fehlschlag, Mangel an Ehrgeiz oder spezieller Begabung dein Herz anregen kann, Mich anzuerkennen, den allumfassenden Einen im Inneren, der alles was du tust, inspiriert und leitet, der darauf wartet, daß du bewußt an dem wahren Erfolg teilhast und die wirklichen Reichtümer annimmst, die Ich für dich bereithalte.

Dann wirst du erkennen, daß dein Geschäft, deine Arbeit oder deine Lebensstellung nur Gelegenheiten oder äußere Vermittler sind, die Ich wähle und benutze, um dich durch bestimmte Erfahrungen zu führen, die Ich für am besten geeignet halte, dich zu diesem Verständnis zu bringen und gleichzeitig in dir bestimmte Seelenfähigkeiten zu beleben, die sich jetzt nur unvollständig ausdrücken.

Wenn du Mich nur in deinem Herzen weißt, wie Ich dich in dein Büro begleite, in deinen Laden, zu deiner Arbeit, was es auch sein mag, und Mir erlaubst, dein Berufsleben und alle deine Wege zu leiten - wirklich, Ich sage dir: sobald du das kannst, wirst du sofort einer neuen Kraft in dir bewußt werden, einer Kraft, die von dir fließt als eine sanfte, gütige Zuneigung, als eine wahre Brüderlichkeit, als eine liebevolle Hilfsbereitschaft allen gegenüber, mit denen du in Berührung kommst.

Auf diese Weise inspirierst du sie zu höheren Arbeits- und Lebensprinzipien und erweckst in ihnen ein Sehnen, in ihrem eigenen Lebenskreis einen ähnlichen Einfluß zu verbreiten.

Du wirst dir einer Kraft bewußt werden, die dir Arbeit, Geld, Freunde, eine Fülle von allem, was du brauchst, herbeiziehen wird; einer Kraft, die dich mit den höchsten Gedankenreichen verbinden wird und dich dadurch befähigt, alle Meine allumfassenden Kräfte und Eigenschaften in jedem Augenblick deines Lebens klar zu sehen und bewußt zu offenbaren.

Du wirst kein Bedürfnis mehr haben, zur Kirche oder zu irgendwelchen religiösen Versammlungen zu gehen, nicht einmal mehr die Lehren Meiner Offenbarungen zu lesen, um Mich zu finden. Stattdessen wirst du dich nach innen wenden und Mich da immer finden. Du wirst von der Freude, mit Mir Eins zu sein so erfüllt sein, daß du dich um nichts anderes kümmern wirst, als auf Meine Stimme zu lauschen und ihr zu folgen und die Wärme und den Schauer Meiner zärtlichen Liebe zu fühlen, wie sie dich erfüllt und umgibt, den Weg bereitet und die Umstände mildert, wo du auch gehst und was du auch tust. In jeder Gemeinschaft und wohin Ich dich auch sende will Ich dich zu einem erhebenden und gärenden Einfluß werden lassen.

Ich will so alle Menschen zu Mir ziehen, damit sie Meinen Segen empfangen durch dich, daß sie dich dabei vergessen und nur Mich sehen und in ihrem eigenen Herzen das Lebendig-Werden Meiner Gegenwart fühlen; So gehen sie weiter mit einem neuen Licht in den Augen und dem Gefühl eines neuen Zieles in ihrem Leben.

Ganz besonders in deinem Heim will Ich wohnen. Durch die, die dir am nächsten sind, will Ich dich viele wundervolle Dinge lehren, die du jetzt verstehen kannst, während du zuvor leidenschaftlich gegen deren Wahrheit rebelliertest.

Durch deinen Mann, deine Frau, durch Kind, Bruder, Schwester, Eltern werde Ich nun in dir diese wichtigen Eigenschaften entwickeln können: Geduld, Sanftmut, Nachsicht, Zungenbeherrschung, liebende Güte, wahre Selbstlosigkeit und ein verstehendes Herz; denn Ich werde dich erkennen lassen, daß Ich tief in ihren Herzen bin, ebenso wie in deinem.

Jetzt wirst du das schätzen und nutzen können. Wenn du diese große Wahrheit wirklich begreifst, wirst du Mich in deinem Bruder sehen können, in deiner Frau, deinen Eltern oder deinem Kind, die sich mit liebevollen, frohen Augen an dich wenden, wenn sie sprechen. Anstatt sie für ihre scheinbaren Fehler zu tadeln, wirst du dich nach innen wenden an mich, den allesumfassenden Einen, der durch dich sanfte Worte von liebender Güte sprechen will, die unmittelbar das Herz des anderen beruhigen und euch wieder zusammen bringen, näher als je zuvor.

Denn Ich, das wirkliche Ich im Herzen eines jeden, bin EINES und antworte immer, wenn du dich so an Mich wendest. Ja, erkenne es doch, deine wichtigste Schule und dein größter Lehrer ist in deinem eigenen Heim, in deiner eigenen Familie!

Viel, sehr viel ist denen vorbehalten, die sich dies bewußt machen und die Mir, dem Allumfassend-Einen in ihrem Inneren, die Belehrung überlassen. Denn Ich will nicht nur dich durch den Mund deiner Nächsten vieles lehren, sondern Ich will die anderen in gleicher Weise durch dich belehren - doch mit der Besonderheit: wenn du dir Meiner bewußt bist und in Mir und Meiner Weisheit ruhst, dann wirst du Mir erlauben, deine Worte zu inspirieren und in voller Macht durch dich zu handeln, und du wirst über die Auswirkung auf andere oder auf dich selbst nicht beunruhigt sein, da du alle Verantwortung Mir übergibst.

Sobald du das kannst, wirst du über die Wandlungen staunen, die sich in deiner Persönlichkeit und auch in der deiner Lieben vollziehen - bis du fähig bist, hinter ihrer menschlichen Persönlichkeit Mich zu sehen, dein eigenes überpersönliches Selbst, das aus ihren Augen leuchtet. Wenn du Mich so sehen kannst, dann werden dir die Himmel geöffnet sein, und nicht mehr wirst du in deinem Bruder Fehler sehen, in deiner Umgebung Unharmonisches hören oder Unfreundlichkeit von deinem Mitmenschen fühlen.

Ich, das allumfassende Eine im anderen, bin die Quelle aller Vollkommenheit, aller Harmonie, aller Güte und warte nur darauf, daß die menschliche Persönlichkeit zu dieser Erkenntnis kommt, bescheiden zur Seite tritt und Mein Licht durchbrechen läßt, strahlend in aller Herrlichkeit Meiner göttlichen Idee.

Dann wirst du verstehen, daß alle Umstände, in die Ich dich stelle, die von Mir gewählten Gelegenheiten sind, in denen du am besten wirken kannst; daß überall und in allen Umständen viel, sehr viel zu tun ist. Je unangenehmer sie der Persönlichkeit sind, um so mehr bedürfen sie Meiner lebendigen Gegenwart.

Wo du auch bist, wenn das Erwachen kommt, wie auch deine Schulung war - im Geschäftsleben, in einem akademischen Beruf, in handwerklicher Arbeit, im kirchlichen Leben oder in der Unterwelt - dort liegt vielleicht deine beste Gelegenheit, zu wirken; denn dort kennst du die besonderen Möglichkeiten am besten. Denn wie können Meine und deine anderen Selbstheiten zur Erkenntnis Meiner Gegenwart im Inneren erwachen ohne den belebenden Einfluß, der zuerst von außen kommen muß?

Du, der du empfangen hast, mußt geben. Du, der du belebt worden bist, mußt beleben. In dieses Geschäftsleben, in diesen Beruf, in diese Arbeit, in diese Unterwelt mußt du Meine lebendige Gegenwart hineinnehmen, mußt die Türen der betrübten und kranken Herzen öffnen und Mein Licht und Meine heilende Liebe hineinströmen lassen. Du mußt der Sauerteig sein, der den Teig zum Gären bringt.

Damit dies geschehen kann, mußt du, erwachter Mensch, diesen Meinen Unwissenden und Fehlgeleiteten Meine Inspiration, Meinen Segen, Meine Kraft bringen, so daß sie sich erheben und die vielfältigen Einflüsse der Welt abweisen können, Meiner Stimme im Inneren lauschen und von nun an der Meister der Umweltbedingungen sein können und nicht länger ihr Sklave.

Durch Davonlaufen kann kein Zustand im Leben aufgehoben oder bewältigt werden. Die göttliche Berührung ist notwendig und muß herbeigeführt werden. Nur durch jemand, der mit Mir als Führer und Vermittler die Tiefen menschlicher Erfahrung ausgelotet und auch ihre Höhen erreicht hat, kann diese Berührung geschehen.

Du, der liest und dessen Seele schon weiß, bist gesegnet, und dein magisches Wirken liegt vor dir. Du, der sich fürchtet, erkenne, daß Ich schon jetzt Meinen Willen durch dich manifestiere, und die Zeit kommt sicher, da ihr keinen anderen Willen als Meinen kennt und da alles, was ihr wollt, geschehen wird. Ihr werdet völlig aus eurem Traum des Getrenntseins erwachen und Mich als euer wirkliches und einziges Selbst erkennen.

Das wird allerdings erst sein, wenn du dich und alles in deinem Leben ganz Mir übergeben hast und wenn in deiner menschlichen Persönlichkeit nichts zurückgeblieben ist, was durch dein Handeln oder Sprechen in anderen Menschen unharmonisches Denken oder Fühlen auslöst. Dann wird dein Weg ein unaufhörlicher Kreislauf des Segens sein. Wo du auch gehst, wird Mein Licht scheinen und Meine Liebe aus dir strahlen, Friede, Einklang und Einheit schaffend.

Das Große wird sein - obwohl es nicht groß, sondern natürlich ist, wenn du es einmal verstehst - daß jeder durch dein Erscheinen in seinem Leben besser und glücklicher sein wird.

Denn das ICH BIN in ihnen hat in dir den echten allumfassenden Weg des Ausdrucks bemerkt oder gespürt und fühlt deshalb - wenn auch nicht bewußt durch ihre Ego-Persönlichkeit - die Herrlichkeit und die Heiligkeit Meines Alles umfassenden Lebens.

DIE ICH-BIN MEDITATION

Ich bin EINS mit ALLEM WAS IST. Meine Intelligenz, meine Kraft und mein Körper sind Eins mit dem SEIN. Das lebendige SEIN ist es, das alle meine Gedanken leitet und Mich nicht nur veranlaßt, sondern auch befähigt, alles zu tun, was ich tue.

Ich tue das, was jetzt vor mir liegt, in dem Wissen, daß es genau das ist, was gerade jetzt zu tun ist damit ich bewußt an dem wahren Erfolg teilhabe und die wirklichen Reichtümer annehme, die das SEIN für mich bereithält.

Die lebendige Kraft des SEINS erhellt den ganzen Weg für mich, versorgt mich mit allem, was ich mir wünsche, und nimmt Verwirrung und Leid für immer von mir.

In voller und äußerster Konsequenz komme ich ins SEIN, begebe mich selbst, meine Angelegenheiten, meinen Körper, mein Leben in die liebevolle Obhut des SEINS, alle Sorge und Verantwortung auf MICH werfend, absolut in Mir ruhend und mir vertrauend - wissend, daß mein höheres SELBST immer den Weg bestimmt und ihn mir zeigt.

MEINE göttlichen Fähigkeiten erwachen zu tätigem Leben. Die mächtige Kraft des Seins wirkt in mir in dem Maß, wie ich in MIR bleibe und die Energie des SEINS in mir bleiben lasse.

Ich werde mir Jetzt Meines göttlichen Wesens bewußt, öffne weit meine Seele, mein Gemüt und meinen Körper und atme MEINEN Lebensatem ein!

Das lebendige SEIN erfüllt mich überfließend mit MEINER göttlichen Macht, jede Faser, jeder Nerv, jede Zelle, jedes Atom meines Wesens lebt jetzt bewußt mit MIR, voll von MEINER Gesundheit, MEINER Stärke, MEINER Intelligenz, MEINER Geilheit, MEINEM DA-SEIN....

Im DA-SEIN ist mein wirkliches Selbst, mein wirkliches Wesen und offenbart SEIN Selbst und alle seine Kräfte in mir JETZT. Ich wache auf, erkenne mein göttliches Wesen und meine Kraft und beanspruche meine Herrschaft! Alles, was das SEIN ist, BIN ICH.

ICH BIN das Leben, ICH BIN die Intelligenz, die Kraft in aller Substanz - in allen Zellen meines Körpers. ICH BIN alle Weisheit, alle Liebe, alle Macht, die in diesem Leben JETZT uneingeschränkt durch mein ganzes Dasein fließen. ICH BIN in den Zellen aller mineralischen, pflanzlichen und tierischen Materie, in Feuer, Wasser und Luft, in Sonne, Mond und Sternen DAS, was IST. Ihr Bewußtsein ist EINS mit meinem Bewußtsein, und Alles ist MEIN Bewußtsein.

Durch MEIN Bewußtsein in ihnen ist alles, was sie haben oder sind auch mein - ich muß es nur in Anspruch nehmen. Ich spreche also zu ihnen in MEINEM Bewußtsein, im Bewußtsein MEINER Macht in mir und MEINER Intelligenz in ihnen.

Die schöpferische Energie des SEINS durchströmt mich, ich kann von ihr nehmen und mit ihr gestalten, was ich will. Sie will sich für mich manifestieren als Alles, was ich in der Einheit mit dem SEIN wünsche.

Ich stelle es mir vor, ich denke es, ich fühle es, ich weiß es und ich BIN es! Mit aller Bestimmtheit MEINES Wesens spreche ich das schöpferische Wort! Es wird stets erfüllt zu mir zurückkehren.

Denn ich bin EINS mit dem lebendigen SEIN.

Grundlagen Magischen Denkens

GRUNDLAGEN MAGISCHEN DENKENS

Bis hierher ging es um die Entwicklung eines ganzheitlich nondualen Bewußtseins. Der Bereich der angesprochenen Schöpfungskraft in jedem Menschen hat die grundsätzlichen Zusammenhänge "magischen" Wirkens aufgezeigt. Im Allgemeinen wird "Magie" als etwas unheimlich, oft sogar bedrohlich empfunden. Manche machen sich auch lustig darüber. Tatsächlich ist es Unwissen, das beide Verhaltensweisen auslöst. Dazu kommt, daß unsere "Leitreligion" alles magische in Bausch und Bogen verteufelt hat - während magische Effekte, die von sogenannten "Heiligen" hervorgerufen werden, als "Wunder" problemlos durchgehen. Was ist nun Magie wirklich?

Magie ist die dem eigentlichen Wesen des Menschen innewohnende Fähigkeit, kraft seiner Vorstellung Effekte hervorzurufen, die mit physikalisch-rationalen Mitteln nicht erklärbar sind. Das ist ein "Naturgesetz" und unterliegt klaren Regeln, wie die Physik auch. Deshalb behelfen sich manche mit dem Begriff "Paraphysikalisch", damit sie nicht in den Geruch des Magischen kommen.

Die meisten sogenannten "Magischen Systeme" nutzen auf irgendeine Weise die grundsätzliche Schöpfungsenergie - jedoch in der Regel für egomanische Zwecke. Aus der ganzheitlich nondualen Sicht sieht das schon wieder anders aus. Es geht darum, die eigene Schöpfungsenergie richtig zu lenken. So wird durch die veränderte Bewußtseinslage aus der "Egomagie" das System der "Transpersonal spirituellen Sexualmagie"

Aufgrund des polaren Wesens des "ganzen Menschen", bestehend aus Mann und Frau, gibt es einen Effekt, der die magischen Fähigkeiten eines Einzelnen um ein vielfaches übersteigt: es ist dies die noch unheimlichere Sexualmagie, die meist gleich in die "schwarze Ecke" gestellt wird.

Polarität ist eine dem Universum innewohnende Urkraft, ohne Polarität gäbe es nicht mal ein Fuzzelchen Materie.

Das wird in der "Wissenschaft" zumeist unter den Tisch gekehrt und ist den "Wissenschaftlern" vielleicht in der vollen Bedeutung auch gar nicht bewußt. Elementarteilchen, Moleküle und auch lebendige Zellen könnten ohne Polarität gar nicht existieren. Polarität erzeugt Spannung und Energie. Und so ist auch die Beziehung zwischen Mann und Frau in ihrem Wesen polar - beide sind voneinander absolut abhängig. Es ist jedoch eine Art komplexer Polarität, die "Pole" können unabhängig voneinander herumlaufen und sind auf den ersten Blick nicht voneinander abhängig.

Es ist bekannt, daß eine gut funktionierende "Beziehung" beiden Partnern Kraft gibt, ihr Leben zu "meistern" und oft auch noch über sich selbst hinauszuwachsen. Vereinfacht kann man sich das wie eine Batterie vorstellen. Ein Pluspol und ein Minuspol in der richtigen Umgebung angeordnet erzeugen Energie.

Transpersonal-spirituelle Sexualmagie ist eine Methode, diese Energiegewinnung zu optimieren.

So, jetzt sind wir an dem Punkt, wo immer der Einwand von der "schwarzen Magie" kommt, die ja hinter der so teuflischen Sexualmagie steckt. Das möchte ich jetzt mal klarstellen. Magie ist weder "Schwarz" noch "Weiß" - sie ist wie Physik, es kommt darauf an, was man daraus macht…..

Gehen wir wieder zurück zu unserer Batterie. Nehmen wir als Beispiel eine Kohle-Zink-Batterie. Die beiden Pole erzeugen sehr gut Energie - nur der Zink, der löst sich dabei vollständig auf und die Batterie ist dann leer…..

Das ist die Beschreibung von "schwarzer" Sexualmagie, die immer das Ego der schwarzen Kohle stärkt und den weiblichen Pol bis zur Vernichtung schwächen kann. Nun gibt es aber auch den allseits bekannten Bleiakkumulator, der als Autobatterie weithin bekannt ist. Hier arbeiten die beiden Pole ganz anders zusammen. Durch ihre Anordnung können sie von außen aufgeladen werden, geben die aufgenommene Energie gemeinsam wieder ab und können immer wieder aufgeladen werden, ohne daß einer der Pole dabei zu Schaden kommt.

Das ist die Beschreibung von "weißer" Sexualmagie, oder auch transpersonaler Sexualmagie. Beispiele hinken immer ein bißchen - aber ich glaube, so wird es klar, was abläuft. Tatsächlich ist die Unterscheidung in "Schwarze" und "Weiße" Magie auch schon wieder falsch. man sollte es in Egomagie und transpersonale Magie unterscheiden. Es wird dabei wohl auch klar, daß man mit Hilfe der transpersonalen Methode sehr viel mehr Energie gewinnen kann, als ein "Egomagier" je mobilisieren kann.

Das ist auch der eigentliche Grund für die Verteufelung: Solche Energien dürfen nicht in die Hand des auszubeutenden Volkes gelangen. Wo kämen wir denn da hin?

DENKEN IST ERSCHAFFEN

oder: Wie du in deinem Herzen denkst, so ist es mit dir. Halte ein und meditiere darüber, damit es sich deinem Denken fest einprägt. Ein Denker ist ein Schöpfer. Ein Denker lebt in der Welt seiner eigenen bewußten Schöpfung. Wenn du erst weißt, wie richtig zu denken, kannst du auf magische Weise willentlich alles erschaffen, was du wünschst - sei es eine neue Persönlichkeit, eine neue Umgebung oder eine neue Welt.

Bist du bereit für den Tanz deines Geistes mit der Materie?

Du wurdest *als magisches Wesen* geboren - deine göttlichen Kräfte werden ihre natürliche Funktion durchsetzen, wenn du die anerzogenen geistigen Hindernisse beseitigst. Dein inneres Wesen, dein höheres Selbst, ist eifrig dabei, dir zu helfen, aber es erfordert deine Aufmerksamkeit. Wenn du im Einklang mit deinen natürlichen magischen Fähigkeiten stehst, wirst du positive Anleitung erhalten. Genau deshalb ist es notwendig, zuerst das ganzheitlich non-duale Sein zu entwickeln, bevor du dich mit dem magischen Handwerkszeug ausrüstest.

Deine Fähigkeit, Magie zu nutzen, ist durch eine Anhäufung von Ängsten und mechanistischen Denkmustern behindert und verdunkelt. Man könnte auch sagen: durch Gehirnwäsche. Jedes beschränkende Denkmuster, das du überwindest, wird ein wenig mehr magische Erleuchtung durchscheinen lassen - und wenn du die Übungen und Tipps in diesem Teil des Buches durchgearbeitet hast, wirst du dich zu einem wirksamen, praktischen magischen Wesen entwickelt haben.

Ziel all dieser Übungen ist nicht, mit irgendwelchen "Zaubertricks" die eigensüchtigen Wünsche deiner Ego-Persönlichkeit zu fördern. Es geht darum, transpersonal-spirituelle Sexualmagie als ganz normalen Ausdruck deines lebendigen Seins in dein Leben zu integrieren.

EINS mit Allem, was IST.

DIE KOSMISCHE ENERGIE

Kosmische Energie ist immer und überall verfügbar. Zumeist wird sie als Lichterscheinung wahrgenommen. Die "Erleuchtung" Buddhas, der Berg der Verklärung, Meister Ekkhard, Hildegard von Bingen und die Mystiker aller Zeiten und Religionen, Sie alle haben eines gemeinsam - das Erlebnis mit dem kosmischem Licht.

Es gibt allerdings die Tendenz, diese Energie zu sehr zu genießen und sich danach zu sehnen, sich für den Rest seines Lebens mit ihr zu erwärmen. Es ist deshalb der Zweck dieses Abschnitts, dich mit dem kosmischen Licht bekanntzumachen und dich zu lehren, es für "Wunder" in deinem täglichen Leben einzusetzen. Auch du kannst darüber verfügen.

Du kannst das kosmische Licht durch eine Kombination aus Geisteswissenschaft und Einbildungskraft manipulieren lernen.

Als Anfänger wirst du dazu neigen, dir das kosmische Licht als etwas Abstraktes vorzustellen, weil du es nicht "gesehen" hat. Du wirst bald sehen, daß das kosmische Licht im Überfluß vorhanden und allgegenwärtig wie Luft ist. Wir gehen mit dem Licht durch eine Kombination von Einbildung und Intellekt um, ganz ähnlich, wie wir die Luft durch eine Kombination von Lunge und Zwerchfell benutzen. Das Licht reagiert auf seine Gesetze, wie die Luft auf ihre reagiert: das kosmische Licht kann sich nicht weigern, dich zu erleuchten und zu schützen, so wie die Luft sich nicht weigern kann, in deine Lunge einzudringen.

Der Zweck der nun folgenden täglichen Übung ist, das kosmische Licht zu nutzen, um die Kraft deiner magischen Energiezentren (Chakren) zu verstärken und sie zu reinigen. Zuerst solltest du dir die grundlegende Übung aneignen; dann können wir nützliche Varianten für besondere Zwecke besprechen:

Stelle zunächst den grundlegenden Kontakt mit dem kosmischen Licht her. Fühle die liebevolle Berührung des kosmischen Lichtes, wie es in einem brillanten, weißen Strahl auf dich niederscheint.

Lasse das Licht in deinen Geist strahlen, ihn reinigen und ihn in eine Haltung positiver Erwartung versetzen.

Lasse das Licht durch deinen Körper strömen, ihn entspannen, reinigen und heilen.

Stelle dir jetzt vor, daß ein gebündelter Strahl des kosmischen Lichtes auf das untere Ende deiner Wirbelsäule, auf das Wurzelzentrum fällt. Fühle die angenehme Wärme beim Beginn des Reinigungsprozesses; spüre dann die herrliche, rote Flamme des Wurzelzentrums wachsen und aufzüngeln. Während das Zentrum sich weitet, fühlst du einen Drang der Vitalität durch deinen physischen Körper strömen. Fühle das Blut in deinen Adern tanzen, während all deine Körperzellen von frischer Lebensenergie erzittern.

Hebe nun das konzentrierte kosmische Licht auf dein Sakralzentrum an (dieses befindet sich an deiner Wirbelsäule etwa zwischen dem Wurzelzentrum und dem Solar Plexus). Fühle die leuchtend orangefarbene Flamme wachsen und aufzüngeln. Während dieses Zentrum sich weitet, fühle, wie deine geistigen Fähigkeiten sich schärfen.

Fühle, wie viel aufgeschlossener du Eindrücke und Begriffe behandelst, ob du sie nun über deine "normalen" fünf Sinne oder über magische Impulse erhalten hast. Fühle, wie die orangefarbene Flamme Ängste, Verstimmungen oder Verwirrung wegfegt, die einem klaren Denken vielleicht im Weg waren. Fühle, wie dein Geist immer klarer wird.

Hebe nun das konzentrierte kosmische Licht zum Zentrum deines Solarplexus. Fühle die helle, gelbe Flamme wachsen und emporzüngeln. Während dieses Zentrum sich erweitert, fühlst du zunehmende Erwartung und ein positives Anwachsen deiner Intuition und Empfindsamkeit. Fühle, wie die helle, gelbe Flamme deine Aura magnetisch macht, um Menschen und Bedingungen anzuziehen, die positiv, konstruktiv und erhebend sind. Dies wird dir helfen, dein Gleichgewicht und deine Wirkung in allen Lebenslagen aufrechtzuerhalten.

Richte jetzt das konzentrierte kosmische Licht höher auf dein Herzzentrum und fühle, wie die prächtige grüne Flamme zu wachsen und emporzuzüngeln beginnt. Genieße die reichen Farbschattierungen, ob du sie sehen kannst oder nicht: vom Blaßgrün neuen Wachstums über das vollere Grün der Liebe und des Schenkens bis zum Dunkelgrün der Ernte, des Überflusses und des Wohlstands. Bei der Erweiterung dieses Zentrums fühlst du, wie es danach lechzt, die ganze Menschheit mit seiner Güte zu erreichen. Das ist ein Teil der natürlichen Fähigkeit des Herzzentrums zum Geben, es besteht jedoch keine Gefahr eines Energieverlustes. Du verbindest alle Zentren mit der Unendlichen Energie, und soviel du auch benutzt oder verschenkst, diese Quelle ist unerschöpflich!

Jetzt hebe das kosmische Licht zu deinem Kehlenzentrum an und fühle die funkelnde, blaue Flamme wachsen und aufzüngeln. Bei der Erweiterung dieses Zentrums fühlst du den mächtigen Strom der Heilung und der schöpferischen Energie in dein Lebensgefühl drängen. Fühle, wie er die Heilung von Geist, Körper und Gefühlen lenkt, und erkenne seine schöpferische Kraft als Lösung für alle drängenden Probleme und als Inspiration für neue Unternehmungen an. Tauche in diese funkelnde, schöpferische blaue Atmosphäre ein.

Hebe nun das konzentrierte kosmische Licht weiter zu deinem Stirnzentrum an. Lasse dir einige Augenblicke Zeit, um sicherzugehen, daß das Licht die Indigoflamme reinigt und läutert, erst dann soll sie wachsen und emporzüngeln. Während dieses Zentrum sich erweitert, fühlst du, wie sich ein Durchgang zum Zentrum deines Kopfes öffnet und dich damit für höhere, geistige Reiche der Anderswelt empfänglich macht. In dieser hellen Indigoflamme bist du ganz und gar sicher.

Du empfängst und reagierst nur auf das Höchste, Beste und Wahre. Fühle dann die liebevolle Gegenwart deiner geistigen Lehrer und geliebten Menschen, die bei diesem Punkt der Übung immer angezogen werden. Grüße deine geistigen Freunde und lade sie ein, nicht nur an der restlichen Übung, sondern auch an allen deinen Tätigkeiten teilzunehmen.

Hebe jetzt das konzentrierte kosmische Licht zu deinem Scheitelzentrum an und fühle die leuchtend violette Flamme wachsen und emporzüngeln. Fühle sie wie einen riesigen, flachen, violetten Diamanten auf deinem Kopf. Bei der Erweiterung dieses Zentrums fühlst du, wie dein höchster Gottesbegriff in einem Strudel von Empfänglichkeit greifbar wird. Davon wird nicht nur dein leiblicher, sondern auch dein astraler und geistiger Körper berührt. Du kannst dich aus diesem Strudel so leicht lösen, wie du ihn heraufbeschworen hast. Sei bereit, ihn zu verlassen, warte jedoch noch einen Augenblick:

FÜHLE all deine Zentren auf einem Gipfel der Effektivität vibrieren. Fühle die Macht in deiner Aura. Damit bringst du die unendliche Energie zu deinen Zentren, wodurch deine Aura geläutert und erleuchtet wird, sie fließt wieder von dir als Strom der Güte. In diesem Zustand mußt du eine erhebende Wirkung auf jeden haben, der sich dir nähert, und ganz sicher kann ein negativer Einfluß dir nichts anhaben, denn er kann es mit einem solchen Strom der Güte nicht aufnehmen. Deshalb mußt du dich bemühen, deine Zentren immer "eingeschaltet" zu lassen, um den mächtigen Energiestrom nicht zu mindern.

Von diesem "eingeschalteten" Zustand aus suche die volle Kraft der mystischen Erfahrung, um alle Bereiche deines Lebens zu bereichern und bedeutungsvoller und effektiver zu gestalten.

Wende deine Aufmerksamkeit nun wieder dem Wurzelzentrum zu und zwinge die rote Flamme, hell und klar aufzulodern, und gehe dann nacheinander jedes magische Zentrum noch einmal durch. Fühle, wie die Kraft sich zu Energie zusammenballt, wie die Farbe, die Schönheit und Essenz jedes einzelnen Zentrums zu einem herrlichen Ganzen verschmilzt.

Wenn die Energie das Scheitelzentrum erreicht, fühlst du sie einen Kranz lebhafter, flammender Farben bilden, in dem die roten und violetten Flammen zu Rotviolett verschmolzen sind.

Laße nun die Energie aus dem Durchlaß, der sich in deinem Kopf geöffnet hat, entweichen und dein Bewußtsein mit sich nach oben tragen, bis du fühlst, daß du Eins bist, mit Allem, was Ist.

Fühle die liebevolle Reaktion seitens des Unendlichen in seiner persönlichsten Form. Sonne dich darin und teile willig die Einheit mit Allem was IST. Bist du dann zur Rückkehr bereit, nimm diese Einheit mit zurück und verwandle sie in höchste Effektivität bei all deinen Unternehmungen und in positiven, glücklichen Frieden in deiner Umgebung.

Wenn du "zurück" bist, danke für die Freude und das Privileg, das Licht und die Einheit erlebt zu haben und für die frische Tatkraft, die dich nie mehr verlassen wird. Nimm den Nachdruck auf Fühlen zur Kenntnis, denn du brauchst das Licht nicht zu "sehen", um diese mächtige kosmische Kraft für dich wirken zu lassen. Fühle einfach, daß sie wirkt, und es wird tatsächlich so sein.

Diese Grundübung solltest du täglich bis zum Ende deines Lebens ausführen. Falls du nicht soviel Zeit hast, wie wär's dann mit dreimal die Woche? Vorteile werden sich oft genug einstellen, um dein Interesse aufrechtzuerhalten, wenn du erst einmal mit genügend Überzeugung begonnen hast.

Fürchtest du die zerstörerische Kraft eines Wirbelsturms oder eines Erdbebens? Was hältst du von der Lebenskraft, die einen winzigen Grashalm durch zehn Zentimeter Zement treibt? Dieses Prinzip ist der Bulldozer, der ein altes Gebäude niederreißt, um Platz für den neuen Tempel zu schaffen oder das Dynamit, das einen Tunnel durch den Berg sprengt.

Mit ein wenig Übung wirst du sehen, daß du die Macht hast, deine Hindernisse wegzusprengen, indem du die Lebenskraft deiner magischen Zentren benutzt. Du wirst lernen, die Energie aus jedem beliebigen Zentrum in einem Strahl vor dir zu bündeln. Hier muß die schöpferische Einbildungskraft gezügelt werden, bis du genug Können für eine greifbare Manifestation hast. Eine gute Übung dahin ist, aus jedem einzelnen Zentrum einen Strahl auf eine Kerzenflamme zu projizieren. Wenn du genug Energie ausstrahlst, um die Farbe der Flamme zu ändern, so daß sie dem sendenden Zentrum entspricht, hast du die Macht zu großen Taten.

Der blitzblaue Strahl deines Kehlenzentrums kann wie ein brennender Laserstrahl oder ein Lichtbogen eingesetzt werden, um mit alten Übeln wie Unruhe, Verwirrung und Bitterkeit aufzuräumen. Deine gesteigerten magischen Fähigkeiten werden sich vor allem bald bei der Arbeit zeigen, und deine persönliche Macht wird durch regelmäßige Anwendung immer mehr wachsen. Bemühe dich um eine positive Einstellung zum Schutz deiner magischen Ökologie. Wenn du deine magische Atmosphäre rein hältst, werden sich Macht und Erfolge rasch und zuverlässig einstellen.

DIE ENERGIEZENTREN

Zentrum	Lichtfarbe	Musiknote	Beherrschter Bereich
Erhöhtes kosmische Satori,	Rotviolett Kundalini (Lila)	C1	Erleuchtung, Bewußtheit, Samadhi
Scheitel	Violett	H	Geistige Kraft und Erfüllung
Stirn Medium	Indigo	A	Magische Fähigkeit, Fähigkeit zum
Kehle	Blau	G	Heilung, Kreativität, Denkkontrolle
Herz	Grün	F	Liebe, Fähigkeit zum Geben, Wachstum, Wohlstand, Reichtum
Solar Plexus	Gelb	E	Sehnsucht, Intuition, Empfindsamkeit
Sakral	Orange	D	Geistige Klarheit, Intellekt, Macht des logischen Denkens
Wurzel	Rot	C	Körperliche Vitalität, Heilung, materielle Macht, persönliche Anziehungskraft

Die Chakren und ihre Beziehung zu Licht und Ton

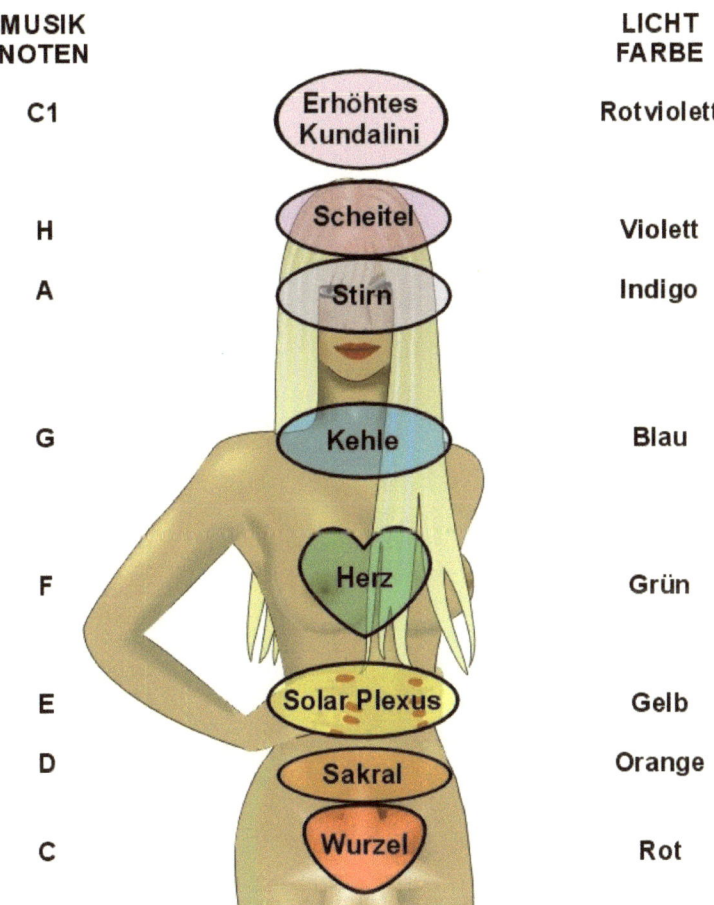

MUSIK NOTEN		LICHT FARBE
C1	Erhöhtes Kundalini	Rotviolett
H	Scheitel	Violett
A	Stirn	Indigo
G	Kehle	Blau
F	Herz	Grün
E	Solar Plexus	Gelb
D	Sakral	Orange
C	Wurzel	Rot

DIE GEDANKENFORM

Mit deiner dir innewohnenden Schöpfungskraft bist du in der Lage, lebendige Wirklichkeit zu erzeugen. Eine sogenannte Gedankenform ist so etwas wie ein geistiger Helfer, den du selber erzeugen kannst, oft auch Elemental genannt. Das geht auch ohne spezielle Rituale von geheimnisvollen "Meistern", obwohl natürlich auch diese "Meister" in ihren magischen Systemen nur dieselbe Schöpfungsenergie nutzen.

Du bändigst also deine natürliche, magische Energie, indem du sie zu einer Kugel formst. Dazu setzt du dich ruhig hin und hältst deine Hände mit gewölbten, gegeneinander gerichteten Handflächen etwa fünf bis sieben Zentimeter auseinander. Ohne sie zu bewegen, hole tief Luft, halte sie an und zwinge die Energie, zwischen deine Hände zu fließen. Du wirst fast sofort Wärme und vielleicht ein sanftes Kitzeln spüren, wenn die Energie zu fließen beginnt. Sobald der Strom fließt, brauchst du die Luft nicht mehr anzuhalten oder dich um deinen Atem zu kümmern.

Nun sammle und forme die Energie: bewege die Hände langsam zusammen und auseinander, als ob du eine Teigkugel knetest. Etwa fünf Minuten des "Bezwingens" des Energieflusses und seiner Formung sollten genügen, um ein respektables Energiefeld zu schaffen, das deine Hände daran hindert - geradeso wie ein Knödel - zusammenzukommen.

Deine Erwartung, eine lebende Wirklichkeit aufzubauen, ist der Schlüssel zum Erfolg. Eine gute Übung für die Bildung der Energiekugel ist es, wenn du solange daran arbeitest, bis sie sich recht fest anfühlt und sie dann auf einen Freund schleuderst, der nicht herschaut. Wenn er (oder sie) sich dann umdreht, um zu sehen, was ihn getroffen hat, hast du die notwendige Realität für mächtiges, magisches Wirken erreicht. Du wirst lernen, mittels ritueller Magie deinen Energiekugeln größere Kraft und Realität zu verleihen. Jetzt werden wir uns jedoch mit der praktischen

Anwendung deiner aufkeimenden schöpferischen Fähigkeit beschäftigen.

Der magische Prozeß setzt voraus, daß du dir, während du in Verbindung mit dem Unendlichen stehst, die Erfüllung deines Bedürfnisses vorstellst, denkst und fühlst, um es dann zur Manifestation zu bringen. Wenn deine Energiekugel gut aufgebaut ist, so daß sie als halb greifbare Form verfügbar ist, kann sie mit dem Bild und den Emotionen deines erfüllten Wunsches befruchtet werden. Dies hat den besonderen Vorteil, daß es sich bereits um eine "lebende" Sache handelt.

Die Klarheit des Gedankenbildes ist bei dieser Arbeit von größter Wichtigkeit. Krause Gedanken werden unweigerlich zu krausen Resultaten führen. Je mehr Sinneseindrücke (z.B. Ansichten, Gefühle, Geschmack, Gerüche, Laute) du auf die Energiekugel projizierst, um so genauer wird das Ergebnis sein. Für einfache, schnelle Handlungsergebnisse ist der Kurzformprozeß, den wir eben aufgezeigt haben, gut geeignet. Andere Aufgaben erfordern mehr Zeit und Denkenergie. Man könnte es vielleicht mit dem Unterschied zwischen dem Bau einer kleinen Hundehütte und eines zwanzigstöckigen Gebäudes vergleichen. Größere Projekte erfordern, daß deine Energiekugel zusätzliche Energie sammelt, die über eine längere Zeitspanne einwirkt, um die Erfüllung zu bringen.

Solche Gedankenformen müssen genährt werden, um wachsen zu können Wir können davon ausgehen, daß ein Anruf eines Freundes oder eine Bitte um einen schnellen Einkauf praktisch keine längere "Beschaffungszeit" benötigen, aber größere Dinge wie etwa ein neues Haus, der ideale Ehepartner, ein eigenes Geschäft oder eine Million Euro brauchen logischerweise etwas länger.

Hier ist zu betonen, daß kurz- oder längerfristige Gedankenarbeit dieselben Prinzipien voraussetzen. Wenn du einen Anruf mit einer halben Stunde erreichen kannst, hält dich nichts davon ab, in einem Jahr deine Million Euro zu manifestieren. Regelmäßige Übungen mit schnellen Handlungsgedankenformen sind gut geeignet, um Beherrschung und Vertrauen in deine Fähigkeiten zu gewinnen. Schauen wir uns einmal die Mechanismen der gedanklichen Operationen an.

Eine "Einkaufs-Gedankenform" hat die Aufgabe, die Fahrroutine eines netten Ehemannes so lange zu durchbrechen, bis er die Botschaft registriert hat. Aber was ist, wenn dein Mann (bzw. deine Frau) ein Trinker oder leidenschaftlicher Spieler ist, und du willst ihn davon abbringen? Ein schwacher, kleiner Mitteilungsgedanke würde sofort von seinen mächtigen Verhaltensmustern geschluckt werden (die eigentlich alte, unbewußte Gedankenformen sind). Wir können die Gedankenformen mit der Welt unter Wasser vergleichen: Gedankenformen sind wie Fische, bei denen die großen dazu neigen, die kleinen aufzufressen.

Wie kannst du also eine Gedankenform so mächtig gestalten, daß sie eine große Aufgabe bewältigt? Wie bringst du einen kleinen Fisch zum Wachsen, damit er ein großer Fisch wird? Die Antwort, die auf der Hand liegt: durch Sicherheit, Nahrung, Liebe und Zeit. Dasselbe gilt für deine Gedankenformen.

Um eine große Aufgabe in der "kalten, realen Welt" zu erfüllen, braucht deine Denkform einen sicheren Platz, um aufzuwachsen, viel Nahrung und liebevolle Fürsorge und genug Zeit, um groß und stark zu werden.

Die Auswahl des Platzes ist wichtig: Deine junge Gedankenform darf keinen Strömungen des Zweifels, der Uneinigkeit oder starken negativen Gefühlen ausgesetzt sein. Nehmen wir an, daß du bereits einen Ort gefunden hast, wo du gewöhnlich meditierst und deine gedankliche Aufbauarbeit machst, und dessen magische Atmosphäre du frisch und sauber zu halten trachtest.

Um dann maximale Effektivität zu erreichen, mußt du an deine Gedankenform mit der gleichen Liebe und Zärtlichkeit denken wie an ein sehnlich erwartetes Kind.

Manche Menschen bereiten für die zarte Gedankenform sorgfältig einen Platz vor, während andere sich mit einer Zimmerecke oder einem Sessel begnügen. Ob du genug getan hast, wirst du daran merken, wie du dich fühlst, wenn deine Arbeit voranschreitet.

DIE PRAXIS ZUR GEDANKENFORM

Bilde die Gedanken/Energiekugel zwischen deinen Händen. Sie sollte mindestens so groß sein wie ein Baseball und sich fest und lebend anfühlen. Programmiere die Energiekugel mit dem klaren Bild des gewünschten Zieles durch einen Indigostrahl aus deinem Stirnzentrum.

Nach der Programmierung ist deine Energiekugel eine Gedankenform. Füttere diese Gedankenform mit einem grünen Strahl aus dem Herzzentrum, einem roten Strahl aus dem Wurzelzentrum und weiterer Energie aus anderen, angemessen erscheinenden magischen Zentren. Lege deine Gedankenform an einen sicheren Ort und füttere sie zweimal täglich mit dem klaren Gedanken des Endzieles und der Energie aus den verschiedenen magischen Zentren. Vergiß nicht, deinem Elemental Anweisung zu geben, was nach Erreichen des Zieles geschehen soll - es ist ein geistiges Lebewesen!

Wenn du sicher bist, daß deine Gedankenform stark genug ist, schicke sie auf den Weg zur Erfüllung - oder lasse sie die richtige Zeit selbst entscheiden.

DEIN LEBENSPLAN

Dein neues Leben beginnt gerade JETZT. Mache einen Lebensplan und verwirkliche ihn, indem du jetzt beginnst! Eine Kombination aus wirtschaftlichen und geistigen Zielen ist gut geeignet. Nimm dir die Zeit, deine Energiekugel zwischen deinen Händen aufzubauen und speise sie mit der Energie aus dem Indigostrahl deines Stirnzentrums: "Du sollst mir mein wirtschaftliches und geistiges Lebensziel enthüllen!" Bade die embryohafte Gedankenform im schöpferisch blauen Strahl des Kehlenzentrums, in Liebe und Reichtum des grünen Herzzentrums, in Sehnsucht und Intuition des gelben Solar Plexus-Zentrums, in der geistigen Klarheit des orangefarbenen Sakralzentrums und in der reinen Vitalität des roten Wurzelzentrums. Kröne diesen Prozeß durch die geistige Kraft des violetten Scheitelzentrums. So bindest Du auch immer dein höheres Selbst in den Prozeß mit ein.

Nachdem du deine leitende Gedankenform etwa drei Tage genährt und umsorgt hast, fange an, abends mit ihr zu sprechen, als ob sie eine andere Person wäre. Sage ihr, daß du großen Respekt vor ihrer Inspiration und Urteilskraft hast, und daß du jetzt bereit bist, ihr zuzuhören. Sei aber auch empfänglich für ihre Manifestation positiver Hilfe. Diese kann sich in Form eines geschäftlichen Vorschlages von einem Freund oder Bekannten, als enthüllender Traum oder als aufkeimender Gedanke offenbaren, der langsam Gestalt in dir annimmt. Jeder hat eine angeborene Fähigkeit zum Erfolg auf vielen Gebieten, und dein höheres Selbst plant vielleicht etwas für dich, was viel besser als deine eigene gegenwärtige Einsicht ist. Meistens genügt es, die Gedankenform ein wenig zusätzlich zu programmieren, als ob du einem Computer eine zusätzliche Information einspeist. Sage wörtlich zu deiner Energiekugel:

"Meine ideale Stelle (oder Aufgabe) wird aus dem speziellen Querschnitt meiner erworbenen Fähigkeiten erwachsen und sie mächtig steigern. Ich erwarte deine anleitenden Weisungen."

RITUELLE MAGIE

Ein Ritual ist eine nach vorgegebenen Regeln ablaufende, meist formelle und oft feierlich-festliche Handlung mit hohem Symbolgehalt. Sie wird häufig von bestimmten Wortformeln und festgelegten Gesten begleitet.

Mit Ritualen bewältigst du die Aufgabe, jenseits eines Do-it-yourself-Projektes die willige Zusammenarbeit mit dem universellen Unterbewußtsein zu gewinnen und dir dein ICH BIN in dir bewußt zu machen. Dein Unterbewußtsein und die elementaren Kräfte der Natur reagieren positiv auf Zeremonie und Ritual. Aus Ritualen und Zeremonien ziehen wir mehr Energie, als wir hineinstecken. Aus magischer Sicht läßt sich das so darstellen: Der Zweck jedes Rituals und jeder Zeremonie ist die Erzeugung und Lenkung magischer Energien, um individuelle oder Gruppenziele zu verwirklichen!

Ob es sich nun um einfache Gewohnheiten handelt, um rechtzeitig zur Arbeit zu kommen oder um eine mächtige, magische Handlung, um einen Geliebten anzuziehen oder das Geschäft zu beleben, die Prinzipien sind die gleichen. Energie wird verbraucht, um magische Kräfte freizusetzen.

Dann wirkt die magische Aktivität weiter und neigt dazu, sich zu wiederholen. Sie äußert sich also wieder und wieder in selber Weise, bis frische Energie verbraucht wird, um diesen Prozeß zu ändern oder aufzulösen. Stelle dir jetzt die Kraft eines positiven Energiefeldes vor, dessen einziger Zweck darin besteht, dir Wohlstand, Liebe und Erfüllung zu bringen!

Die ursprüngliche, elementare Lebenskraft reagiert automatisch auf ein gut gestaltetes Ritual. Was die Magie anbetrifft, geht es darum, die große, unsichtbare Macht kennen zu lernen, die deinen Gedankenformen sofortigen Erfolg verspricht. Ein wenig Überlegung zeigt uns auch, daß der Prozeß zur Bildung einer Gedankenform selbst eine Form des Rituals ist. Das tägliche Ritual des Fütterns deiner Gedankenform ist ein Teil des Aufbaus einer positiven Gewohnheit. Um die volle Bedeutung der Macht zu begreifen, die wir nutzen wollen, sind einige Experimente und eine aufgeschlossene Anwendung notwendig.

Zum Beispiel sollst du lernen, einen starken Strahl grüner Energie aus deinem Herzzentrum, einen roten aus deinem Wurzelzentrum, etc. zu projizieren. Wie stark ist nun dieser Strahl? Und wäre er vielleicht stärker, wenn du emotional mehr aufgeschlossen wärst?

Es ist offensichtlich: je stärker der Energiestrom auf deine Gedankenform ist und je mehr dein Wunsch aus deinem ICH BIN-Bewußtsein kommt, um so schneller und sicherer stellt der Erfolg sich ein. Aber wie bringt man die Energie zum Fließen?

Betrachte die Energie, die durch die Rituale des Liebesspiels, des Singens, Betens, usw. aufgebracht wird. Wenn du ein tief emotionales Erlebnis hast, wird normalerweise die zusätzlich erzeugte Energie in die umgebende Atmosphäre ausgestrahlt und zerstreut.

Das ist harmlos, aber auch wirkungslos. Dieselbe Gefühlsenergie kann aber auch in deinen Gedankenformen gesammelt werden und die zusätzliche Kraft erzeugen, die einen schnellen und vollständigen Erfolg garantiert. Auf diese Weise lassen sich die Techniken der rituellen Magie gut im Prozeß der Bildung einer Gedankenform verwenden. Je aufgeschlossener, bzw. "aufgedrehter" du bist, desto mehr Kraft lenkst du auf die Gedankenform.

MAGISCHE ANGRIFFE ABWEHREN

Natürlicherweise bewegst du dich mit deinen Aktivitäten nicht in einem neutralen Umfeld. Wenn du beginnst, auf magische Weise aktiv zu werden, wirst du mit Sicherheit auf Leute treffen, denen deine Aktivitäten gar nicht gefallen. Wenn jetzt solche Leute glauben, sich gegen deine Einflußnahme wehren zu müssen, wirst du dich mit magischen Angriffen auseinandersetzen müssen. Einige der besten Ratschläge zum Vermeiden magischer Angriffe, die je zu Papier gebracht wurden, sind im sechsten Kapitel des Lukasevangeliums (27 - 31) aufgeführt:

„Aber ich sage euch, liebet eure Feinde, tut Gutes denen, die euch hassen. Segnet die, die euch fluchen, betet für die, die euch mit Heimtücke begegnen. Und haltet dem, der euch auf die Wange schlägt, die andere Wange hin. Dem, der euren Umhang nimmt, verbietet nicht, auch euren Mantel zu nehmen. Gebt jedem, was er von euch erbittet, und fordert von dem, der eure Habe genommen hat, sie nicht zurück. Wie ihr wollt, daß eure Brüder an euch handeln, so handelt auch an ihnen."

Sicherlich wird sich niemand wortwörtlich an diesen Vorschlag halten. Aber jedesmal, wenn du anders handelst, stellst du die Bedingungen für magische Angriffe her. Deshalb solltest du zumindest einen magischen "Schutzschirm" aufbauen und täglich erneuern. Ein ausgezeichnetes Verteidigungsprinzip ist es, sich ständig auf einer so lichten, hohen Ebene der Gedanken und Handlungen zu bewegen, daß die niederen Gedankenformen harmlos unter dir vorbeifließen. Hast du schon einmal versucht, Schmutz auf einen Lichtstrahl zu werfen? Wenn dein Wesen sich zu den angreifenden Gedankenformen wie Licht zu Schmutz verhält, kannst du dich in magischer Sicherheit wiegen.

Ein sehr gutes Ritual zum Aufbau dieses lichtgeschützten Zustandes ist die Erweiterung der grundlegenden magischen Entwicklungsübung. Während du geistig oder astral deinen Körper wieder betrittst, sonnst du dich in der Kraft und Liebe der Einheit mit der ganzen Schöpfung.

Biete dann wieder die Kraft jedes einzelnen magischen Zentrums auf und richte die Energiestrahlen aus den Zentren auf einen Brennpunkt etwa einen Meter vor dir in Augenhöhe. Schaue zu, wie sich aus dem Energiespektrum der sieben Zentren weißes Licht bildet. Füttere dieses Licht mit deiner magischen Energie, damit es zu einer hellen Sphäre um dich herum heranwachsen kann. Arbeite daran, bis du weißt, daß das Licht dich als perfekter Schild vollkommen umgibt.

Reinige und pflege ihn zweimal täglich, indem du Körper und Lichtschild geistig im säubernden Weißen Licht des Unendlichen badest. Es gibt natürlich noch stärkere Schutzmethoden für bestimmte Anlässe. Du darfst sie aber nicht anwenden, solange du die Technik, dich mit der Lichtsphäre zu schützen, nicht beherrschst.

RUHEN IM LICHT

CG. Jung äußerte häufig, daß er nie eine wesentliche Heilung von Patienten sah, ohne daß sich ihre Beziehung zu "Gott" gebessert hätte. Nein, ich will dir jetzt nicht missionarisch kommen - weder Jung noch mich interessiert es, welcher Religion du angehörst, wenn überhaupt einer. Aber der Mensch braucht eine direkte Beziehung zum Schöpfer des Universums, zu seinem ICH BIN, wenn er seine Fähigkeiten für ein produktives und glückliches Leben auch nur annähernd entfalten will. In der kollektiven Erfahrung des Menschen gibt es einen gemeinsamen Faktor, der all seinen organisierten oder unorganisierten Religionen eigen ist. Wir nennen ihn am besten „Mystische Erfahrung" oder direkte Berührung und Einheit mit dem Wesen des Unendlichen, die "Unio Mystica" der großen Mystiker. Innerhalb der mystischen Erfahrung gibt es in der Tat den fehlenden Bestandteil, das Feuer, das die angehäufte Dummheit der Zivilisation wegbrennt und dich erkennen läßt, daß du ein Kind des Unendlichen und deshalb alles Guten würdig bist! Wenn du zu dieser Überzeugung gelangt bist, müßtest du alle übrigen Hindernisse zu magischer Effektivität endgültig überwinden können.

"Urgrund des Seins, hilf mir, mein kleines ich beiseite zu räumen, damit Dein Licht und Deine Liebe sich DURCH MICH ausdrücken können, denn ich bin Eins mit Allem, was IST"

Dies bringt uns zum entgegengesetzten Standpunkt vom Anfang, als wir lernten, das mystische Licht zu benutzen. Nun bieten wir an, daß das Licht uns benutzt. Du wirst in der magischen Evolution noch häufig von einem zum anderen Standpunkt überwechseln, das ist das Wesen des ganzheitlich non-dualen Seins. Tatsächlich sind beide Konzepte gleichwertig: Im täglichen Kampf müssen wir das Licht ständig benutzen, um effektiv zu bleiben, aber wir verdienen auch den perfekten Schutz des Unendlichen, indem wir das Licht ausdrücken.

Die wahre Magie, die all dies für Dich wirken läßt, ist das Wissen, daß sich das Licht durch Dich ausdrückt - denn Du bist Eins mit Allem, was IST.

Diejenigen, die dies für allegorisch halten, werden einige Hilfe finden, aber jene, die es für einen einfachen Ausdruck der Wahrheit halten und anwenden, werden tatsächlich ein "verzaubertes Leben" führen.

Deine geistigen Begleiter werden sich im allgemeinen nur um dein materielles Wohlergehen kümmern, wenn du das Vertrauen hast, sie darum zu bitten. Das mystische Licht tendiert dahin, dich zu den Höhen geistiger Ekstase zu heben. Und es ist gut, höhere geistige Erfahrungen zu machen. Du als ausgeglichene Persönlichkeit wirst das Licht daran erinnern müssen, daß du auch praktische und materielle Fortschritte brauchst. Und „Das Licht" kann unendlich praktisch sein, wenn man danach strebt, es sich auf dieser Ebene durch sich selbst ausdrücken zu lassen.

Die Methode, die große Macht und Güte des Lichtes durch dich selbst auszudrücken, wird dir den Weg öffnen, die unendliche Quelle schöpferischer Ideen und Energien anzuzapfen. Keine Aufgabe ist für die Macht des Lichtes zu groß oder zu klein. Laß dich vom Licht durchfließen, um jede Aufgabe lösen und jedes Ziel erreichen zu können, denn du bist Eins mit Allem, was IST. Als natürliches Ergebnis wirst du eine ganz neue Bedeutung des Wortes "Glück" kennenlernen.

GEISTIGE HELFER

Gehen wir nun an den Aufbau eines Kraftwirbels, mit dessen Hilfe du deine Visionen um- und durchsetzen kannst. Strecke die Hände wie beim Bilden einer normalen Energiekugel aus. Dann richte den blauen Strahl deines Kehlenzentrums auf die linke Seite der Energiekugel, sehe sie eindringen und in Uhrzeigerrichtung an der Kugelwand rotieren. Nach ein oder zwei Minuten wird die Kugel selbst durch die blaue Energie zu rotieren beginnen. Auch hier ist die Macht des gesprochenen Wortes ein ausgezeichnetes Werkzeug. Während du die Energie ausstrahlst, sprich laut und feierlich:

"Kraftwirbel, für mich geformt, du unerschöpfliche Quelle der Energie, gieße frische Kraft in meine Aura, daß alle mich lieben müssen, daß alle, die mich sprechen hören oder meinen Blick fühlen, mit Freude teilhaben an der Weisheit meiner Worte und der Freundschaft von Herz zu Herz. Meine Macht, sie wächst von Tag zu Tag, und alle, die meinen Weg kreuzen, sehen meine unbezwingbare Stärke. Das ist mein Wille, so soll es sein!"

Fühle die Macht des gesprochenen Wortes deinen Kraftwirbel programmieren, und während du weiter die obigen Worte sprichst, füge den roten Strahl des Wurzelzentrums hinzu, indem du ihn wieder in die linke Seite deines Kraftwirbels eindringen läßt und so seine Rotation beschleunigst. Als nächstes bringe den Indigostrahl des Stirnzentrums ein, dann mußt du die unermeßliche magische Kraft in den Strudel fließen fühlen, während du mit dem mächtigen Spruch fortfährst. Stelle den Kraftwirbel durch Zugabe des hell-orangefarbenen Strahls aus deinem Sakralzentrum fertig, wodurch geistige Klarheit und Scharfsinn bei allen Anwendungen dieser gewaltigen Kraft gewährleistet werden. Wenn du fühlst, daß der Kraftwirbel gut gestaltet ist, sprich laut:

"Du bist mein persönlicher Machtwirbel, geformt in der sich selbsterneuernden Gestalt des Tornados. Springe nun in meine Aura und strebe danach, deine Mission für immer zu erfüllen. Du bist zu soviel Macht fähig, wie wir zur Lösung jeder Aufgabe oder zum Sieg in jeder magischen Schlacht benötigen.

Sei wachsam und arbeite ständig für mein Bestes. So soll es sein!"

Sehr bald fühlst du den Kraftwirbel seinen Platz in deiner Aura, knapp hinter und über deinem leiblichen Körper einnehmen.

Mit deiner gesammelten Erfahrung und deinem neuen Können wirst du jetzt noch zwei weitere permanente Denkformen bilden: eine für die Liebe und die andere für Wohlstand und Reichtum. Zur Vorbereitung wird es unerläßlich sein, einen permanenten Platz, sozusagen ein Heim, für diese beiden wichtigen Gedankenformen einzurichten. Du kannst nicht alles in deiner Aura mit dir tragen wie den grundlegenden Kraftwirbel, deshalb solltest du ein hübsches Plätzchen in deinem Schlafzimmer schaffen, in der Nähe deines Meditationsortes vielleicht. Putze und schaffe Ordnung, als ob du einen Ehrengast erwartest. Ein kleines Tischchen oder ein Teil auf der Frisierkommode ist am besten geeignet. Aber wo die Stelle auch immer ist, sie muß sauber und frei von Abfall sein. Für jede rituelle Arbeit sind Kerzen und Räucherstäbchen eine hübsche Zugabe. Bei deiner magischen rituellen Arbeit ist es dir freigestellt - wenn du sie magst, benutze sie.

Beginnen wir jetzt mit dem rituellen Aufbau einer permanenten Liebesgedankenform. Jede rituelle Tätigkeit sollte damit begonnen werden, daß du dein schützendes Lichtschild fütterst und aufhellst. Wenn du sicher fühlst, daß dein Lichtschild rein und leuchtend ist, berühre zärtlich deinen Kraftwirbel und lade ihn ein, dich zu unterstützen. Atme ein paarmal tief durch, um deine Kraft zu steigern und baue mit ausgestreckten Händen die grundlegende Energiekugel auf. Sobald die Kugel gut geformt ist, strahle die grüne Energie des Herzzentrums in ihre linke Seite ein. Wenn die Kugel in deinen Händen zu rotieren beginnt, programmiere sie mit der Macht des gesprochenen Wortes:

"Wirble, o Energiekugel, und setze meine Kraft gut ein Liebe, wahre Liebe, suche ich; bringe mir einen starken Liebsten ‚der Zärtlichkeit, Mut und Leidenschaft besitzt, der lieblich, gesund und guten Willens ist. Liebe, die immer währt, durch Frühling, Sommer, Herbst und Winter, wahre unsere Liebe, bis ich diesen Zauber löse. Bringe mir immerwährende Liebe, das ist mein Wille, so soll es sein!"

Während die Macht deiner Worte den Kraftwirbel der Liebe programmiert, speise ihn mit etwas Blau des Kehlenzentrums und dann mit reichlich Rot des Wurzelzentrums. Wenn du fühlst, daß er fertiggestellt ist, trage ihn vorsichtig zu dem Platz, den du dafür vorbereitet hast. Setze ihn liebevoll ab und sage laut:

"Du bist mein persönlicher Kraftwirbel, der die Liebe anziehen wird. Hier ist dein Arbeits- und Lebensplatz. Mache deine Arbeit gut. Bringe und erhalte mir jetzt und immer erfüllende Liebe. So soll es sein."

Dann lasse ihn für dich tätig werden. Die Gedankenform des Wohlstands wird mit denselben Grundlagen aufgebaut wie deine Liebesgedankenform. Forme eine Energiekugel zwischen den Händen und bringe sie zum Drehen, indem du ihr auf der linken Seite die grüne Energie des Herzzentrums eingibst. Wenn sie zu rotieren beginnt, programmiere sie mit folgendem Spruch:

"Wirbelndes, starkes Kraftfeld, du weißt, daß du mir gehörst. Dein Zweck, herrlicher Wohlstand, wird auf mich niederregnen. Von fern und nah wirst du mir das Glück anziehen. Deine Macht, sie wächst mit jedem Gewinn und sichert mir Geschenke, Geld und Schätze. Arbeite nun für mich vollkommen, das ist mein Wille, so soll es sein!"

Fühle deine Gedankenform zu einem grünen Tornado positiver Kraft anwachsen, fahre mit dem Spruch fort, und blende reichlich Blau des Kehlenzentrums und Orange des Sakralzentrums für Kreativität und geistige Klarheit ein. Nach getaner Arbeit setze die Gedankenform sanft an dem ihr bestimmten Platz ab und gib ihr den festen Auftrag:

"Du bist mein persönlicher Kraftwirbel, der Wohlstand anziehen wird. Dein Daseinszweck ist, meinen Wohlstand und Reichtum laufend zu steigern. Hier ist dein besonderer Arbeits- und Lebensplatz. Ich weiß, daß du von jetzt an gut für mich arbeiten wirst. So soll es sein!"

Die Erfolge mit diesen Gedankenformen werden so groß oder so klein sein wie deine eigenen Gelüste und Erwartungen.

GEISTIGE BEGLEITUNG

Menschen haben eine instinktive Bewußtheit geistiger Anwesenheit, die von einigen Zentimetern bis zu mehreren Metern rund um den Körper reicht. Du kannst jetzt gleich damit beginnen, dir das bewußt zu machen und zu trainieren. Eine Aura ist ein subtiles, aus sich heraus leuchtendes Energiefeld, das jedes physikalische Objekt umgibt, bei lebenden Organismen aber viel heller und größer ist. Wenn Energie von einer anderen Aura in unsere eindringt, können wir uns einer Präsenz bewußt werden. Auch Geistwesen besitzen eine Aura, aber zuerst solltest du lernen, eine Aura zu sehen.

Die Erfahrung hat gezeigt, daß etwa 60 % der interessierten Menschen in weniger als fünf Minuten lernen können, die Aura zu sehen. Weitere 20 % schaffen es mit drei oder vier Übungsstunden, 10 % können bis zu sechs Monate dazu benötigen, und die restlichen 10 % entscheiden, daß der Rest von uns Halluzinationen hat und geben es auf.. Nehmen wir einmal an, du gehörst zu den 60 %, denen es leicht fällt.

Versuche es doch gleich mit einer einfachen Technik des Aurasehens. Der "Trick", die Aura zu sehen, liegt darin, wie wir unsere Augen benutzen. Setze dich bequem vor einen Spiegel, so daß dein Spiegelbild vor einem klaren Hintergrund sichtbar wird (wild gemusterte Tapeten z.B. werden dich so sehr ablenken, daß du das subtile aurische Licht nicht erkennen wirst).

Die Beleuchtung des Zimmers sollte gedämpft sein und nicht ablenken, am besten ist die Helligkeit wie bei frühem Zwielicht. Aber mache keine zu ausgetüftelten Vorbereitungen: wenn du einmal gewohnt bist, Aura zu sehen, ist der Helligkeitsgrad gleichgültig.

Du sitzt jetzt also vor dem Spiegel und suchst dir einen Punkt etwa 15 Zentimeter über und 50 Zentimeter hinter deinem Kopf aus. Starre intensiv auf diesen Punkt, beobachte aber gleichzeitig mit der peripheren Sicht die Umgebung von Kopf und Schultern.

In fünf Minuten oder früher müßtest du einen dünnen weißen oder blaßblauen Umriß deines Kopfes und Körpers sehen. Das ist die erste oder innere Schicht deiner Aura. Nach einwöchiger Übung (etwa zweimal zehn Minuten täglich) solltest du subtilere Lichtschichten sehen, die deinen Körper von ca. 30 Zentimeter bis über einen Meter in ovaler Form umgeben.

Durch regelmäßiges Üben wirst du zusätzliche Farbeindrücke bekommen. Im Hinblick auf die Farben der magischen Zentren wirst du gute Anhaltspunkte für die Stimmung oder psychologische Orientierung des Besitzers der Aura bekommen. Achte beim Üben darauf, was mit deinen Augen geschieht, wenn du die Aura am klarsten siehst. Bald solltest du in der Lage sein, automatisch deine Aura zu sehen, sobald du in einen Spiegel schaust. Dann wirst du auch die Aura um deine Bekannten und Haustiere erkennen. Entwickle die natürliche Gewohnheit, andere nicht einfach als Körper sondern als Körper mit einer Aura zu sehen. Dies sollte auch deine Tätigkeit mit Gedankenformen auf ein neues Niveau der Realität heben, indem du sie als leuchtende Kugeln oder Wirbel aurischen Lichtes zu sehen beginnst.

Mit diesen Kenntnissen ausgerüstet, wirst du auch deine geistigen Freunde sehen können. Du schaust vielleicht von einem Buch auf und erkennst eine oder mehrere geistige Auren im Zimmer. Oder, wenn du meditierend vor dem Spiegel sitzt, fühlst du eine Präsenz und kannst im Spiegel die Aura deines Besuchers erkennen. Regelmäßige Meditation, sagen wir, jeden Abend 15 Minuten kurz vor dem Schlafengehen, wird dich rasch von der Phase der Angst und Unbehaglichkeit in den glücklichen Zustand guter Kameradschaft versetzen.

Und je entspannter du bist, um so besser wirst du die vielen subtilen Möglichkeiten erkennen, mit denen deine geistigen Freunde sich verständlich machen. Es ist ziemlich üblich, leises Klopfen oder Rascheln an den Wänden, der Decke oder gar an den Möbeln in Deiner Nähe zu hören. Du fühlst vielleicht einen leichten Windzug an der Wange (obwohl alle Fenster geschlossen sind), hörst eine leise Stimme, siehst ein paar vage Bilder in deinem Kopf oder fühlst einfach eine Umarmung. Wir können dies mit der ersten sozialen Entwicklung eines Kleinkindes vergleichen.

Der Psychologe kann dir als Beispiel nennen, daß zwei Knirpse Rücken an Rücken sitzen und nur durch die Berührung einen sozialen Entwicklungsprozeß erfahren. Wir müssen uns auf diesem neuen Gebiet des Kontakts als Kinder begreifen und lernen, das geringste Anzeichen geistiger Gesellschaft zu GENIEßEN, um so unsere Fähigkeit zu steigern, höher entwickelte Kontakte zu erleben. Ein ausdrücklicher Rat: Du weißt nie, wann du in den Genuß einer wahrhaft unersetzlichen geistigen Anleitung kommst, warte also in froher Erwartungshaltung, während du dich besser mit deinen geistigen Freunden und Begleitern bekannt machst.

Die Vorstellung der Freundschaft mit den geistigen Helfern sollte dir immer gegenwärtig sein. Wie es natürlich für dich ist, deinen Freunden nette Dinge zu tun, trifft dasselbe für die Haltung der geistigen Wesen dir gegenüber zu. Wenn du normale, dreidimensionale Freunde zu dir einlädst, versuchst du, die Atmosphäre so freundlich und gemütlich wie möglich zu gestalten und deine Gäste zu bewirten. Deine geistigen Freunde brauchen keine physischen Dinge wie Nahrung und Getränke. Deshalb finden wir die Tradition von Kerzen und Räucherstäbchen fest in allen okkulten und/oder spiritistischen Bewegungen verankert.

Wir haben bereits einen Spiegel und eine ungemusterte Wand auf der gegenüberliegenden Seite vorgeschlagen, nun fügen wir noch einen hübschen Kerzenhalter und Räucherstäbchen in der Nähe des Spiegels hinzu und nennen diese kleine Nische deinen persönlichen Altar. Wenn du wachsam bist, wirst du mit den geistigen Helfern überall Kontakt aufnehmen können, aber ich halte eine gut ausgerüstete kleine Altarnische wesentlich für die tiefere Arbeit.

Deine Empfängnisfähigkeit für geistige Phänomene wird sich natürlich an deinem Altar steigern, allein schon wegen der

Gewohnheit, diesen bestimmten Platz mit geistigem Kontakt zu assoziieren - du wirst dich besser konzentrieren können und du brauchst sowieso eine geeignete Stelle für deine heranwachsenden Gedankenformen.

Erinnerst du dich, daß der Zweck eines okkulten Rituals die Schaffung einer bestimmten Stimmung und/oder wirksamer Gedankenformen ist? Die Stimmung ist hier von großer Wichtigkeit, weil die höheren Geistwesen nur dann erscheinen, wenn die magische Atmosphäre gemütlich und deine Stimmung nicht belastet ist. Versuche niemals, geistigen Kontakt aufzunehmen, wenn du verärgert oder zu verängstigt bist; das Ergebnis wäre Null oder gar negativ.

Deine Vorbereitung sollte mindestens ein symbolisches Waschen der Hände einschließen, um negative Bindungen an die äußere Welt abzubrechen. Gehe dann hochgestimmt und mit froher Erwartung zu deinem Altar. Das Ritual beginnt bereits mit dem Anstecken der Altarkerzen und einem Räucherstäbchen mit Blumenduft (Jasmin, Nelke, Rose, etc.). Als nächstes stelle die Verbindung mit dem kosmischen Licht her, damit es deine schützende Lichtsphäre reinigt und stärkt. Sobald dein Schutzschild gut gestaltet ist, strahle Liebe und starkes, grünes Licht auf die ganze Umgebung deines Altars und sprich:

"Oh ihr Geistwesen, die ihr für mich wirkt, gut möchte ich in eure Reihen passen. Berührt mich mit eurer Erleuchtung, inspiriert und leitet mich mit eurem Licht. Seid ihr auf dem Weg zu mir, gebt mir eine Berührung, vielleicht ein paar Worte in mein Ohr. In Freundschaft will ich euch verbunden sein, damit wir glücklich zusammenwirken für alle Zeiten."

Während du den Spruch drei- oder viermal wiederholst, sollte deine Liebe und das grüne Licht den ganzen Raum füllen. Dann bleibe still und mit geschärfter Erwartung sitzen, um eine geistige Präsenz oder Berührung zu spüren, eine geistige Aura im Spiegel zu sehen und auf Stimmen oder stark ausgeprägte Gedanken zu lauschen. Spreche nach Perioden stiller Erwartung wieder den

Spruch, bis du fühlst, daß die Sitzung beendet ist. Danke dann laut deinen Freunden mit Worten, etwa so:

"Liebe Geistwesen, ich schätze euren Besuch und lade euch ein, ständig bei mir zu sein. Ich werde immer wachsam eurer Anleitung harren und mich bemühen, ein effektiveres Mitglied unserer Gemeinschaft zu werden. Seid gepriesen!"

Was kannst du bei solch einem Ritual erwarten? Die Ergebnisse reichen von einer Millionen-Euro-Idee bis zu einem geheilten Fingernagel. Und dazwischen ist eine Menge. Es liegt also an DIR, die Herausforderung anzunehmen.

Das Geheimnis eines perfekten Kontaktes mit den geistigen Helfern liegt darin, ein Gefühl äußerster Realität aufzubauen. Wenn deine geistigen Freunde dir so wirklich vorkommen wie Ehemann, Frau, Mutter, Vater oder Onkel, ist ihr Kontakt zu dir entspannt und natürlich - und das ist tatsächlich Perfektion. Sehr lange halte ich nun schon regelmäßig Sitzungen vor meinem Hausaltar ab, und ich kann bestätigen, daß in dieser ganzen Zeit meine geistigen Freunde keinen einzigen Ruf ignoriert haben. Sie sind ständig bei mir, wie deine Freunde bei dir sein werden. Wenn du die Barrieren des Zweifels und der Angst mittels glücklicher Erfahrungen durchbrochen hast, wirst du als Dank deiner geistigen Partner für deine Bemühungen in allen Lebensbereichen eine stets wachsende Effektivität entwickeln.

DIE TIEFE ZWERCHFELLATMUNG

Nichts ist so mächtig wie der einfache Prozeß der tiefen Zwerchfellatmung. Das ist die natürliche Art zu atmen. Diese Atmung zu entwickeln, wird dir gesundheitliche Vorteile und einen besseren geistigen Kontakt bringen.

MAGISCHE HEILUNG

Durch den Kirlianeffekt läßt sich wissenschaftlich nachweisen, daß Krankheit von der Aura auf den Körper übergeht. Muß dann Heilung nicht denselben Weg gehen? Verschafft diese Erkenntnis nicht den sogenannten magischen und spiritistischen Heilpraktiken eine neue, wissenschaftliche Grundlage? Falls du das letzte Kapitel ausgelassen hast, weil du an geistigen Kontakten nicht interessiert bist, hast du jetzt einen triftigen Grund, die Abschnitte über das Aurasehen nachzulesen. Sobald du in der Lage bist, nur die ersten beiden Schichten der Aura zu erkennen, besitzt du einen praktischen Schlüssel für ständige blühende Gesundheit.

Die innerste Schicht der Aura erstreckt sich von etwa drei Millimetern bis zu drei Zentimetern über der Haut. Sie ist die dichteste Schicht der Aura und fast mit der materiellen Welt verbunden. Die ätherische Schicht der Aura teilt dir deine momentane Vitalität und Stimmung mit. Wenn du abgespannt oder magisch angegriffen bist, schrumpft die ätherische Schicht, bis sie fast als heller Umriß dicht an deinem Körper zu sehen ist. Wenn du aber voller Vitalität und magisch aufgeladen bist, zeigt sie sich etwa drei Zentimeter weg von deinem Körper. Die regelmäßige Beobachtung dieses Teils deiner Aura über einige Wochen hinweg wird dir die Richtigkeit dieser Behauptung beweisen und dich befähigen, auf einen Blick die allgemeine Stimmung und den Vitalitätsgrad deiner Freunde zu erkennen.

Oftmals ändert sich der Gesundheitszustand schlagartig. Im Augenblick fühlst du dich gut, und im nächsten, wenn du z.B. einen Schluck Orangensaft getrunken hast, meinst du, ein Messer bohre sich dir in den Hals. Plötzlich hast du eine Halsentzündung. Das scheint aber nur so. Die Störung entwickelte sich eine Woche oder länger in der zweiten Auraschicht, bevor sie auf den Körper übergriff. Wenn du sie dort entdeckt und vorbeugende Maßnahmen ergriffen hättest, hättest du jetzt keinen entzündeten Hals! Jede mögliche Störung in deinem leiblichen Körper kündigt sich in der wichtigen, zweiten Schicht deiner Aura an. Über sie kannst du in ungeahnter Weise deine Gesundheit kontrollieren.

Die zweite Schicht der Aura erstreckt sich von der inneren Schicht bis zu 20 Zentimeter um den Körper. Sie ist viel unklarer als die erste. Während die innere Aura weiß oder blaßblau erscheint, weist die zweite Schicht reiche Pastellfarben auf. Viele Menschen sehen die Farben dieser Schicht bei den ersten Versuchen nicht.

Übe dich aber weiter in der Beobachtung der ätherischen Aura und den kleinsten Anzeichen der zweiten Schicht, und nach wenigen Wochen wirst du eine gute Farbwahrnehmung entwickelt haben.

Die Klarheit der Farbe ist wichtiger als die Farbe selbst. Eine gesunde Aura weist reiche Gold-, Grün-, Blau- und Violetttöne auf. Gelegentlich wirst du auch rote und orangefarbene Streifen sehen. Du kannst von einer guten Form ausgehen, solange die Farben frisch und klar sind. Jede Verwischung und Brauntönung der Aura ist ein Zeichen für drohende Schwierigkeiten und sollte beseitigt werden, bevor du den Spiegel verläßt. Aurische Störungen, die durch heimliche, magische Angriffe verursacht sind, verlangen vielleicht Spezialtechniken, aber die große Mehrheit deiner Probleme kann durch die normalen Techniken, die wir am besten Aurahygiene nennen, aus der Aura gesäubert werden. Ich rate dir dringend: Wenn das schmutzige Braun in deiner Aura nicht verschwindet, gehe schnellstens zu einem Arzt oder Heilpraktiker. Warum sollte man denn unnötige Risiken auf sich nehmen?

Sehen wir uns jetzt die Mechanismen von Problemen an. Wenn sich Angst zu übermäßigem emotionalen Streß aufstaut, sucht der Körper einen Ausweg aus diesen schlimmsten aller Schmerzen. Da körperlicher Schmerz leichter zu ertragen ist, sucht das Unterbewußtsein nach einem Ersatz im körperlichen Bereich, um die Psyche zu entlasten.

Die Psychosomatik erkennt einen großen Teil dieses Prozesses an, und die Psychologie arbeitet daran, die emotionalen Spannungen herabzusetzen. In diesem Kapitel findest du alles nötige Werkzeug, um diese Spannungen bei dir zu lösen. Das wichtigste Werkzeug bei der Entwicklung einer natürlichen Einstellung ist der Optimismus!

Er wirkt wie vorbeugende Medizin. Wenn dein emotionaler Zustand licht und fröhlich ist, bringst du Klarheit in die Aura. Wenn du aber pessimistisch oder niedergeschlagen bist, bringst du die Trübung des Versagens und der Enttäuschung in deine Aura. Ähnlich ist es mit deiner Umgebung. Wenn du mit optimistischen und glücklichen Menschen zusammen bist, wird positive Energie auf deine Aura übertragen, während die negative Aura von anderen dich infizieren wird.

Durch den Kirlianeffekt wurde ebenfalls bestätigt, daß die Aura eines gesunden Menschen heller ist als im Krankheitszustand. Wir können also sowohl wissenschaftlich als auch durch den Okkultismus belegen, daß alles, was die Farben der Aura heller und klarer macht, zu allgemeiner Gesundheit und Wohlbefinden des Organismus beiträgt. Abgesehen von allgemeinverständlichen Maßnahmen, wie wir sie besprochen haben, sind die nützlichsten Werkzeuge, um sich zu heilen, die grundlegende magische Entwicklungsübung zur Reinigung der Aura, die konzentrierte Shivakraft des blauen Lichtes und der permanente Kraftwirbel.

DAUERHAFTE GESUNDHEIT

Die Aufrechterhaltung von blühender, persönlicher Gesundheit fordert den gleichen Preis wie Freiheit: ständige Wachsamkeit. Wenn deine Aura hell und klar bleibt, wird auch deine Gesundheit gut bleiben. Ein einfaches Übungsprogramm führt uns dorthin:

Bewahre dir immer eine positive, glückliche Einstellung. Abgesehen von seinem Ruf als Frauenhasser hat uns der Apostel Paulus mit seinen Worten eine äußerst nützliche Formel für diesen Schritt gegeben: "Was immer wahr ist, was immer ehrlich ist, was immer gerecht ist, was immer rein ist, was immer schön ist, was immer einen guten Ruf hat; wenn es eine Tugend gibt, und wenn es ein Lob gibt, denkt an diese Dinge." Dies beinhaltet auch, Kontakt mit negativen Menschen möglichst zu vermeiden und besondere Sorge für eine reine Aura zu tragen, wenn sie irgendeinem negativen Einfluß ausgesetzt wurde.

Mache die grundlegende magische Entwicklungsübung mindestens einmal in der Woche, damit deine magischen Zentren offen sind und helle, klare Energie ausstrahlen. Greife auch zu dieser Übung, wenn du dich träge oder negativ fühlst.

Prüfe täglich deine Aura im Spiegel (mindestens einmal morgens und abends). Merke dir ihr Aussehen, wenn du dich wohlfühlst, und arbeite sofort an ihr, wenn sie schwach oder erschöpft aussieht. Reinige sie mit der magischen Entwicklungsübung, und falls nötig, benutze noch die Shivakraft der lichtblauen Energie, gefolgt von der wiederbelebenden roten Energie des Wurzelzentrums. Wenn die Aura schwach oder bräunlich gefärbt bleibt, gehe schnell zu einem guten Arzt und/oder einem guten magisch-energetischen Heiler. Du kannst beide Erfolge beurteilen, wenn du deine Aura nach der Behandlung überprüfst.

Bewahre dir einen starken Kraftwirbel und lade ihm die Verantwortung auf, deine Aura rein und deinen Körper gesund zu halten.

HEILENERGIE ÜBERTRAGEN

Um heilende Energie zu übertragen müssen wir von der Grundlage ausgehen, daß Lebenskraft oder universale Heilungsenergie überall im Übermaß vorhanden ist. Du mußt, bildlich gesprochen, nur eine Leitung oder ein Schlauch werden, dich anschließen und der schöpferischen Kraft des Universums die Arbeit überlassen. Der Anschluß an die Energie ist einfach, aber ein wenig Ritual hilft dabei. Stehe aufrecht und gerade, halte die Hände mit den Handflächen nach oben über den Kopf, um die Energie aufzufangen, atme tief bis zum Zwerchfell ein, und während du den Atem anhältst, sprich leise oder laut:

"Unendlicher Geist, Urgrund des Seins, geliebte geistige Begleiter, ich greife nach der unendlichen, heilenden Energie für diesen Menschen und bitte um eure Hilfe, mich zum Kanal für vollkommene Heilung zu machen. So soll es sein."

Nimm dann die Hände herunter und bringen sie so nahe zusammen, daß du den Energiefluß zwischen ihnen fühlen kannst. Merke dir bei den ersten Malen die Richtung des Energieflusses, also welche Hand sendet und welche empfängt. Beginne bei den Heilungen immer damit, daß du den Patienten in einen bequemen Stuhl seitlich vor dich setzt, wodurch du leichten Zugang zu seinem Rückgrat und damit zu seinen magischen Zentren bekommst.

Dann hältst du die Empfängerhand einige Zentimeter über den Kopf des Patienten, direkt über das Scheitelzentrum, und berührst mit der sendenden Hand zuerst das Wurzelzentrum und danach alle anderen Zentren das Rückgrat hinauf. Du fühlst dabei den Energiefluß und damit das Zentrum, das am meisten behandelt werden muß. Zentren, die sich verstopft oder blockiert anfühlen, werden am intensivsten bearbeitet.

Versuche, mit beiden Händen vom Rücken her oder mit der Empfängerhand vor dem Zentrum Energie durch das Zentrum zu senden. Arbeite an jedem einzelnen Zentrum, bis du einen guten Energiedurchfluß spürst.

Dann lege die Hände auf die erkrankten Teile des Körpers des Patienten; falls es euch beiden angenehm ist, lege die Hände direkt auf - sonst halte sie in einigen Zentimetern Abstand (eine offene Wunde sollte besser nicht berührt werden, oder es gibt vielleicht Probleme mit den Geschlechtsteilen). Als nächstes ergreife die Hände des Patienten und lenke durch sie die Energie in den Körper, dann kreuze die Arme und wiederhole den Prozeß in umgekehrter Richtung. Der Heilungsprozeß sollte damit abgeschlossen werden, daß du die Empfängerhand wieder über das Scheitelzentrum des Patienten hältst, und mit deiner sendenden Hand die Energie durch die Zentren von der Wurzel aus nach oben lenkst, um das gleichmäßige Fließen zu überprüfen. Wenn du mit dem Energiefluß zufrieden bist, lege die Hände auf Herz- und Stirnzentrum des Patienten und sprich laut oder leise ein Dankgebet:

"Ich entrichte meinen Dank für die vollkommene Heilung dieses Menschen. Ich sehe ihn (oder sie) jetzt vollkommen, rein und perfekt und über seine kühnsten Erwartungen hinaus glücklich, wachsend und wohlhabend. So soll es sein."

Dann laut zu dem Patienten: *"Gott segne dich."*

Während des Heilungsprozesses hast du über deine Hände eine Verbindung mit dem Patienten hergestellt, die gebrochen werden muß, damit sich seine Symptome nicht auf dich übertragen. Wasche die Hände sofort mit kaltem Wasser. Danach unterrichte den Patienten am besten über die vier Schritte der Selbstheilung und fordere ihn zu maximaler Zusammenarbeit auf, damit du deine Heilkraft nicht wegen seiner mangelhaften Aurahygiene vergeudest.

FERNBEHANDLUNG

Häufig wirst du auch Menschen helfen wollen, die weit weg sind und nicht zu dir kommen können. Oder du fühlst vielleicht zu großen psychischen Widerstand bei einem Skeptiker. In beiden Fällen ist die Technik der Fernbehandlung angezeigt. Zu Beginn der Fernbehandlung atme tief ein und greife nach der heilenden Energie über dir, als ob der Patient bei dir im Zimmer sei, und benutze das gleiche Eröffnungsgebet. Dann stelle dir die Person vor dir vor und leite die heilende Energie von deinen erhobenen Händen sowie die blaue Energie aus deinem Kehlenzentrum auf ihre Aura und reinige nacheinander die magischen Zentren. Wenn dir die Zentren klar erscheinen, richte die Energie auf ihre besonderen Probleme oder Körperteile, die Hilfe brauchen. Schließe dann mit dem Dankgebet ab, als ob die Person bei dir sei, und gehe die Hände waschen!

Die Aurabilder zeigen klar, daß die Energie von dir zum Patienten fließt, aber woher hast du sie bekommen? Wenn du dich als Leitung oder Kanal für die Energie empfindest, wirst du einen entzündeten Fingernagel, Krebs, einfache Kopfschmerzen, Arthritis oder eine laufende Nase mit der gleichen Wirksamkeit heilen. Aber mit einer geistigen Sperre wie "unheilbar" oder "Ich muß das tun", wirst du eine Niete ziehen. Wie können wir diesen Zustand frustrierter Hilflosigkeit vermeiden? Indem wir in solch kindlicher Ehrfurcht vor dieser Macht stehen, daß das Ego sich nicht in den Vordergrund drängen kann. Wie aber finden wir zu dieser kindlichen Ehrfurcht? Einfach durch Übung. Wende die Macht in vielen Situationen an, die dich emotional nicht oder kaum belasten, und erkenne, daß sie ständig positive Ergebnisse erbringt. So kannst du Vertrauen in die Macht entwickeln, gestützt auf die Beobachtung deiner Ergebnisse.

Dein eigenes Vertrauen genügt aber nicht immer. Wenn der Patient die Vorstellung von "unheilbar" voll akzeptiert hat, kann er durch Sperrung gegen die Behandlung oder gar mit Beschleunigung der Krankheit reagieren. Wir wissen aber, daß die

Krankheit ihren Ursprung in einer eher magischen Störung oder Störung einer Gedankenform in der Aura des Patienten hat.

Deshalb ist der Schlüssel zur Heilung das Aufbrechen dieser negativen Gedankenform durch das Shivaprinzip der blauen Energie des Kehlenzentrums. Beginne das Programm für den Patienten mit dem Aufbau einer Gedankenform auf seinem (oder ihrem) Kopf. Gehe wie üblich mit der Energiekugel vor.

Programmiere sie mit dem Bild des Patienten in blühender Gesundheit, und mache sie zu einem wirbelnden Energiestrudel, indem du sie von der linken Seite mit dem Blau des Kehlenzentrums fütterst. Dann gib ihr den stillen, aber festen Befehl, alle gegensätzlichen Gedankenformen aufzubrechen und verfahre in der üblichen Weise mit der Heilung.

AURA, FREUNDSCHAFT UND LIEBE

Was du bist, drückt sich in deiner Aura aus und wird von den Menschen, die dir nahe kommen, gefühlt oder gespürt. Wenn dir gefällt, was du bist, färbt das auf die Aura ab und teilt den Leuten mit, daß man dich ohne Schaden mögen kann. Im letzten Kapitel haben wir herausgearbeitet, daß eine reiche Aura die wichtigste Voraussetzung für gute Gesundheit ist.

Nun wollen wir die Aurahygiene auf das geistige Bild von uns selbst ausdehnen, denn die Meinung, die wir tief in uns von uns haben, ist der wichtigste Faktor bei der Meinungsbildung anderer von uns. Was denkst du wirklich über dich? Bist du sicher?

Hier ist eine kleine Übung, mit der du leicht deine verborgene Meinung über das Wunder, das du selbst bist, aufspürst. Nimm Papier und Bleistift, und setze dich vor einen Spiegel. Lächle dein Spiegelbild freundlich an und sage: "Du bist ein netter Mensch! Du verdienst Freundschaft, Erfüllung, Wohlstand und Glück". Lausche dann auf die Reaktion von innen. Wenn du mit dem Gesagten übereinstimmst, ist das Bild von dir selbst ausgezeichnet. Aber wenn die Antwort lautet:

"Oh nein, das bis du nicht!" hast du einige Arbeit vor dir.

Gib dich nie mit einer allgemeinen, negativen Antwort zufrieden. Entgegne deinem Spiegelbild, als ob es dein inneres Wesen oder Unterbewußtsein wäre. Sage ihm: "Eine allgemeine Antwort ist Rufmord und wird nicht akzeptiert. Was ist der genaue Grund, weshalb ich das nicht wert sein soll?" Schreibe dann die Antworten auf, wie sie sich durch dein intuitives Gespür äußern. Für jeden Charakterzug oder Gewohnheit, die wir mit dieser Methode verbessern, wird es eine Belohnung geben, denn es schlägt sich auch in deiner Aura nieder. Wenn du ein solides Selbstwertgefühl hast, können wir daran gehen, deine Aura mit dem Magnetismus aufzuladen, der neue Freunde und Liebhaber anzieht. Stelle dir deinen Körper als einen stabförmigen Magnet vor, der sich vom Wurzelzentrum zum Scheitelzentrum erstreckt.

Wir kennen alle das klassische Bild des Magnetfeldes, das in bogenförmigen Linien von einem Pol zum anderen reicht.

Um ein magischer Supermagnet zu werden, stelle als erstes die Verbindung mit dem Licht her, wie zu Beginn der magischen Entwicklungsübung. Konzentriere das Licht auf dein Wurzelzentrum, dann lasse sie dort nach unten austreten, um in bogenförmigen Kraftlinien durch das Scheitelzentrum wieder in deinen Körper zurückzukehren. Versuche das einmal, kurz bevor du das Haus verläßt (um z.B. zur Arbeit zu gehen).

Lasse die magnetische Energie aus dem Wurzelzentrum fließen und das System "eingeschaltet", wenn du an deine tägliche Routine gehst. Wenn du das System gut aufgebaut hast, wirst du verblüfft sein über den Unterschied, wie sogar Fremde und flüchtige Bekannte auf dich reagieren.

Eine gute Aurawahrnehmung wird dich regelmäßig warnen, wenn du bei einem Freund oder Bekannten eine schwache Stelle oder ein Vorurteil berührt hast. Das kann ein ziemlicher Gewinn in deinen menschlichen Beziehungen sein, denn die meisten Menschen schämen sich ihrer Schwächen. Es kann dann passieren, daß sich die Beziehung oder Freundschaft abkühlt, ohne daß ein Grund vorliegt.

Wenn du aber die Aura beobachtest, wirst du genau sehen, welche deiner Aussagen die negative Reaktion hervorgerufen hat, und kannst die Sache sofort bereinigen. Halten wir uns doch vor Augen, daß niemand perfekt ist, und es ist einfacher, eine Sache sofort zu bereinigen, als sich jahrelang zu wundern, warum jene interessante Person dich plötzlich hat fallen lassen. Nach einigen Monaten Praxis wirst du sich wundern, wie du dich in der Welt zurechtgefunden hast, bevor du die Menschen durch ihre Aura verstanden hast. Die wachsende Wahrnehmung der Änderungen in der Aura als Stimmungsanzeiger gibt ein ausgezeichnetes Werkzeug für dein Liebesleben ab. Die moderne Werbung geht davon aus, wie schon Freud sagte, daß die materielle Umwelt in vielen Bereichen auf Variationen des Sexualtriebs aufbaut.

Du wirst Deine Anziehungskraft steigern, gespeist durch die Energie des roten Zentrums. Das wird die Menschen um dich in eine aufnahmefähige Stimmung versetzen. Welch ausgezeichnete Gelegenheit zu üben, auf andere aufregend zu wirken! Das Werkzeug dazu hast du bereits - die Energiestrahlen zum Kräftigen der permanenten Gedankenformen.

GELD UND WOHLSTAND

Es klingt vielleicht wie eine Wiederholung, aber positives Denken ist die Grundlage jeder erfolgreichen okkulten oder magischen Tätigkeit. Es sollte die Tornadoähnliche, permanente Gedankenform des Wohlstands, die du schon aufgebaut hast, bereits wirksam sein, bevor du den nächsten Schritt unternimmst. Du brauchst die Kenntnisse über und Erfahrung mit dieser Gedankenform, bevor du dich an den Staudamm wagen kannst. Der wesentliche Punkt ist:

Das Wasser fließt weiter, aber jetzt unter der Leitung des Menschen, damit die Energie, die früher verschwendet wurde, für die Arbeit des Menschen nutzbar gemacht wird. Setze dich vor den Spiegel, und stelle dir einen riesigen Damm dahinter vor. Erhebe die Hände, und füttere das geistige Bild mit der Energie der Gedankenform. Wenn du siehst, daß der Damm genügend Größe und Festigkeit hat, sprich:

"Du bist mein besonderer Damm, geformt mit Kraft und Liebe, um die magischen Ströme des Reichtums und Wohlstands für mich zu bändigen. Ich weiß, daß dieser Prozeß niemandem etwas wegnimmt, sondern die großen magischen Ströme voll ausnutzt, die sonst unbemerkt dahinflössen. Deshalb ist mein Damm eine Kraft des Guten. Er bringt der Welt durch meine persönliche Erfahrung Neue Reichtümer. Ich danke für die unendliche Großmut des Schöpfers, der diese Bedingungen geschaffen hat. So soll es sein."

Wende eine volle Woche lang jeden Abend 15 Minuten auf, um die Einzelheiten deines magischen Dammes zu entwerfen und ihn mit der Gedankenformenergie aus deinen Händen zu füttern, bis er größer und größer wird. Schließe jede Sitzung mit dem lauten "Du bist mein besonderer Damm . . ." ab. Erneuere die Struktur dann in gleicher Weise mindestens einmal wöchentlich, und genieße den neuen Strom von Reichtum, Geld und persönlicher Macht in deinem Leben. Für die Gruppe von Geistwesen, die sich ausschließlich mit dir befassen, ist es natürlich keine Motivation, dir zu Wohlstand zu verhelfen, wenn du den geistigen Kontakt zeitweilig oder ganz vernachlässigst.

Deshalb bemüht sich das Kapitel über geistigen Kontakt um Freundschaft mit deinen geistigen Helfern und um die Beseitigung selbstsüchtigen Verhaltens bei geistigen Kontakten. Wenn du gute Kameradschaft mit deinen geistigen Führern empfindest, kannst du sie auch in deine materiellen Absichten einweihen.

Ein einfacher Kontaktversuch: Wenn du am Altar den Kontakt hergestellt hast, versuche es einmal mit folgenden Worten:

"Gute geistige Freunde, Armut und Pech sind keine guten Voraussetzungen für geistige Wahrheitssuche und Wachstum in der heutigen, ökonomischen Atmosphäre. Tatsächlich kann ich mit einem gewissen finanziellen Überschuß sowohl Zeit als auch eine behagliche Umgebung kaufen, die bei der Wahrheitssuche und Meditation förderlich sind. Ich möchte euch zu Partnern in meiner finanziellen und geistigen Entwicklung machen, und ich gelobe, daß kein noch so großer weltlicher Reichtum mich von der Wahrheitssuche abbringen wird. Ich werde mich von Geld und Eigentum nicht besitzen lassen, sondern es für geistig konstruktive Zwecke benutzen. Bitte beteiligt euch an meinem spirituellen und magischen Streben nach Verbesserung meiner wirtschaftlichen Lage, und laßt mich euch beweisen, daß es wirklich eine Hilfe für meine geistige Entwicklung sein wird. Ich danke euch für die positive und greifbare Hilfe, die ihr mir jetzt und in Zukunft gewähren werdet."

Versprich ihnen dann, daß du noch mehr Anstrengung für eine allseitige Verbesserung aufwenden wirst und jeden Beweis für wachsenden Wohlstand als besonderen Anreiz für deine weitere geistige Entwicklung begreifst. Sobald klar ist, daß die geistigen Führer dir finanziell helfen, solltest du ihre Unterstützung beim Formulieren einiger umfassenden Ziele einholen, die wir am besten als Meisterplan für geistiges Wachstum, Wohlstand und Reichtum bezeichnen. Sein eigentlicher Zweck ist, die Beziehung zu deinen geistigen Helfern zu verbessern und die Zusammenarbeit voranzubringen, wodurch besondere Gelegenheiten für finanzielle Glücksfälle als auch die geistige Ausgeglichenheit winken, die den Erfolg absichert.

Beginne damit, daß du Notizblöcke und Schreiber an strategische Stellen legen wie z.b. an Nachttisch, Altar, Lieblingssessel oder -couch, wo du gewöhnlich ausruhst. Gehe dann zum Altar und rufe deine geistigen Begleiter:

"Gute geistige Freunde ich danke euch für die greifbare Hilfe in meinem finanziellen und geistigen Leben. Ich fühle die Realität unseres geistigen Teams und möchte meinen Platz darin so gut als möglich ausfüllen. Bitte akzeptiert mich als verantwortliches Mitglied des Teams und vertraut mir eure Ziele und Pläne für uns an. Ich werde wachsam und empfänglich sein, um eure Ideen in den nächsten zwei Wochen zu empfangen, und wenn ich sie verstanden habe, werde ich mit euch arbeiten, um sie praktisch umzusetzen. Ich danke euch. So soll es sein."

Entspanne dich dann, und mache dir Notizen über die Gedanken, die dir eingegeben werden. Du wirst häufig Eingebungen haben, um mit neu gewonnenen Fähigkeiten bestehende Talente zu entwickeln, aber des Ziel wird individuell sehr verschieden sein. Schließlich können wir nicht alle eine Universität oder eine neue religiöse Bewegung gründen.

Du findest vielleicht unauffälligere Ziele für dieses Leben, etwa indem du anderen, die noch nicht so weit auf dem Weg der geistigen Entwicklung sind, gute Stellen und Arbeitsbedingungen verschaffst. Der wichtigste Punkt dabei ist ein aufgeschlossenes Herangehen, das die Kleinigkeiten nicht vernachlässigt und vor den großen Dingen nicht zurückschreckt.

Eine positive Einstellung ist hierbei das wichtigste. Wenn du Vertrauen zu deinem großen Damm und der Hilfe deiner geistigen Begleiter gewinnst, brauchst du die alten Ängste des Pechs und des Versagens nicht mehr zu haben. Kopple das Vertrauen mit einem immer besseren Bild von dir selbst. Wenn du weißt daß du des zunehmenden Reichtums würdig bist, wirst du nicht zögern, ihn zu nutzen. Und wenn deine geistigen Partner dich als Kanal zur Hilfe für eine Organisation oder Person benutzen, diene mit Freude. Halte den Anteil des Geistes bei einem getätigten Geschäft nicht zurück, das wäre ein offensichtlicher Mangel an Vertrauen. Handle im Sinne der Würdigkeit und des Vertrauens, und denke daran, daß kein großes Geschäft zustande kommt, wenn man sein Kapital hortet. Gib in gleicher Weise nur für Fälle und/oder Menschen, an die du wirklich glaubst: ob es sich um deine Zeit oder dein Geld handelt, gib von beidem nur das, hinter dem du voll und ganz stehst. Deine geistige Verpflichtung gegenüber Menschen und Einrichtungen, die du aus vollem Herzen unterstützt, wird beiden Seiten helfen. Wenn du jedoch zähneknirschend spenden würdest, laß es lieber ganz bleiben. Es hätte nur einen schwächenden Effekt auf dein Wohlbefinden. Deine geistigen Helfer jedoch wissen, was gut für dich ist, und werden dir hierbei als Teil deines umfassenden Plans für finanzielle Entwicklung und Wohlbefinden helfen. Versuche es, und du wirst zumindest das eigene Leben, wenn nicht gar viele andere bereichern. Der Zweck dieses Kapitels ist, dich zu dem Starken werden zu lassen, der seine eingebildeten Ketten **jetzt** bricht und als sofortige Belohnung ein leuchtendes, glückliches Leben findet. Chronische Probleme können viele Formen annehmen. Sie äußern sich vielleicht in chronischen Kopfschmerzen oder Blinddarmreizungen, oder du leidest vielleicht unter einer zänkischen Ehefrau oder einem geizigen Mann. Wir haben einiges davon aus früheren Leben mitgebracht und sind so daran gewöhnt, daß wir sie als "Teil von uns" akzeptieren. Um diese Probleme praktisch anzugehen, müssen wir die geistige Ursache suchen, die diesen Erscheinungsformen zugrunde liegt. Wie alle normalen Menschen habe ich Augenblicke, in denen ich wütend rufe: "Wie lange muß ich das noch ertragen?" Wenn man aber auf die Antwort von den geistigen Begleitern hört, lautet sie immer: "Bis du deine Lektion gelernt hast, mein Freund!" Wenn du das gehört hast, laufe nicht frustriert davon. Die Sache muß jetzt ausgekämpft werden. Erwidere: "Bitte, helft mir, die Lektion zu verstehen." Meditiere dann über die höheren Wahrheiten, die hinter den unmittelbaren Äußerungen der Misere stecken. In entspannter Verbindung mit deiner geistigen Leitung erinnerst du dich vielleicht an eine vergangene Lebenssituation, die du nicht bewältigt hast, oder du erkennst eine neue Anwendung einer einfachen, geistigen Wahrheit. Wenn du den geistigen Durchbruch fühlst, solltest du ihn dankbar akzeptieren, aber weitere Tage darüber meditieren, bevor du einen vollständigen Aktionsplan festlegst. Eine übereilte Aktion, die nur auf einer teilweisen Einsicht beruht, kann eine Situation noch komplizieren, die durch einige Tage der Überlegung leicht hätte gelöst werden können.

Der konstruktive, anziehende, aufbauende Aspekt des Lichtes kann mehr als 90 Prozent unserer Probleme lösen, wenn er mit den Techniken positiver Gedankenformen kombiniert wird. Es gibt jedoch auch Situationen, in denen wir Sprengstoff oder einen Bulldozer brauchen, um aus einer Falle auszubrechen, oder um die Grundlage für ein größeres Bauprojekt zu schaffen. In diesen Fällen hilft die Zusammenarbeit mit dem zu unrecht gefürchteten Mitglied der Hindu-Dreieinigkeit, Shiva, um mit Hilfe der Laserkraft des Lichtes den Weg zur Freiheit freizusprengen. Diese Dreieinigkeit besteht, aus Brahma, dem Oberhaupt der vedischen Götter, Vishnu, dem Erhalter, und Shiva, dem Zerstörer. Wenn man sich die Kraft des Shiva ausmalt, denkt man an Orkane, Erdbeben, Waldbrände und Springfluten, in Wirklichkeit ist es aber die Macht, die Veränderungen hervorbringt, um wieder ein neues Gleichgewicht herzustellen. Wenn der Mensch das Gleichgewicht in der Natur zu sehr stört, beschwört er Shivas Zerstörungskraft herauf, aber sogar diese Kräfte können gezähmt, beherrscht und zu unserem praktischen Nutzen verwendet werden. Wenn es Zeit für dich ist, dich von etwas zu trennen, bekommst du einige leise Warnungen, und wenn du sie befolgst, ist alles in Ordnung. Wenn du die Warnungen aber in den Wind schlägst, wird Shiva dich gewaltsam und konsequent mit psychologischen Verletzungen von der Sache "befreien". Wenn du ein schmerzfreies Leben führen willst, arbeitest du am besten mit Shiva zusammen.

Genug der Vorsichtsmaßnahmen! Machen wir uns an die Herangehensweise. Wenn dir Form und Anwendung der Laserstrahlen bekannt sind, kannst du damit eine gute Gedankenform bilden. Die Technik ist, deine Gedankenform als starken Strahl lichtbogenblauen Lichtes auf den wesentlichen Punkt deines Problems zu konzentrieren. Sieh das mächtige Licht als zersetzenden Strahl, der das Problem auflöst. Bitte dann Shiva mit einem Gebet um Hilfe:

"Shiva, ich strebe danach, die Natur der Änderung zu begreifen, um so besser mit deiner Kraft Gutes erzeugen zu können. Ich bitte dich um Hilfe für meine befreiende Gedankenform und danke dir, daß all deine mächtigen Kräfte der Änderung **jetzt** auf diese Lösung gerichtet werden."

In der metaphysischen Tradition gibt es einen einfachen Weg, um lästige Personen loszuwerden. Wenn dir wirklich jemand auf die Nerven geht, machen ihn zur Nummer Eins auf deiner Gebetsliste: bete fest für sein geistiges Wachstum, Wohlstand und sein höchstes Gut. Wenn du es mit guter und nicht böser Absicht tust, wird diese Person entweder ein guter Freund werden oder aus deinem Leben verschwinden. Es ist wichtig, daß wir diesen Abschnitt auf diese Weise beginnen, denn du würdest einen Fehler machen, wenn du zur Magie greifst, ohne die metaphysische Methode überzeugt anzuwenden. Wenn ich diese Methode vorschlage, ist die Reaktion allzu häufig: "Für diesen fürchterlichen Mensch beten? Niemals!" Um diese Einstellung zu ändern, brauchst du nur deine Aura im Spiegel anzusehen, um festzustellen, daß die negative Einstellung dich nur noch um so fester an jene Person bindet.

Doch nehmen wir einmal an, du hättest einige Wochen für das höchste Gut deines Gegners gebetet, ohne daß sich eine positive Wirkung abzeichnete. Dann ist eine stärkere Macht angemessen.

Hier ist ein Ritual, das wie Sprengstoff wirkt. Nimm deine bevorzugten Räucherstäbchen, Kerzen, am besten zwei blaue Wachsstöcke, Papier und Bleistift mit zu deinem Altar oder Meditationsort. Stelle eine gute Verbindung mit dem Licht her, und sorge dafür, daß deine magischen Zentren rein sind und viel Energie ausstrahlen. Versetze dich in eine gute, positive Stimmung, indem du die Kerzen und Räucherstäbchen anzündest und das ganze Zimmer mit dem mächtigen, schützenden Licht füllst. Schneide oder reiße fünf Stückchen Papier, und schreibe auf jedes: "Befreiung von . . . (Name der Person). Richte dann die Energie des Kehlenzentrums auf die rechte Kerze, bis deren Aura blau wird und die Energie des Wurzelzentrums auf die linke Kerze, bis deren Aura rot wird. Als nächstes nimm einen der Zettel zwischen die Hände und sprich laut:

Agni, Herr des Feuers und der Flammen, erhöre mich. Thor, schleudere deinen Donner auf diesen Menschen und bringe ihn zum Gehen. Shiva, Herr der Änderung, ordne das Leben dieses Menschen neu. Weg von mir muß er gehen. Ich danke euch dafür. Donner, Feuer und Shivas Macht, dient mir in dieser Stunde. In Licht und Friede will ich sein. Das ist mein Wille. So soll es sein.

Verbrenne dann das Papier an der rechten Kerze. Wiederhole den Spruch, während du einen Zettel nach dem anderen in die Hand nimmst, und verbrenne sie abwechselnd an der linken und rechten Kerze. Wenn das fünfte Stück Papier verbrannt ist, sprich laut: "Es ist vollbracht. Dank euch allen, so soll es sein."

Um maximale Erfolge zu erzielen, beginne das Ritual einige Tage nach Vollmond, und führe es an fünf aufeinanderfolgenden Abenden durch. Du kannst das Ritual noch verfeinern, indem du zur Stunde des Saturn am ersten Samstag nach Vollmond beginnst. In den meisten Fällen genügen aber die oben beschriebenen Vorschläge.

"Ich fühle mich direkt an der Grenze zum großen Durchbruch, aber ich schaffe anscheinend den letzten Schritt nicht." Untersuchen wir einmal das Wesen eines Durchbruchs: es bedeutet, daß eine starke Macht eine schwache Stelle gefunden hat, wie etwa in der Kriegführung oder bei einem Dammbruch.

Falls es sich nicht um die Erwartung eines bestimmten Ergebnisses handelt, bedeutet dieses Gefühl einfach, daß deine geistigen Begleiter dich zu größeren Anstrengungen inspirieren wollen. Ein richtig großer Durchbruch kommt nicht einfach und plötzlich. Ein Wendepunkt hat zur Voraussetzung, daß viel härter und mit größerer Begeisterung gespielt oder gekämpft wird.

Das Geheimnis des großen Durchbruchs ist, den Begeisterungsgrad hoch zu halten. Lasse dich jedesmal, wenn eine Kleinigkeit nach deinen Vorstellungen klappt, inspirieren, Größeres mit noch mehr Vertrauen und Begeisterung anzustreben. Wasser durchbricht einen Damm, indem es überall Druck ausübt und dann durch jenen Punkt mit dem geringsten Widerstand fließt.

Die alten Chinesen hatten das Wesen des Wassers begriffen: es fließt dahin, füllt alle Vertiefungen, schreckt nicht vor gefährlichen Stellen oder Abgründen zurück und bleibt seinem Wesen immer treu. Der Vergleich liegt auf der Hand: Kein Hindernis kann ein stetes Wachstum aufhalten. Um jede Schlacht zu gewinnen, mußt du einmal mehr aufstehen, als du niedergeschlagen wurdest.

MACHT, EINFLUSS UND ENERGIE

Atme die Luft bis zum Wurzelzentrum hinunter, als ob sie am unteren Ende des Bauches ausströmen sollte. Fühle das Strecken der unteren Bauchmuskulatur und eine allgemeine Entspannung des übrigen Körpers, während du die Luft 15 bis 30 Sekunden lang anhältst. Während du die Luft so weit als möglich unten hältst, zwingst du die Lebenskraft, zum Wurzelzentrum zu fließen, um seinen Energiefluß zu verstärken und dich von einem normalen Magneten in einen Supermagneten zu verwandeln. Mache diese einfache Übung mehrmals zehn bis fünfzehn Minuten täglich, bis sie dir geläufig ist. Wenn du dann auf dem Weg zu einer Versammlung bist, auf der du besonderen Einfluß ausüben möchtest, mache unterwegs die Übung.

Wann immer du mit anderen Menschen zusammenkommst, gehen die Auras in eine Schlacht um die Stimmung. Wenn du zum Beispiel glücklich bist, während die andere Person bedrückt ist, versuchen beide Auras, aufeinander einzuwirken. Die stärkere Aura wird die größere Wirkung haben, aber bald werden beide Menschen in einer gemischten Stimmung sein. Das ist zwar gut für die Person, die schlechte Stimmung hatte, aber für dich war es ein schlechter Handel. Ein guter Teil unserer Verteidigung kommt von der Einsicht, daß diese magischen Schlachten eine ständige Erscheinung sind.

Du mußt also entweder negativ gestimmte Menschen vollkommen meiden oder aber deine Aura so kräftigen, daß andere als positive Gefühle weggeschwemmt werden. Die grundlegende magische Bewußtheit, die du durch die magische Entwicklungsübung und den geistigen Kontakt aufgebaut hast, hat enormen praktischen Wert beim Erkennen der aurischen Schlachten, die deine und anderer Leute Stimmung bestimmen.

Übe es, die Stimmung jedes Menschen zu erfühlen, der dir nahekommt, um zuerst deine Bewußtheit zu schärfen, und um dann spielerisch bewußt in die Stimmungsschlachten einzugreifen.

Sobald die Stimmung eines anderen deine positive Kraft zerstreuen will, wirst du dich durch die Wurzelzentrumatmung gut beherrschen und jede Situation oder Gruppe zu deinem Vorteil beeinflussen können. Betrachte diesen Absatz als Erweiterung der grundlegenden magischen Ökologie, mit der wir früher schon begonnen haben. Es ist von größter Wichtigkeit, daß du dir ständig der Energien bewußt bist, die vor allem in nahem, körperlichem Kontakt mit anderen Menschen auf deine Aura übergreifen.

Je mehr du die Mechanismen des Energieflusses erkennst, um so besser wirst du sie bewußt kontrollieren können. Mit wachsender, magischer Bewußtheit wirst du Situationen noch einmal überschauen, nachdem du sie erlebt hast. Dadurch wirst du den Fluß magischer Kräfte vollkommener verstehen und Schritte planen können, um in Zukunft volle Siege zu erringen.

Bei dieser Arbeit mußt du den Blick immer auf deine hohen, geistigen Ideale richten, aber praktisch genug bleiben, um zu wissen, daß Kommunikation beim Wurzelzentrum beginnt, sich durch die Unterstützung des Sakralzentrums steigert und sich der Vollkommenheit nähert, wenn alle drei unteren Zentren zusammenwirken. Deshalb wird Rapport und Einfluß auf einzelne oder Gruppen durch leichte Stimulation des Wurzelzentrums hergestellt (wenn z.B. ein Redner mit einem etwas gewagten Witz beginnt), um die sympathische Aufmerksamkeit zu gewinnen, die zum Einschalten des Sakralzentrums nötig ist. Wenn du dir auch über diesen Prozeß bewußt bist, wirst du die Gruppenempfänglichkeit fühlen und wissen, welche Ideen, Witze oder Energien du als nächstes anwenden sollst. Dies ist auch eine ausgezeichnete Gelegenheit, um deine Fähigkeit zum Aufbau von Gedankenformen zusätzlich einzusetzen.

HILFE DURCH SELBSTHYPNOSE

Hypnose kann eine positive Wirkung haben, vor allem wenn sie im Bereich der Aura angewendet wird, um sie mit zusätzlicher Kraft und Einfluß aufzuladen. Die Angst, eventuell durch den Hypnotiseur ausgenutzt zu werden, umgehst du ganz einfach, indem du dich selbst hypnotisierst. MP3-Recorder können heute schon ziemlich billig erworben werden, dein Handy kann es wahrscheinlich auch schon. Ausgezeichnete Resultate ergeben sich mit folgender Aufnahme, die ich dir nur empfehlen kann.

Sprich überzeugt, überzeugend und beruhigend. Wenn du besondere Probleme hast, füge sie gegen Ende der Aufzeichnung ein. Es wird glatter gehen, wenn du deine Zusätze aufschreibst und die Stellen markierst, wo sie eingefügt werden sollen. Du kannst auch Anregungen wiederholen, die dir besonders wichtig vorkommen:

"Ich entspanne mich und mache es mir in meinem Körper richtig bequem. Ich lasse die Augen zufallen und fühle mich langsam schläfrig werden. Jetzt greife ich zum Licht und fühle das Licht durch den Scheitel in meinen Körper eindringen und ihn baden. Es gibt nur noch das Licht und die Stimme, die spricht.

Alle äußeren Geräusche werden mich noch mehr entspannen und aufmerksamer für die Stimme machen. Jeder flüchtige Gedanke wird mich noch empfänglicher für die Stimme machen. Ich fühle mich immer tiefer in einen entspannten, träumerischen, schlafähnlichen Zustand versinken. Ich fühle das Licht durch den Scheitel in meinen Körper bis hinunter zu den Füssen fließen, fühle das Kitzeln in meinen Füssen, während sie mit Licht gefüllt werden und fühle jetzt, wie mein Körper mit Licht gefüllt wird wie eine Flasche mit Milch.

Der Lichtpegel steigt in meine Beine, wo er jede Zelle, die er berührt, entspannt, reinigt und heilt. Ich fühle das Licht jetzt über die Knie steigen bis in die Oberschenkel und fühle das herrliche, reinigende Glühen höher und höher steigen, bis es den Unterbauch erreicht und Entspannung und Frieden bringt. Jeder Muskel entspannt sich, während das Licht in meinem Körper immer höher steigt. Ich fühle es die Taille erreichen und auch in die Arme eindringen, wo es alles entspannt und reinigt. Brust und Rücken füllen sich mit Licht, und es steigt an, um mit dem Licht aus meinen Armen zusammenzutreffen. Ich fühle, wie die Ströme im Hals zusammenkommen und das Licht in meinen Kopf tragen. Jetzt ist mein ganzer Körper gefüllt mit Licht, das den entspannenden, reinigenden Prozeß vollendet und mich tiefer und tiefer in den entspannten, träumerischen, schlafähnlichen Zustand trägt.

Das Licht in meinem Körper ist jetzt so hell, daß meine Haut leuchtet und immer mehr Kraft in meine Aura ausstrahlt. Ich fühle meine Aura heller und heller werden, sie füllt sich mit immer mehr Kraft und Einfluß. Meine Aura ist heller als je zuvor, klar und sauber und macht mich zu einem perfekten Magneten, der unwiderstehlich das Gute anzieht und das Schlechte abstößt.

Das Licht in meinem Körper speist stetig meine Aura und macht sie immer leuchtender und füttert und kräftigt all meine positiven Gedankenformen. Ich genieße das Wissen, daß meine Gedankenformen und meine Aura an Stärke zunehmen, während ich immer tiefer in den entspannten, schlafähnlichen Zustand treibe.

Während ich tiefer in den Schlaf versinke, fühle ich das Licht an meinem Geist arbeiten und fühle es übriggebliebene Muster der Negativität ausbrennen, um mich in eine vollkommen positive Haltung, wachsam gegenüber allen Gelegenheiten und in Kontrolle über alle Situationen zu versetzen. Wenn die letzten negativen Spuren weggebrannt sind, fühle ich, wie meine magische Bewußtheit stärker und stärker wird.

Ich bin in der Lage, telepathische Botschaften von meinen geistigen Begleitern und Lehrern zu empfangen, um eine noch nützlichere Verbindung herzustellen. Ich fülle meinen Platz in dem geistigen Team noch besser aus und finde größere Effektivität und alles mögliche Glück als Ergebnis. Ich genieße die sprühende Energie des Lichtes, während ich in einen herrlich träumerischen, entspannten Zustand versinke. Mein Kraftwirbel erreicht den Gipfel unbezwingbarer Effektivität, meine Magnetgedankenform wird zu einer unwiderstehliche Kraft, um mir Einfluß und persönliche Macht zu bringen.

Ich werde zu einem immer mächtigeren, wunderbaren und wirksamen Wesen, akzeptiere Wachstum und Effektivität, sonne mich im Licht und genieße die zunehmende persönliche Kraft. Jetzt entspanne ich mich. Ich werde entweder vollkommen wach und wachsam oder falle in einen tiefen, erholsamen Schlaf. So soll es sein."

ANGRIFFE PARIEREN

Die schwarze Kunst ist existent - Gegenmaßnahmen müssen getroffen werden. Benutze eine Art geistigen Radarstrahl, um Art und Eigenschaften von Gedankenformen und Energien in der Aura anderer zu erfühlen. Das ist eine gute Technik und sollte angewandt werden, um ein volles magisches Schutzsystem zu errichten.

Der Vorgang ist einfach: du befiehlst (oder stellst dir vor), daß der sensitive, fühlende Teil deines Wesens sich in einen Strahl bis etwa zu einem Meter von dir konzentriert. Bewege dann den Strahl auf und ab und in einem vollständigen Kreis um dich herum, während du im Geist Notizen von den magischen Eindrücken machst. Sobald du darin geübt bist, ist das ein Vorgang von 15 bis 30 Sekunden, der dir die Qualität der magischen Atmosphäre nennt und dich warnt, falls negative Gedankenformen lauern. Wenn alles in Ordnung ist, gehe deinen üblichen Tätigkeiten nach.

Wenn du aber etwas Böses spürst, fange es geistig, und zwinge es, deine Fragen zu beantworten: "Wer hat dich geschickt und zu welchem Zweck?" Es muß antworten! Die Antwort erfolgt natürlich telepathisch. Einige Tage Übung mit dem geistigen Radarstrahl werden eine Radargedankenform schaffen, die dir nur zu Bewußtsein kommt, wenn Gefahr im Verzug ist. Die ideale Gestaltung ist, den Radarstrahl direkt außerhalb der Sphäre des schützenden Lichtes anzusiedeln, so daß eine Pufferzone entsteht, in der du negative Einflüsse oder magische Attacken abwehren kannst, bevor sie dir schädlich werden können.

Es gibt zwei grundlegende Arten der Information von der Radargedankenform. Die eine bedeutet Gefahr durch Negativität oder magische Angriffe, die andere Rat oder Warnung von deinen magischen Begleitern. Für die Verteidigung ist sicherlich die Entdeckung des Angriffs der erste Schritt. Wir nehmen an, daß deine Sphäre schützenden Lichtes intakt ist, und daß du vielleicht auch schützende Amulette und Medaillons benutzt. Aber jedes

Signal von der Radargedankenform, das mächtige, negative Kräfte meldet, muß erkannt und so schnell als möglich behandelt werden.

Gehen wir erst einmal auf eine naheliegende Frage ein: Was ist, wenn mein Alarmsystem nicht gut genug ist oder falsch funktioniert? Und fügen wir noch die Möglichkeit hinzu, daß derjenige, der gegen dich arbeitet, ein wohlmeinender Mensch ist und dir ehrlich helfen will: diese Kontrollgedankenform würde auf einer sanften Schwingung der Liebe ankommen und so der Entdeckung durch das Alarmsystem entgehen können.

Du solltest täglich deine gesamte Lebenssituation einige Minuten kritisch durchleuchten. Dadurch wirst du Pechsträhnen, Menschen, die ohne Grund negativ auf dich reagieren, irrationale Impulse, seltsame Schmerzen oder negative Punkte in deiner allgemeinen Einstellung entdecken können. Die meisten dieser Dinge können bei dir selbst korrigiert werden, aber diejenigen, die nicht auf deine normalen Selbsthilfemethoden reagieren, können Symptome von mächtigen, heimlichen magischen Angriffen sein. Wir müssen jedes Angstgefühl vermeiden, weil dies selbst eine negative Reaktion ist und angreifende Gedankenformen auch noch ermutigen kann.

Die Technik, die fragliche Gedankenform einzufangen und auszufragen, ist für solche Situationen ausgezeichnet geeignet. Du kannst häufig das wer und warum seiner Existenz ergründen und so viel mehr über die Situation erfahren, was dir bei der Wahl der Mittel und Kräfte der Abwehr hilft. Gute magische Kenntnisse können in einer solchen Situation äußerst hilfreich sein, aber manchmal ist Schnelligkeit wichtiger als Genauigkeit. In vielen Situationen ist es sogar besser, die Quelle des Angriffs nicht zu kennen - um Schuldgefühle zu vermeiden. Die Verteidigung gegen magische Angriffe paßt in das klassische Konzept des Kampfes zwischen gut und böse. Wenn du der angreifenden Partei, ob absichtlich oder nicht, unrecht getan hast, korrigiere den Fehler auf jeden Fall! Ein vernünftiges Maß an "Entschuldigungen" wird deine Verteidigungskraft stärken, wenn die Ereignisse sich zuspitzen.

Am besten läßt sich dies durch die Technik des verteidigenden Kahuna illustrieren, der den angreifenden Wesen leidenschaftlich erklärt, daß ihr programmiertes Opfer unschuldig und würdig ist; deshalb verdient derjenige, der den Angriff befohlen hat, das Böse, und wenn der Verteidiger erfolgreich ist, wird der Angreifer ins Elend gezogen.

Du wirst bestimmt feststellen, daß dein eigenes Empfinden deiner Würdigkeit der Hauptfaktor beim Erfolg in der Verteidigung sein wird. Zur Vorbereitung werden wir mit der Kraft des Kehlenzentrums die Gedankenform einer Blitzkanone aufbauen und laden: Bilde wie üblich die Energiekugel zwischen den Händen, speise sie mit deiner Vorstellung einer Blitzkanone, und lade sie mit dem leuchtenden lichtbogenblau des Kehlenzentrums. Verbinde sie dann mit Thors Macht, indem du laut sprichst:

„Mächtiger Thor, dessen Blitze blau sind, deine Hilfe erflehe ich. Meine Gedankenform speise ich mit Kraft, damit alle Attacken gegen mich abgleiten.

Schleudere deine Blitze auf meinen Wink, damit mein Leben frei sei von Bedrohung. Meinen Dank entbiete ich dir, das ist mein Wille, so soll es sein."

Schließe dann die neue Gedankenform an dein Schutzsystem an, und sprich direkt zu ihr:

"Du bist meine mächtige, Blitze schleudernde Gedankenform, programmiert, um alle negativen Gedankenformen zu zerstören und alle unerwünschten Wesen zurückzuweisen, die mir nahe kommen. Deine Kraftquelle kommt von der unendlichen Energie durch mein Kehlenzentrum und ist unbegrenzt. Kämpfe gut und sichere uns den berechtigten Sieg."

Auch diese Gedankenform läßt sich am besten entwickeln, wenn du nicht unter Druck stehst. Wie bei den internationalen Beziehungen eine friedliche Nation mit einer großen und gutausgerüsteten Streitkraft kaum von Aggressoren belästigt wird, wird deine Vorbereitung in friedlichen Zeiten dazu beitragen, unangenehme Situationen zu vermeiden. Ein oder zwei "Testschüsse" auf die normalen Stückchen Negativität, die in jeder magischen Atmosphäre treiben, werden dir das Gefühl für deine Gedankenform und das Vertrauen geben, daß sie im Bedarfsfall wirksam sein wird.

Nun zum magischen Verteidigungsritual: Dein üblicher Meditationsort im Schlafzimmer wird ausreichen, vorausgesetzt, du hast einige einfache Altarrequisiten wie Weihrauchpfanne, kleine Behälter für Erde und Wasser, zwei Kerzenständer, Streichhölzer und die Möglichkeit, die Tür abzuschließen.

Wasche dir Gesicht und Hände, schließe die Zimmertür ab. Du solltest möglichst wenig Kleider tragen: der wahre Okkultist trägt gar nichts, um den freien Energiefluß der magischen Zentren nicht zu behindern.

Setze dich bequem an den Altar, entzünde die blauen Kerzen, und stelle eine gute Verbindung mit dem Licht her. Fühle die Erleuchtung und Erneuerung deiner schützenden Sphäre. Sprich dann laut:

"Unendlicher Geist, Heilige aller Orte, meine geistigen Begleiter und Lehrer, ich rufe eure Liebe und Hilfe an als Kind des Lichtes. Helft mir nun, alle negativen Beschwörungen und Wesen wegzufegen, damit ich für immer in Frieden und Licht leben kann. Alle Wesen, die nicht des Lichtes sind, gehen nun und kehren nie mehr wieder.

Die gewaltigen Kräfte des Blitzes und des Donners verbinden sich zu meinem Schutz mit der Macht des Feuers.

Symbolisch und buchstäblich werden diese Kerzen alle Negativität verbrennen, die in meiner Nähe ist. Das Kerzenlicht festigt meine Einheit mit dem unendlichen Licht, und nichts aus der Finsternis kann mir nahe kommen.

Heilige und Geistwesen des Lichtes, ich gebe euch meinen tiefen Dank für eure stetige Liebe und euren Schutz. Ich weiß, daß ihr mit mir seid, und ich für immer geschützt bin.

So soll es sein."

Lösche dann die blauen Kerzen - das Ritual ist beendet.

GEDANKENÜBERTRAGUNG

Wenn wir Einfluß und persönliche Macht voll ausspielen wollen, ist es nötig, unsere Kommunikationstechniken zu verbessern und klarer zu machen und zu lernen, unsere Ideen eindeutig anderen mitzuteilen. Es gibt häufig Gruppen von Menschen, die du nicht kennst, und die Entscheidungen fällen sollen, die deine Zukunft direkt beeinflussen - eine Personalabteilung, ein Beschwerdeausschuß, eine Versicherung oder das Gericht bei einem Prozeß sind typische Beispiele. Wie willst du Menschen beeindrucken, die für deine Zukunft wichtig sind, wenn du keine Chance hast, sie direkt und persönlich anzugehen?

Offensichtlich brauchen wir eine Gedankenform voller Begeisterung für deinen Fall oder deine Idee, die alle betroffenen Individuen besucht und sie von dir einnimmt. Zur Schaffung dieser speziellen Gedankenform solltest du dir drei Tage Zeit nehmen. Wie immer ist der erste Schritt, dir eine klare Vorstellung des gewünschten Ergebnisses zu verschaffen. Dann gehe zu deinem magischen Arbeitsplatz und forme die grundlegende Energiekugel, auf die du mit Augen- und Stirnzentrum das klare Bild des gewünschten Ergebnisses projizierst.

Wenn das Bild ganz klar ist, stelle dir vor, das Ergebnis sei bereits verwirklicht, und entwickle die natürliche Begeisterung, die durch den Erfolg entstünde. Treibe die Begeisterung zum höchstmöglichen Gipfel und lenke sie auf die Energiekugel. Wenn du für den Augenblick alles getan hast, lege die Gedankenform an eine sichere Stelle und sage ihr:

"Werde stark und warte hier auf mich. Ich werde bald zurück sein, um dich zu speisen und zu umsorgen."

Das wirst du dann ein- oder zweimal täglich tun. Speise die Kugel mit einem immer klareren Bild und wachsender Begeisterung. Am dritten Tag sollte deine Gedankenform so voller

Begeisterung sein, daß sie dir ihre Einsatzbereitschaft fast entgegenschreit. Gib ihr dann die Anweisung:

"Du bist jetzt ausgewachsen. Gehe sofort jedes Mitglied des Ausschusses besuchen. Dringe zu jedem vor und pflanze ihm deinen glücklichen Gedanken ein. Beteilige dich dann an der Sitzung und stelle sicher, daß deine Aufgabe erfüllt ist. Gehe mit Begeisterung und siege. So soll es sein."

Werfe sie dann in die Luft, und sehe sie begeistert ihren Weg nehmen.

WUNDER GESCHEHEN

Es gibt zwei sichere Wege, um auch große Wunder zu tätigen: Bemühe dich um weitere Klarheit des Denkens, um eine Hauptaufgabe in kleine Abschnitte zu zerlegen, die du wie die üblichen kleinen Wunder angehst. Baue stärkere, wirksamere Gedankenformen auf. Da wir das Planen und Aufteilen einer großen Sache in kleine Abschnitte bereits besprochen haben, werden wir uns der abkürzenden Methode des Aufbaus gewaltiger Gedankenformen zuwenden. Zur Übung und zur ständigen Erweiterung deines Vertrauens in die Techniken, solltest du ruhig weiter kleinere Wunder produzieren, aber du solltest gleichzeitig an dem Großen arbeiten. Ob es sich um Geld, Gesundheit, Liebe, Prestige oder um ein bestimmtes Projekt handelt, wir haben alle einige große Ziele, denen wir uns nun zuwenden wollen.

Dies führt uns zurück zu den schöpferischen Schritten durch gedankliche Energie: "Lege deine Gedankenform an einen sicheren Ort, und füttere sie zweimal täglich mit dem klaren Gedanken des Endziels und der Energie aus den verschiedenen magischen Zentren." Eine besonders wichtige Gedankenform hat Anrecht auf eine besondere Behandlung! Die entsprechende Herangehensweise führt dazu, die Gedankenform als Embryo oder Baby zu betrachten, und man kann dazu sehr bewährte elterliche Techniken einsetzen. Es gibt größere Probleme, wenn der Name eines bestimmten Menschen in die Gedankenform aufgenommen wird. Wenn das Objekt anderweitig gebunden oder für dich nicht geeignet ist, wird das Ergebnis bestenfalls chaotisch sein. In mehreren Fällen hat diese Form der Kontrolle zum frühen Tod derjenigen Person geführt, die der "schwarze Magier" (und diese Form muß als schwarze Magie betrachtet werden) heiraten wollte. Der einzig sichere Weg ist die Wahl einer Kernformel, ähnlich wie diese:

"Möge ein heiratsfähiger, passabler, gesunder, wohlhabender und herrlicher Liebhaber mich finden, so daß wir die Freuden des Wachstums gemeinsam genießen können."

Versuche, mit der Gedankenform einen Geliebten anzuziehen oder eine Beziehung mit den vielen Freuden gemeinsamen Wachstums zu verbessern. Sie wird immer wirksam werden, wenn du deine Gedankenformen mit Qualität gestaltest. Das Geheimnis, in deiner magischen Tätigkeit Schwierigkeiten wirksam auszuräumen, ist, den fehlenden Bestandteil zu finden. In der Mythologie ist das die Suche nach dem goldenen Flies, im Christentum der Heilige Gral, und im Okkulten hört man von der Suche nach dem verlorenen Wort. Überall zieht sich die besondere Kraft der Reinheit als Leitfaden durch. Man kann dies Qualität der Gedankenform nennen, aber zum besseren Verständnis findest du es vielleicht nützlich, die klassische Bezeichnung Reinheit in Betracht zu ziehen. Wenn du eine Gedankenform für die normale, okkulte Praxis aufbaust, mußt du sie als Saat oder Samen betrachten. Die Saat wird entsprechend ihrem Wesen Früchte tragen. Wenn du Wohlstand willst, mußt du darauf achten, die Saat nicht mit den Gefühlen des Versagens und der Beschränkung zu vergiften. Wenn du Liebe willst, halte das Gefühl gegenwärtiger Einsamkeit von ihr fern. Deshalb müssen Rituale und Aufbautechniken für Gedankenformen "nach vorn" gerichtet sein, sollen sie voll wirksam werden. Zum Beispiel ist der beste Zeitpunkt für eine Wohlstandsgedankenform gegeben, wenn du dich wohlhabender fühlst als seit langem, und nicht, wenn es dir finanziell schlecht geht.

DIE MACHT DER GRUPPE

Es bleibt nur noch eine Quelle der Kraft, die du zu deinem Vorteil nutzen kannst. Wir finden Hinweise auf sie in allen Religionen, etwa durch den Bibelspruch: "Wo zwei oder drei in meinem Namen versammelt sind, da werde auch ich sein." In der magischen und okkulten Tradition gibt es drei Stufen der Verantwortlichkeit: die Arbeit für dich selbst, für deine Familie und für deine Schule. Es ist nur natürlich, für sich selbst und seine Familie tätig zu werden, aber die größte Kraft wird freigesetzt, wenn man in einer Gruppe arbeitet. Die letzten Zweifel an deiner eigenen Würdigkeit werden beseitigt, wenn du zum Vorteil für andere arbeitest. Wenn du dich in dieser Weise verausgabst, werden gewaltige Ströme in der magischen Atmosphäre für dich freigesetzt. Wenn sich das "Gruppenwesen" entwickelt, wird die Organisation sehr viel effektiver. Warum? Ein Resultat des "Gruppenwesens" ist Intuition, die sich als eine Art höherer Kommunikation ausbildet, die wiederum auf der Existenz der höheren Intelligenz des "Gruppenwesens" basiert. Jedes Mitglied einer Gruppe muß die Bereitschaft mitbringen, diese Intuition zuzulassen und zu akzeptieren.

Wenn ich ein starkes Commitment übernommen habe, um ein Ziel zu erreichen, dann löse ich damit einen selbstorganisierenden Prozeß aus. Sämtliche Ereignisse, die dann stattfinden, sind Bestandteile des Prozesses. Sie müssen stattfinden, um das Ergebnis hervorzubringen. Und sie sind häufig alles andere als angenehm. Es ist wie bei jedem magischen Prozeß: Wo gehobelt wird, da fallen Späne! Wenn die Ereignisse mich selbst betreffen und mir weh tun, dann habe ich vermutlich irgendwas zu lernen - eine neue Einsicht zu gewinnen, altes Gepäck abzuwerfen - damit der Prozeß weitergehen kann. Wenn ich die Ereignisse innerlich ablehne, vor ihnen davonlaufe oder gegen sie ankämpfe, dann vertraue ich meinem inneren Wesen, das den Prozeß lenkt, nicht wirklich, untergrabe damit meine kreative Kraft, und gefährde den Prozeß. Dem evolutionären Prozeß gilt es total zu vertrauen.

Deshalb sage ich "ja" zu allem, was passiert, auch wenn es mir unangenehm ist und sogar dann, wenn ich den Sinn (noch) nicht verstehe. Hinterher, wenn das Ziel erreicht ist, werde ich vermutlich erkennen, wozu die Ereignisse wichtig waren - und manchmal werde ich es vielleicht auch nie erfahren. Vorher brauche ich viel Mut! Es ist nun einmal nicht zu vermeiden, daß wir alle durch Lernprozesse gehen, wenn wir etwas neues, ungewöhnliches, erreichen wollen - ob uns das gefällt oder nicht.

Noch eine Paradoxie: Wenn du aus der Retrospektive anschaust, was alles in einem solchen Prozeß passiert ist und wie es optimal ineinandergegriffen hat, so wirst du finden, daß alledem eine wunderbare, höchst subtile Ordnung zugrunde liegt, die völlig aus dem Nichts entstanden ist. Wenn du zuvor einen Plan dafür hättest machen sollen, hättest du ungeheuer viel über die Verhältnisse wissen müssen, und du hättest wahnsinnig viel Zeit und Kreativität gebraucht. Aber einen solchen Plan hat es nie gegeben.

Das Denken im neuen Paradigma ist uns noch ungewohnt. Es wird uns jedoch sicherlich im Endeffekt nicht schwerer fallen als unser altes Denken - im Gegenteil - aber heute erscheint es uns fundamental neu und verwirrend. In der Übergangszeit, solange wir das neue Denken noch nicht richtig beherrschen und das alte noch nicht richtig losgelassen haben, mag es manchmal für uns zum Ver - zwei - feln sein, d.h. wir fühlen uns zwischen zwei Bewußtseinszuständen hin- und hergerissen.

Transpersonal spirituelle Sexualmagie

TRANSPERSONAL SPIRITUELLE SEXUALMAGIE

Zunächst erinnere ich an C. G. Jung und sein Konzept von Anima und Animus, das heißt er geht davon aus, daß jeder Mensch zweigeschlechtlich angelegt ist und sowohl weibliche wie männliche Anlagen hat. Anima bezeichnet das Weibliche im Unbewußten des Mannes, Animus ist das männliche Gegenstück in der Frau.

Anima und Animus sind sozusagen die jeweils gegenpoligen inneren "Hälften", ohne die ein Mensch nicht vollständig ist. Tief im Unbewußten "lebt" also die andere Hälfte, die integriert werden möchte, um den Menschen mit seiner Psyche "ganz" werden zu lassen. Trifft man nun im Außen einen solchen Menschen, der diesem inneren Bild entspricht, spricht man gerne von Liebe auf den ersten Blick. Die Gefahr ist groß, daß die innere Vorstellung der jeweils anderen eigenen Hälfte in diesen Partner projiziert wird. Um das zu vermeiden, muß zuerst der innere Gegenpol in die eigene Psyche integriert werden, bevor man eine stabile Beziehung mit einem wirklichen Seelenpartner entwickeln kann.

Es gibt also einen inneren Partner, Anima und Animus, und eine äußere Partnerseele. Die Polarität ist also auch hier wie in der gesamten physischen Umwelt fraktal strukturiert. Zuerst muß also die innere polare Beziehung entwickelt werden, damit man sie nicht ins Außen projiziert und dann enttäuscht ist, weil der Partner nicht dem inneren Bild entspricht.

Beginnen wir also mit der inneren "Beziehung":

Magische und sexuelle Betätigung haben viel gemeinsam: der Unerfahrene wird ihnen nichts abgewinnen können. Jetzt möchte ich dich zur Praxis ermutigen, denn die Kombination des magischen und des Sexualtriebs eignet sich gut als Ausgangspunkt. Motivation ist der wichtigste Schlüssel zum Erfolg. Wenn ich dich anregen konnte, auch nur einen kleinen Teil des vorliegenden Materials anzuwenden, wird die Änderung in deinem Leben Grund genug sein, um weitere Versuche zu machen.

Meine Absicht ist weniger, dich zum Lesen, als zur Tat zu motivieren.

Baue dir als Anfang das schönste Bild des faszinierendsten und anziehendsten Mitglieds des anderen Geschlechts in deiner Vorstellung auf. Betrachte diese perfekte Mischung aus "Klasse" und reinster sinnlicher Anziehungskraft, und stelle dir vor, diese Traumperson sei mit Haut und Haaren in dich verliebt. Jetzt wendest du die Atemtechnik des Wurzelzentrums an, um deine Anziehung für dieses Traumwesen zu erhöhen, und fühlst die Reaktion: Du wirst vom herrlichsten Wesen der Welt umworben und geliebt, und gleichzeitig fühlst du dich inspiriert, ebenfalls zu einem herrlichen Wesen in einem leiblichen Körper zu werden.

Als nächstes frage deine Traumperson: "Welche Schritte soll ich jetzt gleich unternehmen, um zu dem herrlichen Wesen zu werden, das du in mir siehst? Was kann ich tun, um zu einem neuen und reichen Wesen zu werden?"

Es wird immer eine Antwort geben - zumindest als plötzlicher Einfall. Wenn du auch nur die Spur einer Antwort bekommst, nimm sie als Ansporn zur aktiven Umsetzung! Treffe dich mit deinem Traumwesen jeden Morgen und Abend für etwa fünf Minuten, und frage es jedesmal: "Welche Schritte soll ich jetzt unternehmen, um noch mehr zu dem wunderbaren Wesen zu werden, das du in mir siehst?" Handle dann immer entsprechend deinen Eingebungen.

DER ÄUSSERE PFAD

Wenden wir uns jetzt der eigentlichen Sexualmagie zu. Um Sexualmagie mit Außenwirkung zu betreiben, sind einige technische und persönliche Voraussetzungen zu erfüllen. Sexualmagie kann nicht wirklich sinnvoll alleine betrieben werden - man braucht eine(n) Partnerin (Partner). Sie ist Teil der magischen Disziplinen und unterscheidet sich dadurch wesentlich von anderen spirituell-erotischen Übungssystemen.

Zu den Voraussetzungen gehören:

- Ausdauer und Beweglichkeit, Übung darin, körperliche Empfindungen gezielt wahrzunehmen.

- Konzentrationsfähigkeit darauf, die gewünschte Zielvorstellung zu halten - auch unter den erschwerten Bedingungen einer möglicherweise ekstatischen körperlichen Vereinigung.

- Magische Praxis. Erfahrung z.B. mit der im vorigen Abschnitt beschriebenen magischen Praxis.

- Meditationserfahrung, besonders die Erfahrung mit ganzheitlich non-dualer Meditation der Einheit von Allem, was Ist.

Transpersonal spirituelle Sexualmagie ist aufgrund der Resonanz in der Polarität und dem überwältigenden Gefühl der Einheit ausgesprochen hochwirksam. Es gilt deshalb, Vorsicht walten zu lassen, um nicht unerwünschte Nebenwirkungen wie z. B. Besessenheit aufkommen zu lassen. Die Sexualmagiepartner sollten in der Lage sein, solche Effekte - wenn nötig - gezielt wieder aufzulösen. Einfach ausgedrückt: Sexualmagie ist keine Form von Sex, sondern eine Form von Magie.

Soweit zu den Voraussetzungen, doch nun zur Sache. Natürlich kann auch meditative Selbstbefriedigung zu einer sexuellen Trance führen. Auch magischer Sex mit einer professionellen Partnerin kann eine großartige, hochwirksame Erfahrung werden. Es ist sicher nützlich, solche Erfahrungen zu machen, um angesammelte Ängste zu zerstören, die von religiös/gesellschaftlich motivierten Vorstellungen von Sexualmoral kommen. Sex als Mittel zur Überwindung der Polarität hin zur ganzheitlich-integralen Persönlichkeit ist grundsätzlich ein heiliger Vorgang - jede zielführende sexuelle Praktik ist in unter diesem Aspekt eine heilige Handlung. Ethische Grenzen sind durch Strafgesetze zur Genüge vorgegeben. Darüber hinaus gibt es persönliche Vorlieben, die in der Praxis abgestimmt werden müssen. Dazu kommt natürlich noch der Aspekt der persönlichen Sicherheit. Wer Sexualmagie betreiben möchte, muß sich alle Grenzen bewußt machen und sie hinterfragen.

Es ist hierzu wichtig, die Sexualität weitgehend von religiösen und gesellschaftlichen Beschränkungen zu befreien. Aber auch kulturelle oder anerzogene Werthaltungen sind zu hinterfragen. Im Sinne von Einvernehmlichkeit ist es wichtig, daß sich die Partner auf bestimmte Grenzen einigen. Beläßt man alles unhinterfragt bei den alten Mustern, ist sexuelle Erkenntnis nicht möglich. Das bedeutet zwar nicht, daß man alle Grenzen sprengen muß. Aber die magische Handlung soll ja doch die Möglichkeiten des Bewußtseins erweitern. Die Grenzen eines Anderen sind dabei stets und unbedingt zu respektieren.

Eine grundlegende Übereinkunft könnte z.B. so aussehen:

- Einvernehmlichkeit - schon vor Beginn der eigentlichen Handlung sollte einvernehmlich geklärt sein, was und wie die Übung ablaufen soll. Es ist wichtiger, daß sich die Übenden wohl fühlen, als daß irgendwelche "Hochleistungsübungen" unbedingt ausgeführt werden.

- Der Natur der Sache nach liegt aber auch der Eintritt einer Schwangerschaft im Bereich des Möglichen und auch möglicherweise des Gewünschten. Auch hier sollten sich beide Partner vollständig klar sein, ob verhütet wird oder nicht.

- Auch der Sicherheitsaspekt muß geklärt sein. Hier geht es nicht nur um körperliche Sicherheit - auch seelische Verletzungen müssen unbedingt vermieden werden. Siehe auch Einvernehmlichkeit.

Auch von falschen Assoziationen sollte man sich befreien. So gilt etwa der Analverkehr als verrucht und irgendwie "dämonisch". Der Grund für diese Verteufelung liegt in Wirklichkeit darin, daß die Ejakulation des Mannes in den Anus der Frau ein astrales Wesen, ein Geistwesen mit einer bestimmten Aufgabe erzeugen kann, natürlich unter Voraussetzung entsprechenden Willens und dazu gehöriger Visualisierung.

Man sieht schon, wo die Wurzeln solcher Tabus liegen. Allerdings ist der Unterschied in der magischen Wirkung zum "normalen" Geschlechtsverkehr tatsächlich eher zu vernachlässigen.

Versuch macht klug. Transpersonal spirituelle Sexualmagie ist kein festgelegtes System ganz bestimmter Übungen, die in einer genau festgelegten Reihenfolge abgearbeitet werden müssen. Sexualmagie ist ein weites Feld für das Verfolgen spontaner Eingebungen, für das Treibenlassen im Fluß der Emotionen. Eine vertrauensvolle Beziehung zu einem Partner mit ähnlichem spirituellem Entwicklungsstand, mit ähnlichen erotischen Möglichkeiten und Interessen kann zu ungeahnten Höhenflügen führen.

Im Idealfall ist natürlich die Liebe zueinander ein ausgezeichnetes Fundament für sexualmagische Aktivitäten. Der transpersonale Effekt stellt sich dann von ganz alleine ein, und der spirituelle Aspekt läßt sich dann auch wie von selbst integrieren. Nun ist "Liebe" aber ein Begriff, der von persönlicher Inbesitznahme bis zur universellen Liebe zu "Allem, was Ist" reicht. So kann sich aus sexualmagischen Übungen auch eine "Liebesbeziehung" entwickeln, die durchaus eben nicht einem klassischen "Liebespaar" entspricht, weil sie in weit mehr

Dimensionen Resonanzen erzeugt, als es bloße gegenseitige "Selbstbefriedigung" ermöglicht.

Transpersonale Sexualmagie ist eine gute Möglichkeit, die gemeinsamen Energien nicht nur zu bündeln, sondern durch Resonanz zu vervielfältigen. Kommt dann noch die spirituelle Resonanz mit dem unendlichen Sein hinzu, gibt es keine Grenzen mehr……..

Unterschiedliche Eigenschaften von sexualmagischen Partnern können vorteilhafte Wirkungen hervorbringen. So kann es nützlich sein, in einer sexualmagischen Schule mit unterschiedlichen Partnern zu arbeiten. Deshalb ist es oft gut, wenn zum Beispiel ein Künstler und eine Wissenschaftlerin oder ein physisch sehr starker Mann und eine zarte, feenartige Frau zusammen praktizieren. Das setzt natürlich hohe emotionale Reife voraus und möglichst auch praktische Erfahrung in magischer Grundlagenarbeit.

Sexualmagie des äußeren Pfades ist das bewußte Vollziehen eines schöpferischen Aktes, um die erzeugten Schöpfungskräfte für einen bewußten Schöpfungsakt zu bündeln. Mann und Frau machen sich in der Vereinigung ihre Polarität bewußt, das erzeugt starke Spannung.

Wenn es dann "losgeht", ist mentale Konzentration gefragt. Die ansteigende erotische Spannung erhöht natürlich den Druck auf die möglichst gemeinsam gehaltene Vision. Tritt nun schlußendlich ein Orgasmus ein, kann die konzentrierte Lebenskraft jetzt mit dem Wunsch verbunden werden - der eigentliche Zweck von Sexualmagie.

Um das zu realisieren, darf natürlich in diesem wichtigen Moment im Bewußtsein nichts mehr außer der Vision existieren.

Aber vielleicht erst mal der Reihe nach. Ein stimmungsvoll dekorierter Raum, durchaus auch auf die Wunschvorstellung hin abgestimmt, leise Meditationsmusik - und jede Möglichkeit der Störung ausgeschlossen. Also auch das Telefon, die Klingel und das Handy ausschalten! Auch eine einladend bequeme Spielwiese ist bereitet.

Auf diese begibt man sich nun zu zweit und legt sich zunächst ruhig und entspannt gemeinsam, durchaus auch zusammengekuschelt, in eine stabile Lage, in der man jetzt gemeinsam die Vision meditativ betrachtet und ins Zentrum der Aufmerksamkeit stellt. Das kann schon einige Zeit in Anspruch nehmen, aber genügend Zeit sollte man ohnehin mitgebracht haben. Wenn nun diese Vision stabil gehalten werden kann, beginnt der eher passive Partner damit, den aktiven "Visionär" mit ganz langsam zunehmender Intensität zärtlich und erotisch anzuregen.

Das ist wichtig, denn auch die Aurafelder der Praktizierenden sollen sich vereinigen. Es kann nützlich sein, Hilfsmittel wie Massageöl oder Gleitgel bereit zu halten. Es baut sich eine zunehmende Spannung zwischen der meditativ gehaltenen Vision und der zunehmenden körperlich-sexuellen Erregung auf. Das führt nun leicht in einen tranceartigen Zustand, indem sich der aktiv visionäre Partner weiter und intensiver auf seine Vision, seinen Wunsch konzentriert, ja auch konzentrieren muß.

Die Intensität steigert sich noch mal, wenn jetzt die körperliche Vereinigung stattfindet, deren Intensität wiederum nur ganz langsam gesteigert werden sollte. Nähert sich nun der Höhepunkt, wird die Vision mit der Wucht des Orgasmus auf ihren Weg geschickt.

Es kann aber auch sein, daß sich aus verschiedenen Gründen kein Orgasmus einstellt - das muß nicht falsch sein. Ist die erotische Spannung hoch genug, tritt oft so etwas wie ein "trockener Orgasmus" ein, das ist ein nicht so spektakulärer Zustand, der sich aber dann auch langsamer wieder abbaut - dabei nicht vergessen, die Vision nach dem Höhepunkt der Spannungserzeugung weiter aufrecht zu erhalten und als verwirklicht zu betrachten.

Wenn es nun also geklappt hat, schließt sich jetzt die Phase des Ausklingens an. Für den/die Praktizierenden sollte es in dieser Phase von größter Bedeutung sein, am ursprünglichen, imaginierten Ziel dranzubleiben, um nicht etwa magische Energie ungewollt noch in eine unbeabsichtigte Richtung abfließen zu lassen.

Verhütungsmaßnahmen tun der Sache keinen Abbruch. Im Idealfall sollte sich das Sperma aber doch in die Scheide entladen können. Hierzu sollten sich beide Partner bzw. alle Teilnehmenden vorher unbedingt auf Krankheiten untersuchen lassen.

Sexualmagie läßt sich immer anwenden - ein bestimmtes Ritual wird aber selten mehr als einmal für denselben Wunsch durchgeführt, weil der Wunsch sich durch das mächtige Hilfsmittel normalerweise recht bald realisiert. Deshalb ist wiederholtes Wünschen meist nicht nötig. Die Praxis an sich ist nicht an bestimmte Zeiten gebunden. So ein Ritual sollte jedoch gründlich vorbereitet und mit allen Beteiligten ausgearbeitet werden.

Der ganze Vorgang ist ein magischer Akt - man sollte in diesem Zusammenhang auch darauf achten, welche Geistwesen man anlockt oder gar einlädt!

Die Hauptschwierigkeit bei der Durchführung sexualmagischer Rituale liegt darin, durch die sich aufbauende sexuelle Erregung nicht das im Kopf festgehaltene magische Wunschbild aus der Konzentration zu verlieren.

Der Verlust der Vision der Zielvorstellung würde den ganzen Akt schwächen und im schlimmsten Fall gänzlich entwerten. Das erfordert allerdings, im Gegensatz zum herkömmlichen Sexualakt, äußerste Konzentration - oft wird die Versuchung einfach zu groß, sich im entscheidendsten Moment gehen zu lassen....

...aber das ist schlußendlich auch nicht sooo tragisch: Übung macht den Meister! Und Üben darf ja auch Freude bereiten.......

DER INNERE PFAD

Hier geht es nicht mehr um die bloße Erfüllung von Visionen und Wünschen. Es geht um Einbindung in die inneren Strukturen des Universums, um die universelle Einbindung in Alles, was Ist. Die Geheimnisse der dazu notwendigen Erhöhung des Bewußtseins durch heilige Sexualität wurden von der imperialen Macht und den ihr dienenden sogenannten Kirchen unterdrückt. Wenn sich genügend Menschen ihres wahren Wesens bewußt werden, kann das Imperium seine Macht nicht mehr aufrecht halten.

Der „Innere Pfad", wie er historisch in der Magie der Isis-Noreia anklingt und in so etwas wie die Heilige Hochzeit (Hieros Gamos) mündet, ist der Königsweg zu unserer „inneren" Kraftquelle.

Wenn sich Sexualität auf die Spuren der Mystik macht, abseits von der unermüdlich bewertenden Aktivität des Verstandes, wird die Heiligkeit der Erotik offensichtlich und lädt dazu ein, sich durch liebevolle Ekstase in die höchsten Höhen der spirituellen Erfahrung und mystischen Einheit, der Verschmelzung mit unserem göttlichen Urgrund tragen zu lassen.

Hier gibt es keine Dualität mehr, Mann und Frau werden in der Verschmelzung mit dem Göttlichen zur ursprünglichen Dreieinigkeit - und somit EINS mit dem lebendigen SEIN. Der Weg dahin bedeutet Bewußtseinsarbeit, Achtsamkeit und meditative Versenkung in Verbindung mit erotischer Körperarbeit, die bis zur Ekstase gesteigert werden kann.

Es ist dies die Grundpolarität allen Seins in der Einheit des Ganzen Universums. Man kann das positiv und negativ, männlich und weiblich, Nordpol und Südpol nennen - ohne Polarität kein Universum, keine Materie. Aus dieser Polarität des männlichen und weiblichen Seins entsteht die Spannung des Eros und der Sexualität - die wiederum für den Schöpfungsprozeß eines neuen

Lebewesens sorgen. Schöpfung entsteht immer aus der Spannung zwischen Polaritäten und ist deshalb etwas "Heiliges".

Genau deshalb gehören Sexualität und Eros tatsächlich in den Bereich des Heiligen und sollten auch in diesem Bewußtsein der göttlichen Dimension geachtet und praktiziert werden.

MERLIN UND VIVIAN

Die Geschichte von Merlin und Vivian ist in vielen verschiedenen Versionen das Vermächtnis unserer keltischen Ahnen. Es erfordert ziemlich viel Fingerspitzengefühl und fundierte Kenntnis nicht nur keltischer Mythologie, dann man darf die keltische Mythologie sicherlich nicht vollständig getrennt von anderen Weltmythen betrachten.

Und so wird es notwendig, die Geschichte für unser modernes Verständnis noch einmal aufzubereiten......

Merlin repräsentiert den trickreichen Druiden, den "Verrückten" aus dem Wald, den erfahrenen Magier, der im Bewußtsein seiner Einheit mit dem Göttlichen und der Natur an sich auch Beherrscher der elementaren Kräfte der Natur ist. Es ist ihm auch bewußt, daß die volle Verwirklichung seines göttlichen Wesens und seiner Macht nur zusammen mit seinem weiblichen Gegenpol möglich ist.........

...und da kommt Vivian ins Spiel. In den mittelalterlichen Geschichten über Arthur und Merlin kommt das nicht mehr so richtig heraus - zu groß ist da schon der "christliche" Einfluß. Analysiert man jedoch genügend "alte Geschichten", kommt man der vergessenen Wirklichkeit schon langsam auf die Sprünge. Merlin sucht also seinen "Gegenpol" um vollständig zu werden, um "Eins" zu werden mit seiner anderen Hälfte.

Vivian ist nicht nur Feenkönigin, sie ist auch die "Lady of the Lake", sie ist das komplette Gegenstück zu Merlin, ohne die er seine göttlichen Fähigkeiten nicht entfalten kann. Merlin trifft seine Vivian am See von Diana tief im Forst von Brocèliande und fragt sie, ob sie ihn zum See begleiten möchte und erzählt ihr die tragische Geschichte von Faunus und Diana. Und so möchte Vivian auch ein prächtiges Schloß. Merlin erfüllt ihr diesen Wunsch, indem er ihr ein magisches Schloß aus Glas ans Ufer zaubert - niemand außer den beiden kann es wahrnehmen....

Merlin war bewußt geworden, daß er jetzt nicht mehr bloß der große Zauberer und Illusionist ist, sondern durch Vivians Liebe und Verbundenheit in der Lage ist, wunderbare Realitäten zu erschaffen.

Das "Göttliche Paar" wird Realität. Und das gilt für uns Alle!

Lassen wir Vivian erzählen:

Als ich Merlin das erste Mal am See traf, war mir, als ob wir uns schon immer gekannt hätten. Wir unterhielten uns lange und ausführlich, mit Ernsthaftigkeit, Heiterkeit und Witz. Es war erstaunlich, wie viel Übereinstimmendes dabei zu Tage kam. Es wurde spät und wir vergaßen das Abendessen, denn wir näherten uns immer mehr. Es wurde kühl und Merlin entfachte das Lagerfeuer. Die Glut des Feuers erwärmte unsere Körper, die Glut in unseren Seelen erwärmte unser Gemüt und schließlich lagen wir uns in den Armen und küßten uns lange und intensiv. Das Gefühl der innigen Verbundenheit führte dann wohl auch dazu, daß sich unsere Geistkörper vereinigten und wir uns dadurch auch als Eins fühlten. Das Gefühl der Einheit weckte die Schlangenkraft in uns, die begann den heiligen Pfad unserer Wirbelsäulen hinauf zu steigen bis zum Kronenzentrum. In meinem Kopf breitete sich Ekstase und Begeisterung aus und ich bemerkte, daß es Merlin auch nicht anders erging - dazu brauchte ich ihn bloß anzusehen. In dieser glückseligen Stimmung, umschmeichelt von der Wärme des Feuers, entledigten wir uns unserer Kleidung und wurden Eins mit Körper, Geist und Seele. Diese Nacht werde ich nie vergessen, ich wollte, sie nähme kein Ende. Aber Merlin verließ mich doch, als die Morgensonne aufstieg.

Als ich ihn fragte, was er denn so treibt, wenn er nicht bei mir ist, sagte er, daß er viele heilige Orte aufsucht und vielen auf der Suche befindlichen Menschen begegnet sei. Er wolle eine Spur des Lichtes und der Erkenntnis auslegen. Er zeichnete einen Kreis und zwei einander kreuzende Linien auf den Boden meiner Hütte, ein Keltenkreuz. Aber allein seine Nähe aktivierte einfach schon meine inneren erotischen und magischen Prozesse. Meine

Schlangenkraft begann in meiner Wirbelsäule aufzusteigen, wenn er mich nur ansah und mein Herz fing an zu hüpfen. Als wir wieder zusammen in inniger Umarmung lagen und unsere körperliche Nähe genossen, begannen wir - als ohnehin Eingeweihte - die Sexualmagie der Isis-Noreia zu praktizieren. Es ist dies eine Methode, die aufgrund der Aktivierung der Energiezentren der Wirbelsäule sowie der meditativen Versenkung in die Einheit des Seins ein enormes Energiepotential aufbaut, das zum Zeitpunkt des Orgasmus auch freigesetzt wird. Diese Energie breitet sich im ganzen Wesen aus und setzt ein enormes psychisches Potential frei. Geistige und körperliche Kraftquellen werden freigeschaltet, große Freude breitet sich in beiden Partnern aus, der Zugang zur Anderswelt öffnet sich, in diesem kurzen Moment können sich auch die Schranken von Zeit und Raum öffnen.

Spirituell-sexuelle Erkenntnis ist in unserer Jetztzeit etwas, das es offiziell überhaupt nicht gibt. Ich versuche also, diese gewaltige Energiequelle zu erklären und für viele wieder nutzbar zu machen. Wenn ich mich als Eingeweihte der Isis-Noreia mit Merlin vereine, dann öffnen sich ganz bestimmte Kanäle in mir und meine magischen Zentren entlang der Wirbelsäule geraten in Resonanz mit den entsprechenden Zentren Merlins.

Ich war sehr überrascht, daß sich meine Energiezentren in seiner Gegenwart spontan öffneten und anfingen, auf hohem Niveau in Resonanz zu geraten. Zu Beginn meiner Beziehung mit Merlin überwältigten mich meine Leidenschaft und mein Verlangen oftmals und ich erzitterte in meinem Innersten, wenn ich nur mit ihm zusammen war.

Durch die wachsende erotische Spannung und die Schwingungserhöhung der Energiezentren erwacht die Schlangenkraft in der Lendenwirbelsäule. Es ist dies eine bereits transformierte Form der Sexualenergie, die gespeichert werden muß, damit sie schöpferisch genutzt und wirksam umgesetzt werden kann. Durch die hohe persönliche Übereinstimmung erreichten Merlin und ich in sehr kurzer Zeit den Zustand der Einheit mit Allem was IST. Das geht, wenn beide Partner ihre inneren psychischen Vorgänge soweit unter Kontrolle haben, daß sie sowohl die solare als auch die lunare Energie der Schlangenkraft in ihren Wirbelsäulen aktivieren können. Links von der Wirbelsäule verläuft der lunare Kreislauf, rechts davon der solare.

Durch die magischen Praktiken der Isis-Noreia werden die Ströme der Schlangenkraft durch die nun in erotischer Hochspannung vibrierenden Felder der Energiezentren aktiviert. Die lunare Energie auf der linken Seite ist schwarz, die Farbe der Nacht, die solare Energie ist golden, die Farbe der Sonne. Die Praktizierenden konzentrieren sich nun auf diese Schlangen und lassen sie langsam der Wirbelsäule entlang zu den Energiezentren steigen, wo sie aufeinander treffen und jeweils auf der anderen Seite weiter aufsteigen. Sie kreuzen sich jeweils in den unteren Zentren bis hinauf zum Kehlchakra. Im weiteren Aufstieg vereinigen sich die beiden Energien im Stirnzentrum, von wo aus die entstehende Energie sich im Bewußtsein der Praktizierenden ausbreitet und bis zum Kronenchakra ausstrahlt.

Die beiden Energien funkeln und vibrieren vor Kraft. Die Vereinigung der Energien im Stirnzentrum aktiviert ein sehr großes energetisches Potential. Als Merlin und ich in der körperlichen und seelischen Vereinigung uns langsam der Ekstase näherten und unsere angesammelten Energien unsere Wirbelsäule entlang synchron aufstiegen, wurde bei unserem gleichzeitigen Orgasmus die Kraft aus den unteren Zentren nach oben zum Stirnzentrum und darüber hinaus geschleudert und öffnete die Grenze zur Anderswelt…… jetzt konzentrierten wir uns ganz auf unsere Geist-Körper, denn der Geist wird durch die Ekstase gestärkt. Ekstatische Zustände sind Nahrung und stärkend für den Geist-Körper und steigern die zur Verfügung stehende Schöpfungsenergie und die Anziehungskraft der Ausübenden für alles, was sie begehren.

Dem weiblichen Wesen wohnt die Fähigkeit inne, feinstoffliche Energien zu entwickeln, die dabei helfen, höhere Bewußtseinszustände zu erreichen. Wenn sich zwei Partner in tiefer Liebe und gegenseitiger Anerkennung und Vertrauen begegnen, können sich beide vollständig entspannt und bedingungslos ihren tiefsten erotischen Gefühlen hingeben - ohne allerdings gleichzeitig den meditativ-spirituellen Bewußtseinszustand zu verlassen. Das ist die Besonderheit der Isis-Noreia Sexualmagie. Es baut sich ein gewaltiger geistig-emotionaler Kraftwirbel auf, dessen Mittelpunkt zwischen den nun gemeinsam vibrierenden Wurzel- und Sakralzentren liegt

Wenn sich zwei Praktizierende des inneren Pfades gemeinsam in diesen Zustand hineinfallen lassen, wird sie die gewaltige Kraft dieses Wirbels mit feinstofflicher Energie aufladen und so ihr Bewußtsein erweitern. Im nächsten Schritt lassen Mann und Frau ihre Schlangenenergien gegenseitig durch ihre Geistkörper und energetischen Zentren fließen um sie im Stirnzentrum zu vereinigen. Die mit dem Orgasmus dabei freiwerdende Kraft ist potentiell unbegrenzt - es hängt allein von den Praktizierenden und der Reinheit der Absicht ab, ob diese Übung den Geist auf unvorstellbare Weise stärkt - oder verpufft und möglicherweise sogar schädigt, wenn die Übung falsch praktiziert wird.

Merlin nutzte nun jede Gelegenheit, sich mit mir zu vereinigen um seinen Geist zu stärken, denn eine eingeweihte Partnerseele ist für einen Lehrer und Druiden wie eben Merlin eine notwendige Ergänzung zu seinem eigenen polaren Sein. Ja, die Verbindung mit einer Partnerseele ist die Voraussetzung für ein solches energieraubendes, öffentliches Wirken.

Diese Quelle geistig-emotionalen Potentials ist jedem liebenden Paar zugänglich. Sie ist natürlich besonders ergiebig, wenn sich zwei Partnerseelen treffen und in achtsamer und liebevoller Vertrautheit vereinigen.

Ohne meditative Verbindung mit dem Urgrund des Seins sind diese Übungen allerdings nur sexuelle Praktiken, die sich nur wenig von anderen Praktiken unterscheiden. Es bedarf deshalb schon einer umfangreichen Ausbildung und reichlich Übung, um die nötige Konzentration und Bewußtheit in die Übungen zu bringen. Jahrelang wurde ich ausgebildet und kenne mich mit den Kanälen, Pfaden und Übungen aus. Der Ernstfall trat aber erst jetzt mit dem Zusammentreffen mit meiner Partnerseele ein - ich war total fasziniert und ziemlich aus der Fassung geraten, als ich Merlin zum ersten Mal begegnete. Jeder Blick und jede Berührung meiner liebenden Partnerseele verwirrte mich zunächst noch mehr. In der gegenseitigen Berührung offenbart sich ein Zauber, der die Geheimnisse und Kräfte der weiblichen Polarität aktiviert. Die Zeiten mit ihm in intimer Gemeinsamkeit sind das Wertvollste, was ich je erlebt hatte. Seine Berührung, sein Blick, seine Zärtlichkeit öffnen etwas in mir und ich fühle mich einfach "Ganz", völlig ausgeglichen und - glücklich!

Trotz aller Ausbildung mußte ich nun feststellen, daß ich als liebende Frau eine Anfängerin war.

MERLINS SEXUALMAGIE

Sexualmagie beruht auf der Erkenntnis, daß das weibliche Prinzip von seinem polaren Wesen her, besonders in seinem Ausdruck als sexuelles Wesen, den Schlüssel enthält, der das volle Potential des männlichen Prinzips in der gemeinsamen Praxis erst zur Entfaltung bringt. Dieser Schlüssel offenbart sich jedoch erst dann in der geschlechtliche Liebe, wenn diese im vollen Bewußtsein der Heiligkeit des Vorgangs ausgeübt wird. Erst dadurch wird aus einem gewöhnlichen sexuellen Akt ein magischer Prozeß, der spontan Schöpfungsenergie zum Fließen bringt. Diese Schöpfungsenergie steht den Praktizierenden unmittelbar zur Verfügung und wird sich umgehend in die Realisierung drängen.

Wunder sind deshalb für einen Meister von Merlins Format nichts Ungewöhnliches. Sie liegen für jeden im Bereich des Möglichen der das dazu Notwendige übt.

Einerseits sagte Merlin manchmal. "Ich bin Eins mit Allem, was Ist", und zu anderen Gelegenheiten sagte er: "Ohne mein Höheres Selbst vermag ich nichts". Das ist die Erkenntnis, die sich durch den Erkenntnisprozeß ergibt. Der Erwachende fühlt sich einerseits verbunden mit Allem, was Ist, hat aber andererseits noch das Problem, daß er sich aus sich selbst heraus noch ziemlich ohnmächtig fühlt. Das ist eine paradoxe Situation. Nun ist es jedoch prinzipiell nicht möglich, eine Paradoxie mit logischen Mitteln aufzulösen.

Aber vielleicht man kann es ja mit anderen Mitteln. Es muß etwas anderes als Logik geben, um Paradoxien aufzulösen - aber das kann folglich nicht logisch sein! Es muß unlogisch sein! Ist doch logisch, oder? In paradoxen Situationen gibt es jedoch immer einen "Dritten Weg", der hinausführt. Dieser Dritte Weg ist aber weder "handeln" noch "nicht handeln" und auch kein Kompromiß aus beiden. Es ist die Konzentration auf das Ziel, die notwendig ist um auf dem paradoxen Dritten Weg zu einem Ergebnis zu gelangen. Nicht über den Weg grübeln oder streiten, sondern die Vision ganz einfach Realität werden lassen.....

Die Dinge sollen sich selbstorganisierend so entwickeln, daß das Ziel sozusagen von alleine erreicht wird - das ist Magie. Auf diese Weise werden Dinge geschehen, die eben genau nicht logisch vorhersehbar oder gar planbar sind. Es ist wie einen befruchteten Samen in den Boden zu pflanzen, der sich zu einem starken Baum entwickelt. Der Magier selbst kann den Baum nicht "wachsen machen"; er kann ihm nur den Boden bereiten, ihn gelegentlich gießen und düngen, sowie Pflegearbeiten durchführen, die sich spontan aus seinem individuellen Wachstumsprozeß ergeben. Es ist die dem Universum innewohnende Schöpfungskraft, die sich so materialisiert.

Merlin befand sich anfänglich noch mitten in diesem Paradox und er lebte im Bewußtsein dieses Paradoxons. Durch die sexualmagischen Übungen wurde Merlins Geist-Körper so aufgeladen, daß seine Aura schon richtig zu leuchten begann. Sein höheres Selbst kam immer intensiver an die Oberfläche seines Bewußtseins. Der druidische Pfad in der Schule der Isis-Noreia führt den Menschen zur Einheit mit seinem höheren Selbst - er übergibt diesem die eigentlich angestammte Führungsrolle. Es ist das höhere Selbst, das die Stimme des Göttlichen ist. Der ausgebildete Schüler folgt seinem höheren Selbst - das dauert aber doch einige Zeit, denn das Ego muß sich in voller Bewußtheit in den Dienst des höheren Selbst stellen. Und das tut es nun mal nicht besonders gerne

Merlin sah häufig auch in anderen das Potential für Meisterschaft und er sprach mehrmals darüber. Es war ihm war klar, daß Wunder ein natürlicher Ausdruck des erwachten Bewußtseins sind, und daß Wunder immer häufiger werden würden, sobald sich das Bewußtsein der Menschheit erweitern würde. Hat man einmal das höchstmögliche Bewußtseinspotential erreicht, das einem menschlichen Wesen möglich ist, wird man sich der erhabenen Göttlichkeit bewußt, die überall am wirken ist.

Merlin hatte es entwickelt und stellte es als agierender Druide der gesamten Menschheit als sein Vermächtnis zur Verfügung. Es geht hierbei jedoch genau nicht um Religion - volles Bewußtsein hat mit Erkenntnis, Spiritualität, Physik und Magie zu tun.

Merlin lehrte, daß wir alle Eins sind mit Allem, was IST. Die göttliche Schöpfungskraft wirkt in uns allen. Wenn wir uns nun der dreifaltigen Kraft, die sich als alle Weisheit, alle Liebe, alle Macht manifestiert, in vollem Umfang Bewußt werden, wirkt sie auch durch uns und das uneingeschränkt und in ihrem vollem Umfang.

DAS GEHEIMNIS DER SEXUALMAGIE

Der Orgasmus ist der Zeitpunkt, zu dem sich starke energetische Felder in einen Transformationsprozeß hinein entladen. Diese Felder werden beginnend mit dem Vorspiel aufgebaut, durch Stimulation der Sinne durch Berührung und liebevolle Zärtlichkeit. Die zärtliche Stimulation bringt den Energiegewinn in Gang und ist für die sexualmagische Praxis eine unerläßliche Begleitung. Ebenso wichtig ist das Wissen und das Bewußtsein um die Wechselwirkung der polaren Elemente, die in Mann und Frau wirken und die erotische Spannung überhaupt erst in Gang setzen.

Die genetische Information des männlichen Samens ist sozusagen auf der materiellen Ebene verschlüsselt. Verbindet sich der Samen mit der weiblichen Eizelle, entsteht neues Leben. Man weiß zwar immer noch nicht, was Leben wirklich ist, aber man kann den entstehenden lebendigen Organismus, der Zellen und Organe aufbaut, auch als vielfach ineinander verflochtene Energiefelder betrachten.

Eingeweihten der Sexualmagie ist klar, daß sie Sexualenergie in wirksame Gedankenfelder transformieren. Gedankenfelder werden visionär zu Gedankenformen, die dann als eigenständige Geistwesen mit einer bestimmten Aufgabe losgeschickt werden. Das ist das Wesentliche am Prozeß des äußeren Pfades.

Der innere Pfad hat zum Ziel, den Geist-Körper der Praktizierenden mit der transformierten Sexualenergie aufzuladen, die dann als pure Lebensenergie zur Verfügung steht.

Für die Praktizierenden von größter Bedeutung ist die emotionale Grundeinstellung der Partner zueinander. Magie kann sich nur ereignen, wenn zwischen den Partnern eine gewisse, von erotischer Spannung, persönlicher Zuneigung und gegenseitiger Anerkennung getragene Grundstimmung einstellt. Nur so entsteht die geistige Verbundenheit, die Resonanz in den Chakren auslösen kann und magische Wirkungen erst ermöglicht.

Steigert sich die Leidenschaftlichkeit in der Vereinigung, reagiert der Körper und das Gehirn mit der Ausschüttung von chemischen Substanzen, die einen höheren Bewußtseinszustand herbeiführen - präzise genau dosierte, körpereigene Designerdrogen, wenn man so will.

Dadurch werden auch die energetischen Felder mehr und mehr angeregt. Das kann jetzt, je nach Bewußtseinszustand, entweder zu einem Orgasmus führen - oder aber zunächst auf diesem hohen Niveau in einen tranceähnlichen Zustand führen.

Im Falle der Ejakulation erfolgt im Becken der Frau gleichzeitig eine orgasmische Reaktion, die angesammelte, enorme feinstoffliche Energie entlädt sich in wirbelnden Energiefeldern, die sich in beiden Körpern ausbreiten und in den Chakren gespeichert werden können.

Im Fall des hohen Trancezustandes kann die angesammelte Energie deutlich bewußter eingesetzt werden. Entweder zur allgemeinen Auflaldung der Energiespeicher oder für magische Arbeit im Außen.

DIE GRUNDÜBUNG

Diese Übung kann alleine oder mit einem Partner ausgeführt werden. Aufrecht sitzend, mit einem Partner auf dem Schoß oder nicht. Mit genügend Meditationserfahrung läßt sich die Übung auch liegend ausführen, man kann so die sexuellen Aktivitäten besser integrieren. Es beginnt mit ruhiger, rhythmischer Zwerchfellatmung. Nach einiger Zeit der Einstimmung begibt man sich in der Vorstellung ins rote Wurzelzentrum und schickt die Schlangenenergie der Wirbelsäule entlang nach oben. Die silberne Schlange startet von der linken Seite, die goldene Schlange von der rechten Seite aus. Die beiden Schlangen kreuzen sich in jedem Zentrum und steigen auf bis in die Mitte des Kopfes, wo sich die Zirbeldrüse befindet.

Mit dem Einatmen wird die Schlangenenergie nach oben in Bewegung gebracht, mit dem Ausatmen wird die Energie allmählich in das jeweilig nächste Energiezentrum geladen, wo sie sich treffen. Wenn sich die Schlangenenergien dann über dem Stirnzentrum im Gehirn vereinigen, stellt sich im Augenblick des Orgasmus ein hell strahlender Feuerball ein, der bis zum Kronenzentrum aufsteigt und sich ausdehnt. Ekstase stellt sich ein.

Ekstase ist unerläßlich für diese Art der Magie, denn Ekstase ist Nahrung für den Geist. Aus den höheren Zentren, wo sie entsteht, muß sich der Praktizierende mit ansteigender Erregung zunehmend auf seinen Geist-Körper konzentrieren, um die erzeugte Energie im physischen Körper zu verteilen. Das stärkt und belebt den Geist und erhöht das Potential der Lebensenergie insgesamt.

Jetzt ist es Zeit, die immer noch kreisenden weiblichen Energien aufzunehmen, gemeinsam zu ruhen, der Ekstase nachzuspüren und sie langsam ausklingen zu lassen.

DER MÄNNLICHE PART

Der männliche Partner hat da noch was zu lernen. Es geht darum, sich in die Verbindung mit dem weiblichen Partner hineinziehen zu lassen und sich ganz auf die weibliche Energie einzulassen, eine emotionale Brücke zum Weiblichen zu bauen. Das stärkt den männlichen Energiekörper indem er die in dieser Übung erzeugte Energie dann auch aufnehmen kann indem er mit neuer Achtsamkeit in die Übungen hineingeht. Sich auf die weibliche Energie einzulassen bedeutet, in enger Berührung Zärtlichkeiten austauschen, den Empfindungen folgend, die den ausklingenden Orgasmus begleiten, um so in die weiblichen Energien hineinzuspüren. Wenn die Magie der Sexualität stärker wird, treten bestimmte Zeichen auf. Sexualmagische Übungen verursachen energetische Resonanzen, die magische Prozesse um ein Vielfaches verstärken. Gegenseitige Achtung und Bewunderung werden eintreten, der harmonische Ausgleich der natürlichen Polarität mündet in gegenseitige Verehrung und in eine Anhebung des bewußten Seins.

Anerzogenes und gesellschaftlich übliches "Männlichkeitsbetragen", um nicht zu sagen Machogehabe, ist hier völlig fehl am Platze. Aber auch psychologische Probleme mit der Mutter aus der Kindheit können einer gelassenen Öffnung im Wege stehen. Es ist wichtig, sich völlig zu öffnen, um den Transformationsprozeß des eigenen Bewußtseins nicht zu behindern. Man sollte sich auch im Klaren sein, daß der spirituell-magische Pfad zumeist auf eine längere Reise führt. Der innere Pfad der Sexualmagie dient dazu, Energie zu gewinnen. Die Übungen des inneren Pfades heizen den magischen Prozeß so an, daß auch Reinigung eintritt. Da kann durchaus auch mal etwas schmerzhaft ins Bewußtsein treten.

Es ist dies ein Nebeneffekt von Sexualmagie. Psychische Probleme können verstärkt auftauchen und müssen bereinigt werden. Intensive Sexualmagie zwingt das Bewußtsein und auch den Energiekörper, alle Unreinheiten "auszuschwitzen" und sich von allen Hindernissen zu befreien. Der Schlüssel hierzu ist die Aufladung des Geistes durch ekstatische Bewußtseinszustände.

Für die männlichen Partner ist es wichtig, zu verstehen daß die weiblichen Energiefelder zunächst durch sanftes, zärtliches Berühren, Streicheln und Massieren aufgebaut werden, so daß sich die erotische Spannung langsam bis zum Orgasmus - wenn gewünscht - aufbauen kann. Es ist für den Mann wichtig, das Hineinspüren in die weiblichen Energiefelder zu üben. Für sexualmagische Prozesse ist es besonders wichtig, daß sich beide Partner im Zustand der Ekstase bewusstseinsmäßig möglichst in ihrem Geist-Körper aufhalten.

Im Augenblick des Orgasmus besteht bei normalem Geschlechtsverkehr normalerweise die Tendenz, daß der energetische Spannungsstoß sich ausbreitet und das energetische Feld den Körper verläßt und sich auflöst. Darauf zu achten, dieses Energiefeld im Körper zu halten ist besonders wichtig. Dazu konzentrieren sich die Praktizierenden idealerweise auf das Kronenzentrum. Dadurch wird der Spannungsstoß des Orgasmus in den Kopf aufsteigen und seine Energie kann ins Gehirn und in den Geist-Körper fließen. Mit meiner geliebten Partnerseele Merlin habe ich so die tiefsten Geheimnisse der Isis-Noreia wie auch meiner Liebe zu Merlin erfahren und begriffen.

DAS VERLORENE GEHEIMNIS

Zum Ausgleich der ursprünglichen Polarität braucht das männliche Prinzip zwingend die Unterstützung durch das weibliche Prinzip. Nur so findet die Intelligenz der Materie den Weg, auf der Reise durch diese Welt zu sich selbst zurückzukehren. Nur so findet die Schöpfungskraft des Ursprungs ihren Ausdruck in der wiedergewonnenen Ganzheit, aus der ein neues Bewußtsein der Zusammengehörigkeit von Allem, was IST erwachsen kann. Erst dieses neue Bewußtsein ermöglicht die weitere konstruktive Entfaltung des Geistes in der Materie, den Tanz des Geistes mit der Materie.

Nur durch die Vereinigung der männlichen und der weiblichen Polarität, im Gleichgewicht und auch energetisch ausgeglichen, im Bewußtsein der wiedergewonnenen Ganzheit, kann wahre Göttlichkeit wieder erreicht werden. In dem Maße, in dem sich der männliche Praktizierende mit der weiblichen Energie seiner Partnerin verbinden kann ihrer Kräfte in sich aufnehmen kann - in diesem Masse steht er in Kontakt mit dem Göttlich-Weiblichen.

In dem Maß, in dem sich die weibliche Partnerin hingibt und sich in die männliche Polarität hinein entspannt, steht sie in Kontakt mit dem Männlich-Göttlichen. In der Vereinigung ihrer Kraftfelder werden sie Eins mit Allem, was IST. In den Geist-Körpern der Praktizierenden selbst nimmt das Göttliche Form an. Diese körperliche und geistige Vereinigung setzt unvorstellbare Kräfte und Energien frei, die auf sehr reale Weise wirksam werden können - wenn man sie richtig lenkt.

Transpersonale Sexualmagie befaßt sich nicht mit schwarzmagischen Riten, denn die Übungen der transpersonalen Sexualmagie zielen auf den Ausgleich von Polarität auf der Ebene der Ganzheit in der Einheit mit Allem, was Ist.

DIE HEILIGE HOCHZEIT

Hieros Gamos - die heilige Hochzeit. So nannte man in den Zeiten vor der Einführung des dualen Denkens die Zusammenführung von spiritueller und körperlicher Gotteserfahrung durch einen heiligen sexuell-erotischen Akt. Den Akteuren war bewußt, durch diese heilige Handlung das Göttliche in seiner Ganzheit in das reale Leben einzubeziehen. Körper, Geist und Seele geraten in Resonanz mit dem göttlichen Sein. Die Verschmelzung mit dem Anderen, das sich Auflösen im Ganzen, wahre Erweiterung des Bewußtseins bis zur Erkenntnis der göttlichen Realität wird bewußt erlebbar. Neues Leben kann so entstehen......

Spiritualität und Sexualität, Mystik und Erotik führen zu immer wieder neuen und ganz individuellen Erfahrungen. Über diese Erkenntnisse könnte man natürlich viel mehr schreiben und reden - die ganz reale Erfahrung des wirklich Wirklichen jenseits aller begrenzenden Vorstellungen kann man nur selber machen.

POLARITÄET, BEWUSSTHEIT UND ENERGIE

Jenseits der Grenzen unseres Alltagsbewusstseins ist der Ort größter Verlockung und größter Gefahr. Wir scheuen uns, die gesicherte Umfriedung der Wohlanständigkeit zu verlassen – aus Angst davor, dass wir jenseits der Grenze aufhören könnten, wir selbst zu sein. Dabei ist es umgekehrt: Unser wahres Selbst finden wir erst in der „Unio mystica", der Verschmelzung mit unserem göttlichen Urgrund.

Bewusstsein und Aufmerksamkeit gelten in der Sexualität überwiegend den »technischen« Aspekten. Gab es je andere? Sitzen wir den Illusionen eines romantischen Gemütsauf? Ohne Zweifel gab es Zeiten, in denen eine Sexualkultur existierte: eine Sinnlichkeit, die eingebettet war in das Mysterium des lebendig-Seins. Vor der Erfindung von „Religion". Sie schenkte den Menschen etwas Großartiges: Sinnhaftigkeit, Sinnenfreude und erotische Lebensfreude.

Das Abendland und der vordere Orient haben glücklicherweise eine sündig-kreative Vergangenheit. Die Aufspaltung unseres Wesens in Heilige und Huren, in Gott und Teufel war in den Hochkulturen des Altertums kein Thema. Das duale Denken kam erst mit den „Religionen" Der Kult der zahlreichen Göttinen der Liebe und der Lust war einflussreich: Venus, Aphrodite, Hathor, Astarte, Ischtar, Noreia, uvm. Die »Männerquote« unter den Liebesgottheiten ist vergleichsweise bescheiden.

Göttinnen gibt's nicht mehr. Der Patriarchen-Gott hat sich wohl ins „himmlische Jenseits" abgesetzt, wo er einem beruhigenden Sicherheitsabstand von uns Menschen hat. Und auch die Lebensfreude schwindet immer mehr.

Ja, die Religionen haben es geschafft, das »niedere« Sexuelle mit der niederen Materie und dem noch niedereren Geld und das »hohe« Göttlich-Transzendente vollständig zu trennen. Das ist wichtig, denn damit entzieht man den Menschen eine primäre Energiequelle. Denn: das Verschmelzen mit der Quelle, dem

Selbst, dem Großen Ganzen durch die Pforten der Sinnlichkeit – nichts Geringeres steht als Verlockung am Ende des Weges.

Hier, in den Tiefen des erotischen Erlebens, beginnt das wirklich Jenseitige. Das Sein jenseits der Worte, jenseits aller Dualität. Hier ist eine Erfahrung des Göttlichen möglich, dessen Teil wir ja immer waren und sind. Ein Eintauchen in die »eingefaltete Ordnung«, wie es der Atomphysiker David Bohm benennt – ein Nobelpreisträger mit ausgeprägtem Gespür für Mystik. Ein Zurückfinden in den Ozean des Möglichen, aus dem alles entsteht und in das alles wieder einfließt.

Das männliche Prinzip symbolisiert hierbei Bewußtheit. Das weibliche Prinzips symbolisiert die aktivierende Energie des Bewußtseins. Das weibliche Prinzip ist immer da, wenn Kraft aktiviert wird und überall präsent, wo Energie gefragt ist.

Das männliche Prinzip wird gerne mit einem Dreizack dargestellt, der die Trinität des spirituellen göttlichen Prinzips, der Seele und es Körpers repräsentiert. Das weibliche Prinzip ist Energie, Kraft, Bewegung, Veränderung, Natur. Es ist das mütterliche Prinzip, es ist die Versorgerin im Überfluß. Es gibt Nahrung, Wärme und Sicherheit – es gibt keine größere Liebe als die Mutterliebe.

Das männliche Prinzip ist als Gegenpol reines Bewußtsein – Der ewig unveränderliche, unbegrenzte und unbeeinflußbare Beobachter. Er hat keine eigenen Wünsche oder Bedürfnisse. Er ist die reine Leinwand, auf der das weibliche Prinzip seinen farbenfrohen Film entwickelt.

Das männliche und das weibliche Prinzip sind Manifestationen des gesamten göttlichen Bewußtseins wie zwei Seiten einer Medaille. In vielen vedischen Bildern werden sie als halb männlich, halb weibliche Gestalt abgebildet. Links die göttliche Mutter, die weibliche Energie, rechts das männliche Bewußtsein. Die Spaltung des uranfänglichen Prinzips zu Beginn der Schöpfung brachte die elementare Polarität des Lebens hervor, zusammen mit der ebenfalls elementaren Anziehungskraft, sich wieder mit dem anderen Teil zu einem Ganzen vereinigen.

Nur wenn das männliche und das weibliche Prinzip zusammen agieren, kann Bewegung und Schöpfung stattfinden. Solange Energie nur mit Bewußtsein behaftet ist, ist sie hilflos, blind und orientierungslos. Energie alleine bringt nichts hervor. Bewußtsein alleine verharrt im Sein und seiner ursprünglichen Ausrichtung.

Umgekehrt ist Bewußheit ohne Energie eine schlafende Kraft, die von sich aus auch nichts bewirken kann.

Die Beziehung des weiblichen zum männlichen Prinzip wird oft fälschlich wie eine einfache Mann-Frau Beziehung interpretiert. Sexualität ist etwas vollständig natürliches. Wenn man Sexualität und Spiritualität vermischt, entstehen leicht Mißverständnisse. Tatsächlich geht es um nichts geringeres als die Erlangung der Trinität.

In der Sexualität geh es um die Vereinigung von Mann und Frau. In der Spiritualität geht es um die Vereinigung des menschlichen und des göttlichen Bewußtseins. Die heilige Hochzeit wie auch die ganzheitlich spirituelle Sexualmagie kombinieren beides zur absoluten Trinität.

Das männliche und das weibliche Prinzip ist stets in jedem von uns gegenwärtig. Das hat naturgemäß Wirkung auf der physischen Ebene und ist auch die Ursache von erotischer Attraktion. Im männlichen Wesen ist eine Neigung zum weiblichen, im weiblichen Wesen ist eine Neigung zum männlichen. Dadurch wird das männliche Bewußtsein vom weiblichen angezogen - und umgekehrt. Ist dieses innere Verhältnis ausgeglichen, ist da keine sexuelle Neigung. Neigt das innere Verhältnis im Mann zum männlichen, oder in der Frau zum weiblichen, entsteht die Neigung zu einem homosexuellen Partner.

Vereinigt man die innere Polarität im ganzheitlichen, absoluten Bewußtsein, verbleiben keine Begierden mehr, denn wir realisieren den Ausgleich der Polaritäten. Das Wissen, der

Wissende und das Objekt des Wissens werden eins. Sorgen verlieren ihre Bedeutung, die heitere Gelassenheit des Seins stellt sich ein wie auch die bedingungslose Liebe, grenzenloses Mitgefühl und Verständnis für alle lebenden Wesen.

Solange das Bewußtsein mit dem physischen Körper verbunden ist, ist es unmöglich im 8. Chakra zu bleiben und so kehrt es immer wieder zurück auf die Ebene des höheren Selbst im Herz-Chakra. Eine erwachte Person denkt, fühlt und handelt immer auf dieser Ebene. Eingebettet in ewige Liebe und ewige Glückseligkeit, ist so eine Person sich immer ihrer unsterblichen Seele im Ozean der Glückseligkeit bewußt und ihr Bewußtsein ist immerwährend mit dem göttlichen Bewußtsein verbunden.

Das weibliche Prinzip ist die weibliche Liebe des göttlichen Ursprungs, die uns mit Wärme, Fürsorge und Schutz umsorgt. Das männliche Prinzip ist die väterliche Liebe des göttlichen Ursprungs, die uns mit Bewußtheit, Klarheit und Wissen versorgt.

Ich wünsche euch den Segen der göttlichen Mutter, die in euch wohnt und dort das weibliche Prinzip als Energie und Vitalität bereit hält und den Segen eures göttlichen Vaters, der in euch wohnt als Bewußtsein und Wissen. Ihre Fürsorge, ihr Schutz und ihre Führung bringen euch zu ganzheitlich-kosmischer Bewußtheit.

MAGIE, MYSTIK UND SEXUALITÄT

Vieles habe ich dargestellt, vieles auch mit Wiederholungen, damit es auch wirklich ankommt. Zum Schluß nochmal was zu den grundsätzlichen Zusammenhängen.

Magie an sich ist etwas, das funktioniert wie Physik. Genau wie bei der Physik ist es unerheblich, ob man dran glaubt oder nicht. Bei der Physik ist es aber so, daß da nur grundlegende Zusammenhänge und Gesetzmäßigkeiten erforscht werden. Der Ingenieur befaßt sich mit der praktischen Umsetzung wissenschaftlicher Erkenntnisse. Meister und Techniker bauen dann die Produkte, die aus diesem Ansatz entstehen. Das gibt dann den Facharbeitern, Arbeitern und Robotern neue Arbeit.

Bei der Magie ist es anders. Niemand hat bisher Magie wissenschaftlich erforscht. Die Wissenschaftler leugnen sogar, daß es sowas überhaupt gibt. Es waren hier stets die Praktiker, die etwas herausgefunden haben, zumeist in unterschiedlichen Richtungen ohnehin schon „esoterisch" unterwegs. Auch wurde solches „Wissen" jahrhundertelang massivst unterdrückt und bei Todesstrafe verboten. Deshalb ist es ebenfalls so lange in allen möglichen einschlägigen Geheimzirkeln weitergegeben worden.

Eine systematische Aufarbeitung von Magie als solche hat bisher noch nicht stattgefunden. Ich habe also versucht, wenigstens ein wenig mehr Offenheit und weniger Geheimnistuerei in das Thema zu bringen.

Die wirkenden Kräfte wohnen jedem Menschen inne, ob er es will oder nicht. Oft wirken sie deshalb auch, wenn jemand ganz unbewusst in seinem Leben etwas im magischen Sinne „richtig" macht. Das kann z.B. ein ungewöhnlicher geschäftlicher Erfolg sein oder eben sonst eine Wunscherfüllung - ganz und gar ohne „Bestellung" beim Universum.

Möchte jemand genau diesen Erfolg unter vielleicht nur etwas abweichenden Bedingungen wiederholen, dann klappt das plötzlich nicht mehr - aus anscheinend unerfindlichen Gründen. Vielleicht ist „nur" die erotische Verbindung zum Lebenspartner eingeschlafen. Das wird natürlich nie als eine ernstzunehmende Ursache in Betracht gezogen....

Die sogenannten „feinstofflichen" Energien sind mit elektromagnetischen Wirkungen zu vergleichen und auch nicht mit elektrophysikalischen Messgeräten festzustellen. Womöglich finden sie wirklich „eine Etage" höher in der nächsten Dimension statt. Es gibt jedoch schon eine Ähnlichkeit mit der beginnenden Erforschung der Elektrizität.

Als ein gewisser Herr Volta in Italien begann, sich mit der Elektrizität ernsthaft auseinanderzusetzen, benutzte er Froschschenkel als „Messgerät". Die Muskulatur reagierte noch einige Zeit auf angelegte elektrische Spannung und zwar um so stärker, je höher die angelegte Spannung war. Das war damals revolutionär. Volta war aber nicht irgendwer, er war 1787 Professor für Physik in Pavia. Mit wissenschaftlichen Veröffentlichungen hat er sich bereits einen Namen gemacht. Aber die Schicksalsstunde seiner Karriere schlägt jetzt. Es ist ein Kollege aus Bologna, der den entscheidenden Anstoß gibt: Luigi Galvani (1737-1798), ein Anatomie-Professor. Bei Experimenten mit gehäuteten Froschschenkeln hat er etwas Merkwürdiges festgestellt: Die Schenkel zucken, wenn er sie mit unterschiedlichen Metallen berührt. Weltberühmt wird Alessandro Volta aber vor allem deswegen, weil er seine Erkenntnisse in eine praktische Erfindung umsetzt, die die Erforschung der Elektrizität revolutionieren wird: das, was wir heute noch als „Batterie" benutzen. Bereits 1802 geht die Batterie in Massenproduktion. Die höchste Auszeichnung erlebt Volta nicht mehr: 54 Jahre nach seinem Tod, im Jahr 1881, benennt man auf dem ersten elektrischen Weltkongress in Paris die Einheit für elektrische Spannung nach Alessandro Volta in "Volt".

Warum ich das erzähle? Weil wir mit der „Messung" von feinstofflicher Energie ungefähr am gleichen Punkt stehen. Sie läßt sich mit Hilfe von Pendeln, „Wünschelruten", Einhandruten oder auch Tensoren ziemlich genau und eindeutig reproduzierbar messen und sogar nach der Art der Energie in positiv wirkend oder negativ wirkend klassifizieren. Auch das funktioniert nur, wenn jemand so ein „Messgerät" in Händen hält. Fest oder auch nur lose eingespannt reagieren die Geräte überhaupt gar nicht. Allein das gehört schon mal wissenschaftlich erforscht (Dafür würde ich übrigens nach Partnern suchen).

Na gut, solange wir also noch nicht so weit sind, bleibt nur die eigene Erfahrung. Worauf ich hinaus will: Es braucht keinerlei „okkulte" oder spiritistische Praxis, um Magie zu betreiben. Wir befinden uns in einem Umfeld, in dem die Wirkkräfte nur nicht ausreichend erforscht sind.

Nun sind diese Wirkkräfte aber auch hocheffektiv, wenn man sie einzusetzen weiß. Das haben sich natürlich die „Machtmenschen" jahrhundertelang exclusiv in ihren Geheimzirkeln vorbehalten, während jeder andere sofort als Ketzer oder mit dem Teufel im Bunde eliminiert wurde.

Erst mit der Zeit der Aufklärung wurde es allmählich möglich, mit solchen Effekten auch an die Öffentlichkeit zu gehen. So richtig glauben es aber die allermeisten Menschen immer noch nicht, obschon man sich vor dunklen Mächten und Schwarzmagiern fürchtet. Aber das ist ja „nur" Aberglaube.....

Es ist also ausgesprochen kein Zufall, daß sich heutzutage „Pädophilie" und sexueller Missbrauch in „gehobenen Kreisen der Macht" ausgebreitet hat. Es darf nur nicht öffentlich herauskommen, was da wirklich dahinter steckt. Um keinen Preis!

Das nur nebenbei. Wollen wir uns wieder den positiven Seiten zuwenden.

Sucht man in den spirituellen Lehren der Welt, so findet man da auch reichlich Hinweise auf solche Effekte. Wundersame magische Kräfte, aufbauende sexuelle Übungen und sogar einleuchtende Erklärungen lassen sich da finden. Das habe ich in den vorigen Teilen dieses Buches zu erklären versucht. Interessanterweise „verteufeln" praktisch nur die „Buchreligionen" dieses Thema. Aber die sind ja auch nur zum Zwecke von Machtgewinn erschaffen worden.

Soviel zum „Umfeld" des Wirkungskreises von Magie.

Noch ein anderer Effekt tritt bei magischen Handlungen verstärkt auf: Es ist dies die Anwendung magischer Mittel zum Erreichen von Effekten, die dem Ego dienen. Deshalb ist in den magischen Zirkeln immer vom „Willen" die rede, der möglichst umgehend erfüllt werden soll. Das ist aber genau das, was für die feinstoffliche Welt nicht unbedingt der Maßstab des Handelns ist. Genau deshalb hat der Egomagier ja auch Probleme mit der Umsetzung seiner selbstsüchtigen „Wünsche" und arbeitet deshalb auch mit Gewalt, Missbrauch und Zwang.

Hier kommen wir zur Verknüpfung von Magie und spiritueller Entwicklung. Im Laufe der typischen spirituellen Entwicklung wird das „Ego" immer unbedeutender und sogar vernünftiger, je mehr es die „Führungsposition" des Höheren Selbst bewußt akzeptiert. Ist das Ego dann mal „In Linie" mit dem höheren Selbst, kommt man immer weniger dazu, in den Werkzeugkasten der praktischen Magie zu greifen. Es fehlen die unbedingten Wünsche, die unbedingt und sofort befriedigt werden müssen - wie bei kleinen Kindern.

Mit der Indienststellung des Ego für das Höhere Selbst einher geht zumeist die Entwicklung eines ganzheitlichen Bewußtseins. Was bedeutet das? Nichts anderes, als daß „Alles was Ist" eben wirklich auch ALLES ist und Alles andere eben daraus abgeleitete Teile sind. Heutzutage nennt man das dann Fraktal oder holografisch oder beides...

In den alten Schriften und in der spirituellen Literatur nennt man die „Vereinigung" des Bewußtseins mit dem „Großen Geist" - oft auch als „Gott" missverstanden - Unio Mystika. Mystische Vereinigung.

Es entwickelt sich eine Wirklinie vom Ego über das höhere Selbst zum großen Ganzen. Das Ego übernimmt die Navigation in der materiellen Welt, das höhere Selbst weiß, was zu tun ist und gibt dem Ego zumindest schon mal die Richtung vor und ist die Schnittstelle zum Urgrund des Seins, der letztlich alles irgendwie organisiert.

Ja, so geht Mystik. Wir als Ego wissen nicht mehr wirklich, was um uns herum abgeht, aber es geht immer in die richtige Richtung. Es ist sogar so, daß Dinge geschehen, die das Ego auf keinen Fall so hätte herbeiführen können, denn zu viele Parameter und Zufälle hätten dafür organisiert werden müssen. Wenn es auf dem Weg wichtig ist, wird auch schon mal die reale Physik außer Kraft gesetzt, was das Ego gar nicht kann und nur noch staunt....

Ja, jetzt haben wir einen magischen Handwerkskoffer, ein gewisses magisches Verständnis von gewissen Zusammenhängen - aber der unbedingte Handlungszwang des Ego ist uns abhanden gekommen. Und wir wissen mittlerweile genau, daß alles das, was wir sozusagen „gewaltmagisch" herbeiführen zu wollen meinen, zumeist deutlich schlechtere Ergebnisse bringt als das, was sich durch „Nichthandeln" des Ego sozusagen von selber entwickelt......

Trotzdem wissen wir in der jeweiligen Situation genau, was wirklich zu tun oder zu lassen ist. Und wir stehen im richtigen Leben und befinden uns nicht in einem spirituellen Elfenbeiturm oder in irgendwelchen Studierkämmerlein.

Hmmm....

Was ist zu tun?

Ganz einfach!

Mystiker werden!

VON DER SEXUALMAGIE ZUR SEXUALMYSTIK

Was unterscheidet jetzt den Mystiker vom Magier?

Der Mystiker sucht den Zugang zum Heiligen in sich selbst. Er versucht, sich damit zu verbinden. Die Suche im Inneren wird durch zeitgleiche Betrachtung der Außenwelt oder Gespräche - also verbalisierte Denkakte - gestört. Das mystische Bemühen wird erleichtert, wenn man Augen und Lippen verschließt.

Der Mystiker hält nach dem „Großen Ganzen" Ausschau, dem gemeinsamen Nenner der diesseitigen Unterschiede. Dazu braucht es geistige Präsenz und Vereinigung mit dem höheren Selbst.

Mystische Erkenntnis ist mit Worten schwer bis gar nicht mitteilbar. Mystische Erkenntnis ist die persönliche Erfahrung der Einheit mit „Allem was Ist". Sprache kann sie nicht vermitteln. Sprache kann nur in ihre Richtung deuten. Erst wenn das Denken, also die innere Verbalisierung von Urteilen, Vermutungen und Vorstellungen aussetzt, kann das mystische Erlebnis der Einheit stattfinden. Trance ist ein gutes Hilfsmittel, genau dahin zu kommen. Erotische Trance ist ein ausgezeichnetes Hilfsmittel.

Auch wenn es schwer zu vermitteln ist, versuche ich trotzdem, einen Einstieg zu ermöglichen. Einiges an Übungen habe ich ja schon erwähnt, zumeist mit mehr „magischem" Hintergrund. Das spielt aber jetzt doch gar keine so große Rolle, denn die tatsächlichen „Wirkmechanismen" also praktisch die „Physik" hinter Mystik und Magie sind dieselben. Wer die Zusammenhänge gar nicht kennt, spricht halt dann von „Wundern".

Der Magier träumt von seiner „Allmacht", die er irgendwann erreichen kann, um die Wünsche seines Ego zu befriedigen. Damit beschränkt er seinen Wirkungskreis automatisch auf das, was er sich vorstellen kann.

Im Verhältnis zum Mystiker beschränkt er sich damit auf einen ziemlich kleinen Bereich des tatsächlich Möglichen.....

SEXUALMYSTIK - GANZ PRAKTISCH

Packen wir es an!

Es ist hilfreich, die Texte der Meditation auswendig zu lernen. Man kann sie dann rezitieren, wie man möchte und gegebenenfalls intuitiv auch etwas modifizieren. Nachdem diese Texte etwas länger sind, ist es empfehlenswert, sich alternativ eine Tonaufzeichnung anzufertigen, die im Hintergrund auch Meditationsmusik aufweisen darf.

Die Texte langsam und ruhig sprechen, abwechselnd jeweils Mann und Frau einen Absatz - und eher reichlich Zeit lassen zum Nachklingen. Das könnte man noch durch den Einsatz einer lang nachklingenden Klangschale unterstützen. Die sexuelle Erregung wird das gehörte verstärken, die Konzentration bleibt aber auf den Text gerichtet, das hält wiederum die sexuelle Erregung im Zaum. Das Umfeld der Übung sollte durchaus dem hohen Akt angemessen geschmückt und hergerichtet sein. Wer es mag, kann auch gerne etwas Räucherwerk hinzufügen.

Du sitzt auf dem Schoß deines magischen Partners oder umgekehrt. Eure Geschlechtsorgane berühren sich. Ihr blickt euch tief in die Augen, streichelt und liebkost euch. Es drängt euch nach Vereinigung.....

Alternativ:

Du liegst neben deinem magische Partner. Ihr blickt euch tief in die Augen, streichelt und liebkost euch. Ihr stimuliert und streichelt eure Geschlechtsorgane. Es drängt euch nach Vereinigung.....

Laßt es ruhig geschehen..... Ihr atmet tief und bittet das Göttliche Eine darum, in dieser Meditation vollkommen ins Gleichgewicht gebracht zu werden; zu heilen, was geheilt werden muß, zu stärken, was gestärkt werden muß.

Bittet gemeinsam das Göttliche Eine in euch, den Energiefluß zu so lenken, daß eure Erfahrung in eine heilende und stärkende Erfahrung der Einheit mit dem Göttlichen Sein mündet.

Ruhig zusammen in der Vereinigung bleiben und möglichst langsam tief atmen. (Tiefe Zwerchfellatmung)

Auch diese erotische Meditation geht davon aus, daß wir Fraktale des Ganzen sind - Fraktale des Wesens, das nicht genannt werden kann. Deshalb wird, wo das Ganze gemeint ist, in Großbuchstaben getextet.

Die sexuelle Spannung wird sich im Laufe der Meditation verstärken. Sollte sich ein Orgasmus vor Ende der Veranstaltung „anpirschen", lieber eine Streichelpause einlegen.

Es ist aber auch nicht zwingend auf einen Orgasmus auszurichten, denn die erotische Trance kann durchaus noch eine Ebene über dem Orgasmus erreichen. Hat man das erreicht, läßt man die „Hochspannung" am Ende ruhig und gelassen ausklingen...... So werden die „Energiespeicher" maximal aufgeladen, das hält noch viel länger als mit Orgasmus.

Nach dem einleitenden Vorspiel beginnen wir mit dem Text:

„Wir sind EINS mit ALLEM WAS IST.

Pause

Wir sind EINS mit ALLEM WAS IST

Pause

Unsere Intelligenz, unsere Kraft und unsere Körper sind Eins mit dem SEIN. Das lebendige SEIN ist es, das alle unsere Gedanken leitet und uns nicht nur veranlaßt, sondern auch befähigt, alles zu tun, was wir tun.

Pause

Wir tun das, was jetzt vor uns liegt, in dem Wissen, daß es genau das ist, was gerade jetzt zu tun ist damit wir bewußt an dem wahren Erfolg teilhaben und die wirklichen Reichtümer annehmen, die das SEIN für uns bereithält.

Pause

Die lebendige Kraft des SEINS erhellt den ganzen Weg für uns, versorgt uns mit allem, was wir uns wünschen, und nimmt Verwirrung und Leid für immer von uns.

Pause

In voller und äußerster Konsequenz kommen wir ins SEIN, begeben uns selbst, unsere Angelegenheiten, unsere Körper, unser Leben in die liebevolle Obhut des SEINS, alle Sorge und Verantwortung dem SEIN übergebend, absolut im SEIN ruhend und ihm vertrauend - wissend, daß unser höheres SELBST immer den Weg bestimmt und ihn uns zeigt.

Pause

Unsere göttlichen Fähigkeiten erwachen zu tätigem Leben. Die mächtige Kraft des Seins wirkt in uns in dem Maß, wie wir im SEIN bleiben und die Energie des SEINS in uns bleiben lassen.

Pause

Wir werden uns Jetzt unseres göttlichen Wesens bewußt, öffnen weit unsere Seele, unser Gemüt und unseren Körper und atmen UNSEREN Lebensatem ein!

Pause

Das lebendige SEIN erfüllt uns überfließend mit UNSERER göttlichen Macht, jede Faser, jeder Nerv, jede Zelle, jedes Atom unserer Wesen lebt jetzt bewußt im SEIN, voll von UNSERER Gesundheit, UNSERER Stärke, UNSERER Intelligenz, UNSERER Geilheit, UNSEREREM DA-SEIN....

Pause

Im DA-SEIN ist unser wirkliches Selbst, unser wirkliches Wesen und offenbart SEIN Selbst und alle seine Kräfte in uns JETZT. WIR wachen auf, erkennen unser göttliches Wesen und unsere Kraft und beanspruchen unsere Herrschaft! Alles, was das SEIN ist, SIND WIR!

Pause

WIR SIND das Leben, WIR SIND die Intelligenz, die Kraft in aller Substanz - in allen Zellen unserer Körper. WIR SIND alle Weisheit, alle Liebe, alle Macht, die in diesem Leben JETZT uneingeschränkt durch unser ganzes Dasein fließen.

Pause

WIR SIND in den Zellen aller mineralischen, pflanzlichen und tierischen Materie, in Feuer, Wasser und Luft, in Sonne, Mond und Sternen DAS, was IST. Ihr Bewußtsein ist EINS mit unserem Bewußtsein - Alles ist UNSER Bewußtsein.

Pause

Durch UNSER Bewußtsein in ihnen ist alles, was sie haben oder sind auch unser - wir müssen es nur in Anspruch nehmen. Wir spreche also zu ihnen in UNSEREM Bewußtsein, im Bewußtsein UNSERER Macht in uns und UNSERER Intelligenz in ihnen.

Pause

Die schöpferische Energie des SEINS durchströmt uns, wir können von ihr nehmen und mit ihr gestalten, was wir wollen. Sie will sich für uns manifestieren als Alles, was wir in der Einheit mit dem SEIN wünschen.

Pause

Wir stellen es uns vor, wir denken es, wir fühlen es, wir wissen es und wir sind ES!

Pause

WIR sind EINS mit dem lebendigen SEIN.

Pause

WIR sind EINS mit dem lebendigen SEIN."

Das Bewußtsein der „Einheit" ist jetzt auf einem maximalen Niveau. Man kann - und sollte jetzt auch - dieses Einheitsgefühl weiter in Resonanz mit dem eigenen Sein bringen - mit oder ohne Orgasmus, sozusagen ergebnisoffen.

Ganz langsam und behutsam können wir jetzt die Übung ausklingen lassen - aber das kann sich auch anders entwickeln. Einfach geschehen lassen, was sich entwickelt.......

Ach ja, noch was - es ist dies nicht eine dogmatische Vorgabe, ohne die kein Heil zu erlangen ist. Es soll aufzeigen, wie es jedenfalls gelingt und auch die Richtung, die man einschlagen muß. Aber wie man das ausgestaltet, ob einem spontan selber viel bessere Texte einfallen oder sonst was..... das soll doch jedem selber überlassen sein......

Über den Autor:

Diplomingenieur (FH) der Energietechnik. Geboren 1948, gelernter Elektromechaniker, Prüffeldingenieur, Projektingenieur, Bereichsleiter und Prokurist, Geschäftsführer in der Automationstechnik, Geschäftsführer in einer Eisen- Kunst- und Glockengießerei in Salzburg und ist jetzt freier Berater. Nach einem "Rundflug" durch die Weltreligionen und spirituellen Lehren hat er schlußendlich zu seinen eigenen spirituell/kulturellen Wurzeln im keltischen Kulturkreis zurückgefunden und sich nunmehr dem modernen druidischen Pfad gewidmet. Seine Spuren im Internet findet man, wenn man unter Markus Merlin sucht....

Die ganzheitlich-integrale Philosophie umfaßt das ganz normale Leben, Wissenschaft, Spiritualität, Magie und nicht zuletzt Sexualität und Erotik als Ausdruck des SEINS - Ganzheitlich Sein!

Mehr unter:

http://www.markus-merlin.com/

https://merlins-blog.de/